ANTHROPOLOGIE ET DÉVELOPPEMENT

Collection « Hommes et Sociétés »

ISBN : 2-86537-589-7

Jean-Pierre OLIVIER de SARDAN

Anthropologie et développement

Essai en socio-anthropologie du changement social

APAD
La Vieille Charité
13002 Marseille

KARTHALA
22-24, bd Arago
75013 Paris

DU MÊME AUTEUR

Aux éditions Karthala

— *Les sociétés songhay-zarma. Chefs, guerriers, esclaves, paysans...*, 1984.
— *Paysans, experts, chercheurs. Sciences sociales et développement rural* (codirection, en collaboration avec P. Boiral et J.F. Lantéri), 1985.

Chez d'autres éditeurs

— *Système des relations économiques et sociales chez les Wogo du Niger*, Paris, Institut d'Ethnologie, 1969.
— *Quand nos pères étaient captifs. Récits paysans du Niger*, Paris, Nubia, 1976.
— *Concepts et conceptions songhay-zarma (histoire, culture, société)*, Paris, Nubia, 1982.
— *D'un savoir à l'autre. Les agents de développement comme médiateurs* (codirection, en collaboration avec E. Paquot), Paris, GRET-Ministère de la Coopération, 1991.

Introduction

Quelques thèses simples peuvent résumer le sens général des propos qui vont être tenus ici [1].

1. Les processus et phénomènes sociaux associés à ce qu'on appelle, en référence aux pays du Sud, *développement, politiques de développement, opérations de développement, dispositifs de développement, projets de développement,* constituent un domaine de recherche à part entière pour l'anthropologie et la sociologie.

2. En ce domaine moins qu'ailleurs l'anthropologie et la sociologie ne peuvent être distinguées et encore moins opposées, en tout cas une certaine anthropologie et une certaine sociologie, à condition qu'on veuille bien considérer que l'apport de ces deux sciences sociales cousines ou jumelles ne relève pas de l'essayisme, de la philosophie, de l'idéologie ou de la spéculation, mais découle au contraire de l'enquête et du terrain, autrement dit de procédures de recherches empiriques réfléchies.

3. Le dialogue et la coopération entre opérateurs et institutions de développement d'un côté, socio-anthropologues de l'autre, quoique difficile et tissé de malentendus imputables aux deux parties et quasi inévitables, est nécessaire et utile. Mais il ne peut y avoir de socio-anthropologie du développement « appliquée » sans socio-anthropologie du développement « fondamentale ». Les études, évaluations et expertises socio-anthropologiques menées sur commande d'institutions de développement ne doivent pas être enfermées dans le ghetto d'une recherche au rabais et au pas de course à caractère « alimentaire ». Elles doivent être connectées, sous des formes qui restent largement à inventer, avec la socio-anthropologie « en général » comme avec la socio-

1. Je remercie J. Copans, J.P. Jacob, P. Lavigne Delville, P.Y. Le Meur, E. Paquot et M. Tidjani Alou, qui ont bien voulu lire une première version de cet ouvrage et me faire part de leurs observations et critiques. Ce travail doit aussi beaucoup aux discussions menées, au fil des années et de diverses entreprises communes, avec T. Bierschenk et J.-P. Chauveau.

anthropologie du changement social et du développement en particulier, et y puiser leurs concepts, leurs problématiques et leurs exigences méthodologiques.

4. Le « développement » n'est qu'une des formes du changement social et ne peut être appréhendé isolément. L'analyse des actions de développement et des réactions populaires à ces actions ne peut être disjointe de l'étude des dynamiques locales, des processus endogènes, ou des processus « informels » de changement. De même, la socio-anthropologie du développement est indissociable de la socio-anthropologie du changement social.

5. L'appréhension combinée des faits de développement et des faits de changement social peut contribuer au renouvellement des sciences sociales. De toute façon la socio-anthropologie du changement social et du développement ne peut exister comme discipline particulière coupée de la sociologie et de l'anthropologie en général. Elle met en œuvre des problématiques situées au cœur de ces disciplines, s'y alimente en notions et concepts, y puise son inspiration comparatiste [1]. La socio-anthropologie du développement se focalise en particulier sur l'analyse des interactions entre acteurs sociaux relevant de cultures ou sous-cultures différentes. Elle procède à l'inventaire des contraintes respectives auxquelles les uns et les autres sont soumis, et au décryptage des stratégies que les acteurs déploient à l'intérieur de leurs marges de manœuvre. Elle décrit les représentations et systèmes de sens mobilisés par les groupes en interaction et étudie les dynamiques de transformation de ces représentations et systèmes de sens.

6. Le contexte de domination et d'inégalité dans lequel interviennent les processus de développement met en action et en jeu des idéologies, rhétoriques et pratiques de type « populiste », du côté des opérateurs de développement comme du côté des chercheurs. La socio-anthropologie du développement n'y échappe pas, mais elle doit, pour produire des connaissances fiables, rompre avec le « populisme idéologique » au profit de ce qu'on pourrait appeler un « populisme méthodologique ».

Arrêtons-nous ici. Ce bref inventaire de quelques-uns des thèmes qui vont être développés dans les pages qui suivent mobilise des termes dont l'acception fait problème. Développement, bien sûr, mais aussi bien socio-anthropologie, comparatisme, action, populisme... Quelques précisions sont donc indispensables, en guise de préambule. Elles prendront pour une part la forme de définitions. Il ne s'agira pas de définitions substantialistes ou de définitions normatives, visant à définir l'essence des choses (par exemple ce que serait « vraiment » le développement...), mais simplement de définitions de convention et de clarification. Elles ont pour seule ambition de fournir au lecteur les

---

1. Déjà Malinowski notait il y a plus de 50 ans : « Malheureusement il subsiste encore dans certains milieux une opinion puissante mais erronée selon laquelle l'anthropologie appliquée est fondamentalement différente de l'anthropologie théorique et académique » (repris in MALINOWSKI, 1970 : 23).

acceptions stabilisées que ces termes vont désormais revêtir à l'intérieur de la perspective développée dans cet ouvrage (par exemple le sens purement descriptif que j'entends donner au terme de « développement »).

Développement

Je proposerais donc de définir le « développement », dans une perspective fondamentalement méthodologique, comme l'ensemble des processus sociaux induits par des opérations volontaristes de transformation d'un milieu social, entreprises par le biais d'institutions ou d'acteurs extérieurs à ce milieu mais cherchant à mobiliser ce milieu, et reposant sur une tentative de greffe de ressources et/ou techniques et/ou savoirs.

En un sens, le développement n'est pas quelque chose dont il faudrait chercher la réalité (ou l'absence) chez les populations concernées, contrairement à l'acception usuelle. Tout au contraire, il y a du développement du seul fait qu'il y a des acteurs et des institutions qui se donnent le développement comme objet ou comme but et y consacrent du temps, de l'argent et de la compétence professionnelle. C'est la présence d'une « configuration développementiste » qui définit l'existence même du développement.

On appellera « configuration développementiste » cet univers largement cosmopolite d'experts, de bureaucrates, de responsables d'ONG, de chercheurs, de techniciens, de chefs de projets, d'agents de terrain, qui vivent en quelque sorte du développement des autres, et mobilisent ou gèrent à cet effet des ressources matérielles et symboliques considérables.

Évitons les sempiternels débats sur « développement et croissance », ce qu'est le « vrai » développement, est-ce que le développement est un but, une mystique, une utopie, un bien, un mal, etc. Que le développement « marche » ou ne « marche pas », qu'il soit positif ou négatif, intéressé ou désintéressé, il existe, au sens purement descriptif qui est le nôtre, car existe tout un ensemble de pratiques sociales que désigne ce mot. Pour la socio-anthropologie du développement, le développement n'est ni un idéal ni une catastrophe, c'est avant tout un objet d'étude. Cette définition résolument non normative du développement [1] ne signifie pas bien sûr qu'il faille se désintéresser de tout jugement moral ou politique sur les diverses formes de développement, loin de là. Mais il s'agit d'un autre problème. La socio-anthropologie ne peut prétendre « intervenir » de façon positive dans les débats moraux ou politiques autour du développement que si elle y introduit des connaissances nouvelles et spécifiques. Elle doit donc se donner la contrainte préalable d'étudier le développement en tant que

1. Quant aux définitions normatives, qui sont les définitions habituelles, on en trouvera dans Freyssinet (FREYSSINET, 1966) un catalogue déjà ancien mais bien fourni, qui s'est depuis largement enrichi...

constituant un « phénomène social » comme un autre, au même titre que la parenté ou la religion (telle était la position de Bastide il y a déjà longtemps : cf. Bastide, 1971). Que se passe-t-il lorsque des « développeurs » induisent une opération de développement chez des « développés » [1]? Quels processus sociaux sont mis en branle chez les multiples acteurs et groupes d'acteurs concernés directement ou indirectement ? Comment repérer, décrire, interpréter les multiples effets in-intentionnels qu'entraînent ces interventions multiformes et quotidiennes dans les campagnes et les villes africaines que recouvre le terme de développement ? Des dimensions analytiques variées doivent être mobilisées pour répondre à de telles questions : il s'agit par exemple aussi bien de comprendre comment agissent sur le terrain les agents de développement (encadreurs agricoles ou infirmiers...) — ils ne sont pas de simples courroies de transmission, et ont leurs propres stratégies — que d'analyser le mode de fonctionnement « réel » d'une ONG ou de la Banque mondiale, que d'étudier la corruption dans l'appareil d'État, ou bien de déterminer les modes d'action économique d'une population villageoise, de dégager les formes locales de la compétition politique ou le rôle qu'y jouent les rapports de parenté, ou enfin de mettre à jour la dynamique de transformation des conceptions et sémiologies populaires. Dans tous ces cas, seule l'enquête peut permettre de décrire, de comprendre et d'analyser les pratiques et les représentations liées aux actions de développement et aux réactions qu'elles suscitent. Il ne s'agit donc pas que le socio-anthropologue fasse part au monde des pensées et des considérations que le développement lui inspire, bien au contraire. Il lui faut maximiser l'observation (et donc maîtriser les outils conceptuels et méthodologiques qui la rendent pertinente) et minimiser les présupposés idéologiques et les catégories préfabriquées.

Le champ du développement ne manque pas de points de vue normatifs, d'a priori moraux (de tous côtés), de rhétoriques idéologiques, de proclamations tapageuses, d'idées reçues et de bonnes intentions... Il en est même saturé. Face aux « échecs » dont l'évocation est devenue quasi rituelle, quels qu'en soient les motifs invoqués, face à la crise actuelle où se débattent des économies africaines sinistrées et des appareils d'État en déconfiture, les donneurs de leçons abondent. Or, ce qui fait le plus défaut, ce ne sont pas les bons conseils et les idées soi-disant nouvelles, c'est la compréhension des mécanismes réels à l'œuvre et l'analyse des processus sociaux en jeu.

Pour paraphraser et inverser la célèbre phrase de Marx dans les thèses sur Feuerbach, le problème, en ce qui concerne le développement, est de comprendre comment le monde se transforme, plutôt que de prétendre le transformer sans se donner les moyens de le comprendre.

---

1. Cette expression commode a ses désavantages : elle peut en effet faire croire que l'on met tous les « développeurs » (ou tous les « développés ») dans le même sac. Une opposition aussi générale n'a d'autre intérêt que de souligner un incontestable clivage, massif, relevant du « grand angle » : les « développeurs » d'un côté, les « développés » de l'autre n'appartiennent pas aux mêmes univers de vie et univers de sens (cf. *life world* en anglais). Mais bien évidemment il ne s'agit en aucun cas de catégories respectivement homogènes.

Les théories macro-économiques de type normatif tiennent encore aujourd'hui le haut du pavé [1] en termes de « pensée sur le développement », d'influence sur les politiques, et de drainage des fonds d'études et de recherche. Or elles ne sont pas fondées, c'est le moins qu'on puisse dire, sur une connaissance fine des situations vécues par les acteurs sociaux « de base » et des moyens par lesquels ceux-ci gèrent ces situations. En face ou à côté, les rhétoriques populistes, les idéologies participatives, les bonnes volontés humanitaires, qui se proposent plus ou moins comme alternatives, ne sont guère mieux informées. On ne peut faire l'économie d'analyses plus spécifiées, plus intensives, plus proches des interactions sociales « réelles ». C'est là où intervient, ou devrait intervenir, la socio-anthropologie. Le « point d'impact » des politiques de développement sur les populations concernées, autrement dit l'espace social où s'opère l'interaction entre opérations de développement (projets de développement ou actions de développement) et « groupes-cibles », est, à cet égard, un niveau stratégique d'investigation, pour lequel l'enquête de terrain intensive de type socio-anthropologique est particulièrement adaptée. On peut ainsi avoir un « point de vue » plus proche des destinataires finaux et des utilisateurs réels ou potentiels du développement, qui prenne en compte leurs réactions aux opérations de développement mises sur pied à leur intention. Si j'insiste sur ce niveau plus « micro », et « *actor oriented* » [2], où l'anthropologie et la sociologie « qualitative » [3] sont particulièrement à l'aise, ce n'est certes pas pour nier l'importance des études plus structurales et « macro », c'est parce que l'interaction « développeurs/développés », sous contraintes de type « macro » (rapports de production, marché mondial, politiques nationales, relations Nord-Sud, etc.), est un espace de recherche privilégié pour comprendre tant les logiques « réelles » des institutions de développement que les logiques « réelles » des producteurs et des

---

1. Ces théories se réduisent de plus en plus aujourd'hui aux différents courants issus du néo-libéralisme, du fait du naufrage des anciennes écoles concurrentes (elles aussi macro-économiques et normatives), en particulier celles liées au marxisme et prônant la rupture avec le marché mondial.
2. C'est là l'expression qu'utilise N. Long. « The essence of an actor oriented approach is that its concepts are grounded in the everyday life experiences and understandings of men and women be they poor, peasants, entrepreneurs, government bureaucrats or researchers » (LONG, 1992 : 5).
3. J'emprunte ce qualificatif à certains sociologues américains (cf. STRAUSS, 1987, 1993) mais non sans réticences. En effet, d'un côté « qualitatif » a le mérite de souligner qu'on peut faire de la sociologie sans être victime des obsessions statistiques, des sondages, ou des questionnaires (« what cannot be quantified does exist, does have consequences, can be argued and made the subject of propositions and hypotheses », BAILEY, 1973 : 11). Mais d'un autre côté « qualitatif » pourrait laisser entendre une certaine désinvolture envers les problèmes de la représentativité, ou, pire, un manque de rigueur… Bien évidemment, la sociologie dite qualitative, ou l'anthropologie, du moins dans l'esprit de beaucoup de chercheurs, se veut aussi rigoureuse (voire plus) que la sociologie dite quantitative, et ne dédaigne par ailleurs ni les chiffres ni les procédures de recension systématique, bien au contraire (cf. OLIVIER DE SARDAN, 1995). De ce point de vue, il n'y a aucune différence épistémologique entre sociologie qualitative et sociologie quantitative, mais bien complémentarité entre des méthodes différentes de production des données.

populations concernées. Nous supposons en effet (mais c'est un paradigme fondateur des sciences sociales) que les discours publics, les politiques proclamées, les structures administratives ou juridiques, ne coïncident pas toujours, tant s'en faut, avec les pratiques effectives, dans le développement comme dans les autres aspects de la vie sociale.

Socio-anthropologie du développement

J'entends par « socio-anthropologie » l'étude empirique multidimensionnelle de groupes sociaux contemporains et de leurs interactions, dans une perspective diachronique, et combinant l'analyse des pratiques et celle des représentations. La socio-anthropologie ainsi conçue se distingue de la sociologie quantitativiste à base d'enquêtes lourdes par questionnaires comme de l'ethnologie patrimonialiste focalisée sur l'informateur privilégié (de préférence grand initié). Elle s'oppose à la sociologie et l'anthropologie essayistes et spéculatives. La socio-anthropologie fusionne les traditions de la sociologie de terrain (École de Chicago) et de l'anthropologie de terrain (ethnographie) pour tenter une analyse intensive et *in situ* des dynamiques de reproduction/transformation d'ensembles sociaux de nature diverses, prenant en compte les comportements des acteurs, comme les significations qu'ils accordent à leurs comportements.

On pourrait certes, et je l'ai fait précédemment, utiliser la seule expression d'« anthropologie », si l'on entend « anthropologie » au sens large. « Anthropologie » ne signifie pas alors une soi-disante science des sociétés « primitives » ou « simples » (qui correspondrait au sens ancien d'« ethnologie »), mais évoque au contraire une approche à la fois de terrain et comparative des sociétés humaines quelles qu'elles soient, une approche intensive et transversale du social, que l'on retrouve pour une part dans une certaine sociologie. Pour éviter tout risque d'accusation d'impérialisme disciplinaire, et pour marquer cette profonde convergence des deux « disciplines »[1], d'autant plus nécessaire dès lors que l'on prend le développement comme objet, il me semble aujourd'hui préférable d'utiliser le terme de socio-anthropologie. La convergence épistémologique s'étend évidemment à l'histoire (comme aux autres sciences sociales, politologie, économie : cf. Passeron, 1991). Mais les thèmes de recherche proprement historiques font, à la différence de la socio-anthropologie, appel essentiellement à des matériaux en quelque sorte « morts », et justifient que je laisse ici l'histoire — comme discipline — un peu sur la touche. Ceci étant, la perspective diachronique, le recours à la « tradition orale » et la mise en contexte historique constituent des composantes indispensables de toute socio-anthropologie digne de ce nom.

1. Il ne s'agit cependant pas de nier l'effet des pesanteurs disciplinaires et académiques, qui dressent des barrières regrettables entre sociologie et anthropologie. Un exemple en est le système de références savantes propres à chacune, qui tend à ignorer les aspects vivants de la recherche chez l'autre.

Le développement, entendu dans le sens défini ci-dessus, est un terrain privilégié pour la socio-anthropologie. Le développement en effet fait intervenir de multiples acteurs sociaux, du côté des « groupes-cibles » comme du côté des institutions de développement. Leurs statuts professionnels, leurs normes d'action, leurs compétences, leurs ressources cognitives et symboliques, leurs stratégies diffèrent considérablement. Le développement « sur le terrain », c'est la résultante de ces multiples interactions, qu'aucun modèle économique en laboratoire ne peut prévoir, mais dont la socio-anthropologie peut tenter de décrire et interpréter les modalités.

Cela implique un savoir-faire qui ne s'improvise pas. La confrontation de logiques sociales variées autour des projets de développement constitue un phénomène social complexe, que les économistes, les agronomes ou les « décideurs » ont tendance à ignorer. Face aux écarts répétés entre les conduites prévues et les conduites réelles, face aux dérives que toute opération de développement subit du fait des réactions des groupes-cibles, les « développeurs » tendent à recourir à de pseudo-notions sociologiques ou anthropologiques qui relèvent plus de clichés et de stéréotypes que d'outils analytiques. On invoquera ainsi la « culture » ou les « valeurs » des populations locales pour « expliquer » leur propension constante à ne pas faire ce qu'on voudrait qu'elles fassent, où à le faire à leur façon. C'est là expliquer l'inexpliqué par l'inexplicable. Ces notions particulièrement floues, vaguement empruntées à une anthropologie de bazar, caractérisent la *do-it-yourself-sociology* de certains économistes [1] ou agronomes. Or les références paresseuses aux « facteurs culturels » oublient le plus souvent l'existence de sub-cultures, les diversités culturelles internes à un même groupe social, le poids des clivages sociaux (âge, sexe, classes sociales, entre autres) sur les normes et comportements. Elles oublient que la « culture » est un construit, soumis à d'incessants processus syncrétiques et objet de luttes symboliques.

L'analyse des interactions entre « configuration développementiste » et populations locales, comme l'analyse des diverses formes du changement social, demandent un certain type de compétences, celles-là même que revendiquent la sociologie et l'anthropologie, et que la socio-anthropologie du développement entend mettre en œuvre. Mais la socio-anthropologie du développement est-elle en mesure de satisfaire de telles

---

1. D'où l'irritation envers les économistes que manifeste le livre particulièrement polémique mais non dénué de vérité de Polly Hill (HILL, 1986). Le problème ainsi posé est celui du rôle des économistes dans le pilotage du développement ou de la recherche sur le développement, et de leur fréquent dédain envers les compétences d'ordre socio-anthropologique, et non celui de la dimension économique des phénomènes sociaux liés au changement social et au développement, que la socio-anthropologie ne peut en aucun cas ignorer. L'anthropologie économique (y compris celle que pratiquent ou ont pratiqué divers économistes aux marges de leur discipline), comme la sociologie économique (qui regroupe aux États-Unis nombre d'économistes refusant la déferlante économétrique) sont des ingrédients tout à fait fondamentaux de la sauce à laquelle la socio-anthropologie accommode le développement.

attentes ? Autrement dit, la socio-anthropologie du développement existe-t-elle ?

Nous verrons plus loin que, après un certain piétinement succédant aux ouvrages précurseurs, les travaux récents permettent de répondre par l'affirmative. Cependant cette socio-anthropologie du développement reste marginale, tant dans le monde du développement que dans le monde des sciences sociales.

Il est vrai qu'aux États-Unis surtout, l'« anthropologie appliquée » a sa place au soleil, et qu'il y a une longue tradition de « demande sociale » auprès des sociologues et anthropologues (dès avant-guerre on les sollicitait en tous domaines, depuis le problème des réserves indiennes jusqu'à celui des gangs urbains). Cependant, en ce qui concerne le monde du développement proprement dit, les problématiques restent le plus souvent frustres, purement descriptives, souvent naïves, et coupées des débats théoriques majeurs dans nos disciplines [1].

Du côté francophone, un rapide inventaire de la très abondante littérature consacrée au développement montre vite que la socio-anthropologie empirique des faits de développement en constitue la portion congrue, et est largement ignorée. La grande majorité des travaux que l'on classe sous la rubrique sociologie ou anthropologie renvoient en fait à de l'économie ou à de l'idéologie, c'est-à-dire, pour ce qui concerne ce dernier point, à des considérations normatives ou moralisantes, plus ou moins légitimées par du vocabulaire savant, sur le « développement en général » ou la prise en compte des « facteurs culturels du développement » [2].

L'étiquette « sciences sociales du développement » s'avère le plus souvent trompeuse, et la socio-anthropologie du développement (telle qu'ici on la considère et on entend la promouvoir, c'est-à-dire dotée de

---

1. On trouvera divers « états de la question » basés essentiellement sur la littérature nord-américaine, où se reflète cette difficulté à dégager des lignes de force claires et de véritables « programmes de recherche » : cf. HOBEN, 1982 ; CHAMBERS, 1987 ; ARNOULD, 1989 ; RANC, 1990. On peut y adjoindre plusieurs ouvrages collectifs présentant diverses réflexions générales ou expériences particulières en anthropologie appliquée, qui ne dissipent pas l'impression précédente (COCHRANE, 1971 ; OXAAL, BARNETT & BOOTH, 1975 ; PITT, 1976 ; GRILLO & REW, 1985 ; GREEN, 1980 ; HOROWITZ & PAINTER, 1986 ; CERNEA, 1991 ; HOBART, 1993). Ce relatif déficit conceptuel contraste avec l'existence par contre de manuels et textes méthodologiques américains sur l'anthropologie appliquée (cf. PARTRIDGE, 1984, ainsi que la revue *Human organization*).

2. Une récente bibliographie en témoigne (KELLERMAN, 1992) : les ouvrages analysés, censés rendre compte de « la dimension culturelle du développement », relèvent pour l'essentiel de l'essayisme et, surtout, aucun ne renvoie à une socio-anthropologie empirique du développement. La déjà ancienne bibliographie de Jacquemot (JACQUEMOT *et al.*, 1981) faisait largement appel à des références sociologiques et anthropologiques : mais on constatera facilement que l'approche, à l'époque, était très macro du côté des sociologues, et très « hors développement » du côté des anthropologues (cf. *infra*, chapitre 1). La bibliographie établie par Jacob (JACOB, 1989) est la seule à ce jour qui fasse faire état d'ouvrages et d'articles relevant de la socio-anthropologie du développement. C'est aussi l'un des très rares travaux qui, comme le présent ouvrage, tente de cumuler les sources francophones et anglophones.

problématiques d'investigation solides et d'outils d'interprétation éprouvés) en est la grande absente. Un exemple suffira : trois ouvrages récents en français, qui prétendent tous dresser un bilan, chacun à sa façon, du rapport entre sciences sociales et développement, témoignent d'une totale méconnaissance de la socio-anthropologie du développement et étalent sans fard leur propre ignorance (cf. Choquet *et al,* 1993 ; Guichaoua et Goussault, 1994 ; Rist, 1994) : ni les travaux en français qui relèvent de l'orientation ici défendue, ni les travaux européens en anglais qui s'en rapprochent le plus (Long, 1989 ; Long et Long, 1992 ; Elwert et Bierschenk, 1988) ne sont même évoqués dans aucun de ces livres. Il est d'autant plus surprenant que l'on nous parle de la « fastueuse anthropologie appliquée nord-américaine » mise en contraste avec la « fort modeste anthropologie du développement » francophone et sa « grande pauvreté théorique » (Guichaoua et Goussault, 1993 : 103). Quant à la position de Kilani (in Rist, 1994), qui conteste la possibilité même d'une anthropologie du développement, elle se fonde sur de déplorables confusions. L'anthropologie du développement est systématiquement renvoyée à l'anthropologie appliquée. Les péchés que Kilani dénonce si abruptement relèvent des malentendus quasi inévitables qui se tissent entre connaissance et action, en quelque domaine que ce soit. Ils ne peuvent être imputés à l'anthropologie sous prétexte qu'elle serait coupable de s'intéresser aux processus sociaux de développement. Kilani accuse d'ailleurs tout de go, et sans se donner la peine d'argumenter, l'anthropologie du développement de succomber au « goût du jour » en se ralliant aux idéologies du développement (Kilani, 1994 : 29). Il montre plutôt ainsi son ignorance des travaux accumulés depuis vingt ans... Par ailleurs, il tire argument de ce que le « développement » n'est pas un concept sociologique, et n'a d'autre statut que de désigner une réalité extérieure à l'anthropologie, comme le sport, la ville ou la vieillesse (*id* : 20). Il est fort vrai que « développement » n'est pas un concept. Mais c'est justement ce statut « d'objet » qui permet de parler d'anthropologie du développement sans reprendre à son compte les représentations des « développeurs ». On peut faire de l'anthropologie urbaine sans que la « ville » soit pour autant un concept et sans assumer l'idéologie des urbanistes ! Kilani reproche d'autre part à cet objet d'être hétéroclite, hétérogène, et de ne pas permettre les « visions d'ensemble », les déploiements théoriques cohérents qui seraient la marque de la véritable anthropologie (*id.* : 27). Mais c'est justement cette hétérogénéité des faits de développement qui fait l'intérêt de l'anthropologie du développement. L'anthropologie serait-elle réduite à ne s'intéresser qu'aux objets naturellement cohérents ? En ce cas, c'est l'essentiel de la vie sociale, tout aussi hétérogène, qui lui échapperait !

La marginalité de la socio-anthropologie du changement social et du développement sur la scène publique du développement est donc aussi une marginalité sur la scène publique de la recherche en sciences sociales. Pourtant, de même que les institutions de développement auraient tout à gagner de la collaboration avec une socio-anthropologie active, de même il serait dans l'intérêt de la recherche en sciences sociales de prendre en compte la socio-anthropologie du développement. On sait en effet depuis longtemps que les différentes réactions d'une société (ou de ses diverses composantes) à une intervention « extérieure » constituent l'un des meilleurs indicateurs de la dynamique de ses structures propres, un analyseur privilégié des comportements sociaux [1]. Il s'agit simplement de mettre en œuvre à propos des faits sociaux de développement la fonction « compréhensive » des sciences sociales. Celles-ci n'ont-elles pas pour tâche de rendre intelligibles des comportements ou des pratiques apparemment inintelligibles ou interprétés de façon biaisée en fonction de préjugés, d'idéologies ou d'intérêts particuliers ? Aussi l'analyse des pratiques sociales effectives à l'œuvre dans un projet de développement mettra-t-elle l'accent sur le décalage, inévitable, entre les divers « intérêts » et les « rationalités » qui régissent les agissements des opérateurs de développement, et les divers « intérêts » et « rationalités » qui règlent les réactions des populations concernées.

Ce n'est pas un hasard si de multiples travaux contemporains de socio-anthropologie du développement présentent comme un certain air de parenté, au delà des frontières académiques et linguistiques. Il n'y a pourtant ni concertation, ni effets d'« école ». On serait bien en peine de rechercher une grille d'interprétation toute faite, fonctionnaliste, systémique, libérale, marxiste ou autre. En ce sens la socio-anthropologie du développement n'a pas de paradigme unifié. Mais ici et là, cependant, les mêmes questions sont posées : pourquoi ces « dérives » entre un projet de développement et sa mise en œuvre ? Comment s'articulent contraintes et marges de manœuvre ?

Nombre de travaux actuels en socio-anthropologie du développement partent des mêmes postulats : les pratiques populaires ont un sens qu'il convient de chercher. Ils relèvent d'une même méfiance : les explications « idéologiques », les théories générales, les argumentations avancées par les institutions du développement ne sont pas satisfaisantes. Ils s'organisent autour d'un même axe : la recherche des différences, des clivages, des contradictions, en tant qu'analyseurs privilégiés de la réalité sociale. Ils tentent une même conciliation entre analyse des structures qui contraignent l'action et identification des stratégies et logiques qui sous-tendent les comportements et les représentations des acteurs

Face aux réductions qu'opèrent toutes les idéologies du développement, fondées nécessairement sur des pré-supposés consensuels [2], la socio-anthropologie du développement affirme dès le départ la complexité du social, et la divergence des intérêts, des conceptions, des stratégies ou des logiques des divers « partenaires » (ou « adversaires ») que met en rapport le développement. Mais « divergences » ne signifie pas nécessairement affrontements déclarés et conflits ouverts. Au contraire, le quotidien du développement est plutôt fait de compromis, d'interactions, de syncrétismes, de négociations (largement informelles et indirectes). C'est autour de telles notions, qui n'excluent pas, bien au contraire, les rapports de forces, qu'il faut chercher les explications des effets « réels » des actions de développement sur les milieux qu'elles entendent modifier. Ceci

1. Cf. BASTIDE (1971) ou BALANDIER (1971).
2. A un niveau ou à un autre (village, classe, nation, Tiers monde, humanité...) et selon des légitimations diverses (morales, religieuses, politiques, scientifiques...).

implique de rompre avec les « modèles » d'explication dualistes, comme avec les schémas structuralistes ou les invocations culturalistes.

Comparatisme

Est-ce à dire que chaque situation locale, chaque opération de développement exige une analyse spécifique et qu'aucune « loi » ne peut être dégagée de l'infinie diversité des contextes concrets ? Oui et non. Oui, au sens où chaque « terrain » est une combinaison singulière de contraintes et de stratégies, que seule une analyse spécifique peut déchiffrer. Non, au sens où certaines contraintes sont communes ou similaires : on peut constituer des typologies à partir des conditions écologiques, des modes d'insertion dans l'économie mondiale, des rapports de production ou des régimes politiques. De même, au-delà de la singularité des cas et des contextes, les logiques économiques (comme par exemple la minimisation des « sorties » monétaires), sociales (comme par exemple les réseaux d'entraide familiale) ou symboliques (comme par exemple les codes de la consommation ostentatoire, ou les modes de reconnaissance sociale fondés sur la redistribution) se recoupent fréquemment.

Il est probable qu'un progrès décisif de la socio-anthropologie du développement viendra du recours à des analyses comparatives rigoureuses, que la multiplication d'études devrait rendre possible, en proposant enfin des matériaux de terrain compatibles entre eux [1], autrement dit issus d'une même problématique de recherche, ce qui s'oppose ainsi tout à la fois aux monographies descriptives des anciens ethnographes, comme aux « applications » de théories à un terrain-prétexte, aux généralisations abusives, aux extrapolations hâtives, aux théories « grand angle » qui sélectionnent les « illustrations » intéressantes et oublient les contre-exemples.

Il faut pour cela quelques concepts communs ou apparentés. Mais il ne s'agira pas ici de *concepts-théories*, intégrés dans des paradigmes durs et fonctionnant sur le mode de la vérification ou de la confirmation (à l'image par exemple du concept de « mode de production », indissociable de la théorie marxiste). Il s'agira de *concepts exploratoires*, permettant de produire des données nouvelles et comparables sans sur-interprétations pré-programmées : *savoirs techniques populaires, logiques, courtage, arène, groupes stratégiques* sont autant de concepts exploratoires qui seront ici évoqués, qui peuvent assurer une certaine comparabilité à la socio-anthropologie du développement.

Ceci ne dispense pas de recourir à des *notions*, termes plus ou moins flous et passe-partout, qui ont le mérite de désigner des domaines

1. Ce fut le grand mérite des évaluations commandées par l'éphémère Bureau des évaluations des services Coopération et Développement du ministère des Relations extérieures que d'avoir esquissé un tel corpus (cf. FREUD, 1985, 1986, 1988 ; cf. également, comme exemples d'articles issus de ces évaluations, PONTIÉ et RUFF, 1985 ; YUNG, 1985).

d'investigation, des pans de réel qu'il est commode de spécifier, sans prétention analytique : *innovation* fournira un exemple de telles notions, nécessaires bien qu'ambiguës.

Par ailleurs le comparatisme inhérent à la socio-anthropologie du développement se fonde sur deux caractéristiques propres à son objet : le multiculturalisme des situations de développement, et la transversalité des représentations et pratiques des acteurs engagés dans ces situations.

Multiculturalisme

Les situations de développement mettent en présence d'un côté une culture pour une bonne part cosmopolite, internationale, celle de la « configuration développementiste », déclinée bien sûr en sous-cultures (elles aussi trans-nationales) par divers clans, à bases idéologiques et/ou professionnelles, qui agissent chacun de façon largement identique aux quatre coins de la planète, et de l'autre côté une grande variété de cultures et sous-cultures locales [1]. Bien que les résultats de telles confrontations soient pour une large part imprévisibles, on peut cependant identifier quelques constantes et invariants. Certains des concepts exploratoires évoqués ci-dessus (comme *courtage, savoirs techniques populaires* ou *logiques*) ont cette ambition.

Tranversalité

On pourrait certes concevoir que la socio-anthropologie du développement se scinde en sous-disciplines, à l'image des types d'intervention qu'elle étudie : développement rural, santé, jeunes et ville, etc. Toute opération de développement passe en effet par des filtres institutionnels et techniques qui la positionnent dans tel ou tel champ professionnel et pas dans tel autre, aussi intégré le développement en question soit-il. Au-delà de la rhétorique générale, le développement n'existe pour l'essentiel que sous la forme d'experts spécialisés, d'organisations spécialisées, de lignes budgétaires spécialisées, que ce soit dans la santé, l'environnement, la production agricole, la réforme administrative, la décentralisation, ou la promotion des femmes... Compétences, planification, financements, administration : le développement ne peut échapper à la sectorisation. La socio-anthropologie pourrait avoir de bonnes raisons de suivre la configuration développementiste en ses spécialisations, ne serait-ce que pour mieux prendre en compte la « base matérielle » des interventions et les « dispositifs » sur lesquelles elles s'appuient : les contraintes d'un aménagement hydro-agricole ne sont pas celles d'une campagne de

1. Foster avait déjà souligné à sa façon cette dimension multiculturelle des processus de développement : « In developmental programs representatives of two or more cultural systems come into contact (...) Whether the gulf between the two worlds is full-cultural or sub-cultural, it is significant. In either case the technician shares the cultural and social forms not only of the country from which he comes but also of the professional group he represents » (FOSTER, 1962 : 5).

vaccination. Mais les acteurs sociaux « d'en bas », et en particulier les « clients » des institutions de développement, ne se soucient pas de tels clivages. Pratiques et représentations échappent aux découpages sectoriels : c'est le même paysan qui réagit face à un projet de coopérative ou à un centre de santé communautaire, souvent (mais pas toujours) en mettant en œuvre des logiques d'action identiques, ou en se référant à des normes sociales analogues. L'inévitable sectorisation des institutions ou des interventions contraste ainsi avec la transversalité des comportements des populations ciblées.

La transversalité populaire s'oppose également à la sectorisation développementiste sur un axe diachronique, du point de vue du rapport au temps. Un projet, pour ses animateurs, occupe tout l'espace-temps. Il est central, omniprésent, unique. Pour les paysans il est passager, relatif, accessoire, et prend sa place dans une chaîne d'interventions successives. Les agents d'un projet consacrent 100 % de leur activité professionnelle à un secteur d'activité qui ne concerne souvent qu'une petite partie du temps du producteur auquel ils s'adressent. De nombreux malentendus surgissent de cette différence radicale de position.

On pourrait aussi se poser la question de la sectorisation non plus à partir des clivages propres aux institutions de développement mais à partir de ceux qui ont cours en sciences sociales. L'anthropologie, par exemple, n'est en effet pas sans avoir, plus ou moins latents ou explicites, ses propres sous-clivages. L'anthropologie économique s'intéresse aux rapports de production, aux modes de production, à la petite production marchande, au commerce informel. L'anthropologie politique considère le pouvoir local, les systèmes de clientèles, les formes de la représentation politique. Et ainsi de suite. Mais l'argument sera ici encore identique. Les acteurs sociaux circulent sans cesse entre le registre économique et le registre politique, sans parler du symbolisme, du langage ou de la religion. Les pratiques et les représentations des populations, face au changement en général comme face au développement en particulier, mobilisent tous les registres possibles, et aucun ne peut être a priori exclu ou disqualifié d'avance, ni l'économique (avec ses rapports de production et ses modes d'action économiques), ni le politique (avec ses rapports de domination et ses stratégies de pouvoir), ni le social, le symbolique ou le religieux.

La socio-anthropologie du développement ne peut se décomposer en sous-disciplines : la transversalité de ses objets est indispensable à sa visée comparatiste. **Une socio-anthropologie du changement social et du développement est à la fois une anthropologie politique, une sociologie des organisations, une anthropologie économique, une sociologie des réseaux, une anthropologie des représentations et systèmes de sens**. C'est à tous ces titres qu'elle prendra par exemple comme objet aussi bien les interactions infirmiers/patients que les interactions encadreurs/paysans, et donc qu'elle décrira et analysera les représentations des uns et celles des autres, les institutions des uns et celles des autres, les relations sociales des uns et celles des autres, et les systèmes de contrainte à l'intérieur desquels les uns comme les autres évoluent.

La proclamation de l'unité d'une discipline ou d'une sous-discipline, qui définit le champ comparatif qu'elle s'autorise à appréhender, est cependant toujours ambivalente et toujours relative. Outre qu'elle sert volontiers à marquer des territoires et renvoie pour une part à des stratégies professionnelles, elle peut aussi relever de soucis corporatistes ou aboutir à des débats métaphysiques. L'ambition comparative de la socio-anthropologie du changement social et du développement, telle qu'elle a été ici définie, se fonde sur une autonomie relative de son objet, et sur un ensemble de problématiques à l'interface de l'anthropologie et de la sociologie. Ma perspective est donc en partie distincte de celle d'Augé, par exemple, qui revendique une unité de principe de l'anthropologie (et de l'anthropologie seule) pour s'opposer aux spécialisations excessives fondées sur la constitution de sous-disciplines définies par leur objet. C'est sur cette base qu'il refuse toute revendication à l'indépendance de l'anthropologie de la santé (Augé, 1986). Je propose une position plus nuancée, que je crois plus réaliste. Sans aller jusqu'à une spécialisation excessive et un morcellement infini, et sans remettre en cause la profonde unité épistémologique des sciences sociales et la profonde unité méthodologique de la socio-anthropologie, on doit admettre une certaine « influence » des objets sur la constitution des savoirs, et l'existence d'une autonomie relative des champs comparatifs (trans-disciplinaires ou sous-disciplinaires) qui en découlent. Ces champs comparatifs peuvent être définis sur des bases multiples, régionales ou thématiques le plus souvent. Les « aires culturelles » — Afrique, Asie du Sud-Est ou sociétés rurales européennes... — sont ainsi une des dimensions possibles de cette autonomie relative induite par l'objet. Les découpages thématiques — sociologie de l'éducation, anthropologie religieuse ou socio-anthropologie du développement... — en sont une autre. Ces deux modes de « semi-spécialisation issue des objets » sont au principe de tout comparatisme contextualisé (ils n'ont d'ailleurs rien d'incompatible entre eux). Cependant (et je rejoindrai Augé sur ce point) l'autonomie de ces champs comparatifs ne peut être que relative, et toute indépendance serait absurde et stérilisante.

Pour nous résumer, la visée comparative qui fonde l'autonomie relative de la socio-anthropologie du développement me semble fondée sur le lien entre trois composantes fondamentales et indissociables : (1) un objet spécifique et particulier (les processus sociaux de changement, à la fois endogènes et induits) ; (2) une problématique irriguée par l'ensemble des débats contemporains en sciences sociales (et débordant largement la seule anthropologie) ; (3) une méthodologie de production des données ancrée dans la tradition anthropologique et la sociologie dite qualitative, prenant en compte toutes les dimensions de la réalité vécue par les acteurs sociaux (transversalement aux découpages thématiques habituels des sciences sociales).

Action

Nous aborderons peu dans cet ouvrage les problèmes relatifs à l'action, c'est-à-dire à l'« application » proprement dite de la socio-anthropologie du développement (il n'en sera question que dans la conclusion, sous la forme particulière des rapports entre chercheurs en sciences sociales et opérateurs de développement). Ce n'est en aucun cas par mépris ou par sous-estimation de ces problèmes, qui concernent l'insertion de socio-anthropologues dans des programmes de développement, ou leur rôle en matière d'études, d'évaluation ou d'expertise. Je ne partage pas en effet l'attitude hautaine de nombre de chercheurs envers les « praticiens du développement », et j'estime qu'un chef de projet, un encadreur agricole ou un médecin « valent » largement un sociologue ou un anthropologue.

Je ne pense pas non plus que le rôle pratique des sciences sociales doive se réduire à la seule fonction critique et protestataire. Non que celle-ci n'ait pas son importance, bien évidemment. Mais la modestie du réformisme, en matière de développement comme ailleurs, a autant de grandeur que le panache de la dénonciation. Il y a de la place pour les deux. L'amélioration de la qualité des « services » que les institutions de développement proposent aux populations n'est pas un objectif qu'il faille dédaigner. Et la socio-anthropologie du développement peut contribuer pour sa part, modeste mais réelle, à cette amélioration.

Mais c'est la qualité de ses procédures de connaissance qui seule peut lui permettre d'apporter une quelconque contribution à l'action. C'est pourquoi je me suis ici focalisé sur cette fonction de connaissance et ses pré-requis, dans la mesure où elle constitue le « ticket d'entrée » de la socio-anthropologie du développement dans le domaine de l'action, et le moyen de mettre en garde contre les pièges des dérives idéologiques, dont le populisme n'est pas le moindre.

Marc Augé écrivait il y a longtemps déjà : « Le développement est à l'ordre du jour ethnologique : l'ethnologie n'a pas à l'éclairer, mais à l'étudier, dans ses pratiques, ses stratégies et ses contradictions » (Augé, 1973 : 251). J'admets avec lui l'impératif d'étude, mais je ne partage pas son rejet a priori de tout « éclairage », c'est-à-dire de toute aide à l'action. Simplement l'étude est la condition d'un éventuel (et nécessairement modeste) éclairage, parmi d'autres.

Populisme

J'entendrai ici par « populisme » un certain rapport entre les intellectuels (associés aux couches et groupes privilégiés) et le peuple (c'est-à-dire les couches et groupes dominés), rapport selon lequel les intellectuels découvrent le peuple, s'apitoient sur son sort et/ou s'émerveillent de ses capacités, et entendent se mettre à son service et œuvrer pour son bien.

Il n'est donc pas question ici de l'acception courante de « populisme » dans le langage politique contemporain (où le terme évoque, de façon dépréciative, le comportement « démagogique » d'hommes politiques plus ou moins charismatiques). Nous revenons au sens original de populisme, celui des populistes russes du XIXe siècle (*narodnicki*).

Le populisme est extrêmement présent dans l'univers du développement. Il lui est même en un sens consubstantiel. La configuration développementiste n'est-elle pas composée d'« élites » qui entendent aider le peuple (les paysans, les femmes, les pauvres, les réfugiés, les chômeurs...), améliorer leurs conditions d'existence, se mettre à leur service, agir pour leur bien, collaborer avec eux ? La multiplication des ONG, leurs pratiques comme leurs rhétoriques, témoignent de ce populisme développementiste, sous sa forme la plus récente et la plus massive, même s'il en est bien d'autres. Les pays en développement, les « damnés de la terre », les chômeurs des « Brazzaville noires », les agriculteurs exposés aux famines, les victimes des guerres, de la malnutrition, du choléra ou de l'ajustement structurel sont autant de figures que prend le « peuple » dans un contexte développementiste, c'est-à-dire pour des « privilégiés » ou des « nantis » occidentaux convertis à son service. Mais le populisme structure aussi pour une bonne part l'univers de la recherche, en sociologie et anthropologie comme en histoire. La réhabilitation des acteurs sociaux d'en bas, la description du mode de vie des humbles, l'inventaire des compétences et des ruses paysannes, le recueil de la « vision des vaincus », la chronique des résistances populaires : ces thématiques sont au cœur des sciences sociales.

Cette idéologie latente a divers avantages et mérites, et autant de pièges et d'inconvénients, on y viendra (cf. chapitre 5). Mais elle n'est pas sans recouper une certaine avancée méthodologique. Malgré les difficultés qu'ont les sciences sociales à être cumulatives, les types et modèles d'explication que proposent les sciences sociales (en ce qu'elles ont de plus avancé et novateur, ce qui ne correspond pas toujours à leurs produits médiatisés) sont pour une part aujourd'hui beaucoup plus complexes qu'hier. On ne devrait plus raisonner, à propos des phénomènes sociaux qui mettent toujours en jeu des facteurs multiples, en termes de déterminismes sommaires, de variables explicatives uniques ou d'agrégats simplistes : le mode de production, la culture, la société, le « système »... Or l'investigation des ressources dont disposent les « acteurs d'en bas », ceux qui sont justement l'objet des sollicitations et sollicitudes des institutions de développement, s'inscrit dans cette complexification, qui n'est en aucun cas un oubli des contraintes. Ainsi la diffusion d'un message sanitaire, par exemple, ne peut plus être sérieusement représentée par un modèle linéaire « télégraphiste » de communication, où un « émetteur » (actif) envoie un « message » à un « récepteur » (passif), ce message étant plus ou moins brouillé par des « bruits parasites » (interférences qu'il s'agirait d'éliminer). Le récepteur ne reçoit pas passivement le sens, il le reconstruit, en fonction de contextes, de contraintes et de stratégies multiples. Autour d'un message s'opèrent des interactions et des négociations incessantes. L'acteur social « de base », aussi démuni ou dominé soit-il, n'est jamais un

« récipiendaire » qui n'aurait le choix qu'entre la soumission ou la révolte.

Une problématique collective ?

Ces mots clés que nous venons de préciser (développement, socio-anthropologie, comparatisme, action, populisme), d'autres les utilisent aussi, dans des sens identiques ou voisins. Ces réflexions, ou d'autres plus ou moins analogues, d'autres les ont faites aussi. La création d'une association comme l'APAD (Association euro-africaine pour l'anthropologie du changement social et du développement) témoigne de telles convergences. On peut citer comme points de repère de la mise en place d'une série de problématiques convergentes, que le présent ouvrage tente de synthétiser pour une part, quelques ouvrages collectifs qui ont scandé la dynamique intellectuelle associée à la préhistoire de l'APAD ou à son histoire récente, et où l'on peut constater l'évidente et étonnante complémentarité des réflexions, des recherches et des propositions de chercheurs d'horizons variés, en particulier : *Paysans, experts, chercheurs* (Boiral, Lantéri et Olivier de Sardan, éds, 1985) ; le numéro spécial de *Sociologia ruralis* sur « Aid and development » (Elwert Bierschenk et éds, 1988) ; *Sociétés, santé et développement* (Fassin et Jaffré, éds, 1990) ; et *Les associations paysannes en Afrique* (Jacob et Lavigne Delville, éds, 1994) [1]. On pourrait penser à un « collège invisible » : « An invisible college is an informal network of researchers who forms around an intellectual paradigm to study a common topic » (Rogers, 1983 : xviii ; cf. Kuhn, 1970). Sans doute est-il erroné de parler véritablement de paradigme commun, au sens strict ou dur, kuhnien. Mais il y a dans tout cela une configuration d'affinités scientifiques et une parenté problématique qu'il importe de souligner [2].

Changement social et développement : en Afrique ou en général ?

L'essentiel des exemples et une bonne partie des références utilisés ici concernent l'Afrique (et plus particulièrement l'Afrique rurale). Le continent africain a évidemment diverses particularités. L'omniprésence des institutions de développement n'en est pas la moindre. La crise cumulée des économies africaines et des États africains n'a fait que renforcer le poids de l'« aide au développement » et des « projets de

1. On peut aussi noter une nette convergence, indépendante et sans concertation, avec les travaux menés autour de Norman Long à Wageningen (cf. en particulier LONG, 1989 ; LONG et LONG, 1992).
2. En témoigne le texte qui a servi en quelque sorte de « plate-forme » à l'APAD lors de sa création. Il a été publié dans le *Bulletin de l'APAD*, n°1, 1991, sous le titre « Pourquoi une Association euro-africaine pour l'anthropologie du changement social et du développement ? ».

développement », que ceux-ci soient lourds ou légers, et quels que soient leurs initiateurs (institutions internationales, coopérations nationales, ONG du Nord, ONG du Sud). Le « développement » (son langage, ses crédits, ses hommes, ses infrastructures, ses ressources) est une donnée fondamentale du paysage africain contemporain, rural comme urbain.

Que la socio-anthropologie se donne le développement comme un objet digne d'intérêt, cela a donc plus de sens en Afrique qu'ailleurs. Dans d'autres continents les tentatives volontaristes de changement social prennent sans doute des formes plus diversifiées, que le terme de « développement » ne peut toutes subsumer.

Mais en même temps les perspectives de recherche et d'analyse ici proposées débordent le seul cadre de référence africaniste. Il n'est guère de village ou de quartier au monde où l'on ne rencontre des « actions de changement », autrement dit des interventions extérieures à un milieu donné, issues de l'État, de militants, ou d'opérateurs privés, et qui tentent de transformer les comportements des acteurs de ce milieu en les mobilisant. Par exemple, en France, le développement agricole, le développement local, le développement social des quartiers, le développement culturel, constituent autant de thèmes et de domaines où des politiques de changement volontaristes dirigées vers « la base » et « pour son bien » produisent sans cesse des interactions entre intervenants et populations-cibles. Si le contexte, les contraintes, les acteurs, les thèmes nous éloignent fort de l'Afrique, les méthodes et les concepts d'observation et d'étude que mettent en œuvre, sur des terrains français, la sociologie rurale ou l'anthropologie urbaine, dès lors qu'elles prennent en compte ces multiples interventions, sont du même ordre que ce qui est proposé ici.

Prenons par exemple ces « agents de développement » que l'on rencontre au détour de tout village africain : vulgarisateur agricole, agent d'élevage, infirmier, gestionnaire de coopérative, alphabétiseur... Les difficultés de leur position sociale, les contradictions inhérentes à leur fonction, leur identité professionnelle instable, tout cela n'évoque-t-il pas, *mutatis mutandis*, les problèmes rencontrés en France par les travailleurs sociaux, éducateurs et autres conseillers agricoles ou animateurs culturels ?

Comment des propositions de changement induites de l'extérieur se confrontent-elles à des dynamiques locales ? Peut-être cette définition minimale de l'objet traité dans le présent ouvrage peut-elle aider à comprendre pourquoi notre propos entend à la fois être « spécifié » (en s'ancrant dans le contexte de l'Afrique rurale) et « généraliste » (en présentant des outils conceptuels pouvant fonctionner dans d'autres contextes). A cet égard le terme « développement » n'est ici qu'une entrée vers des processus sociaux plus généraux, et non un « domaine » dans lequel nous souhaiterions nous enfermer.

Un dernier mot sur la structure de cet ouvrage. Il y sera sans cesse question de la multiplicité des facteurs de tous ordres qu'il est nécessaire de prendre en compte si l'on veut se donner les moyens de comprendre le changement social en général, et les interactions développeurs/développés en particulier : logiques techniques, économiques, institutionnelles, politiques, sociales, symboliques, toutes avec leurs systèmes de contraintes et leurs contextes. Aussi ne doit-on pas être trop surpris que de nombreux thèmes s'enchevêtrent et se répondent d'un chapitre à l'autre.

La première partie déclinera de diverses façons cette complexité des phénomènes de changement social et de développement, et tentera de décrire comment la socio-anthropologie peut et doit être en quelque sorte à la hauteur de cette complexité.

Par contre, dans la seconde partie, il sera procédé à l'isolement de certaines des variables en cause : rapports de production, logiques d'action, savoirs populaires, formes de médiation, stratégies « politiques ». On tentera ainsi de proposer quelques pistes particulières pour explorer la complexité. Il en est bien sûr d'autres.

Mais je me suis gardé de hiérarchiser les variables, d'assigner à telle ou telle d'entre elles un rôle de « dernière instance » ou de « surdétermination ». Rien ne permet d'affirmer a priori que tel registre est plus explicatif que tel autre, du moins à l'échelle d'analyse qui est celle d'une socio-anthropologie « proche des acteurs ». Une histoire longue des structures se doit de prendre plus de risques. Mais s'il s'agit de rendre compte de micro-processus de changements, ou de comprendre comment des interventions extérieures sont adoptées, ignorées, détournées, recomposées, refusées, on ne peut légitimement attendre de réponse que de l'enquête. Seule l'enquête peut permettre de trier dans la diversité des facteurs possibles. Encore faut-il qu'elle se donne les outils intellectuels et conceptuels de ses ambitions. C'est un peu le but de cet ouvrage. Si la perspective développée ici est empiriste, cet empirisme n'est pas naïf.

PREMIÈRE PARTIE

ÉTATS DES LIEUX

1

L'anthropologie, la sociologie, l'Afrique et le développement : bref bilan historique

Si la sociologie et l'ethnologie constituaient encore une discipline unique à l'époque des grands fondateurs du début du siècle (Durkheim et Mauss dans la tradition française), par contre la recherche de terrain en Afrique s'est constituée sous le signe de l'ethnologie seule et donc en rupture avec la sociologie. A la sociologie les sociétés modernes et occidentales, les villes, les phénomènes de masse ; à l'ethnologie les sociétés « primitives » et colonisées, les villages, les confréries et les sectes. L'Afrique apparaissait alors comme un réservoir de coutumes, de religions, et de traditions dont il fallait opérer l'inventaire. En termes de connaissances, une telle orientation a engendré de nombreux travaux d'un grand intérêt. Mais ces acquis ont eu un coût. L'ethnologie s'est trouvée confrontée au risque du ghetto patrimonialiste et traditionaliste[1].

---

1. Comme la suite de ce livre, ce chapitre s'appuie pour une part, mais pour une part seulement, sur des textes antérieurs qui ont été considérablement corrigés, amendés, complétés, réécrits, recomposés. Ces textes antérieurs, devenus en grande partie méconnaissables, sont donc devenus caducs. Ils sont périmés du fait de la publication de cet ouvrage et ne figurent pas dans sa bibliographie. Il s'agit d'éléments de l'« Introduction » à *Paysans, experts et chercheurs : sciences sociales et développement rural* (BOIRAL, LANTÉRI et OLIVIER DE SARDAN, 1986), utilisés pour partie dans le chapitre 7 ; du texte *Sciences sociales africanistes et faits de développement* (in BOIRAL, LANTÉRI et OLIVIER DE SARDAN, 1986), utilisé pour partie dans le présent chapitre 1 et dans la conclusion ; d'extraits d'une conférence sur « De l'amalgame entre analyse-système, recherche participative et recherche-action, et de quelques problèmes autour de chacun de ces termes » (Actes du symposium *Recherches-système en agriculture et développement rural*, CIRAD-ORSTOM-INRA, sous presse), également utilisée dans ce même chapitre 1 ; de l'article « L'anthropologie du changement social et du développement comme ambition théorique » (*Bulletin de l'APAD*, n° 1, 1991), qui sert de base au chapitre 2 ; de l'article « Le développement comme champ politique local » (*Bulletin de l'APAD*, n° 6, 1993), utilisé pour partie dans les chapitres 3 et 10 ; du texte « Sociétés et développement », in FASSIN et JAFFRÉ, 1990, utilisé pour partie dans les chapitres 3 et 7 ; du texte « Une anthropologie de l'innovation est-elle possible ? » à

L'ethnologie française coloniale

Il faut éviter un procès d'intention souvent fait à l'ethnologie française coloniale : celle-ci n'a guère été un agent de l'administration coloniale. A la différence des colonies britanniques (encore que les malentendus semblent y avoir été nombreux entre ethnologues et fonctionnaires), les colonies françaises ont peu utilisé les ethnologues comme « experts ». La « connaissance du milieu » faisait partie du cahier des charges des administrateurs coloniaux. Les enquêtes qu'ils menaient eux-mêmes étaient censées largement suffire à étayer le pouvoir discrétionnaire qui était le leur. Ils ne souffraient pas trop les conseils extérieurs. Ce sont plutôt, inversement, certains administrateurs coloniaux qui se sont « mis » à l'ethnologie et ont produit quelques-uns des plus remarquables travaux de type « fondamentaliste » de cette période (cf. Monteil, Desplagnes, Delafosse, Maupoil, Tauxier et bien d'autres).

Cette coupure profonde entre « mise en valeur » coloniale (ancêtre direct de l'actuel « développement ») et recherche anthropologique n'est pas le seul fait du mode de gestion des territoires français. C'est aussi le produit de tendances propres aux sciences sociales hexagonales.

En effet, entre les deux guerres mondiales, la problématique évolutionniste jusque-là largement dominante, de Morgan à Marx, d'Auguste Comte à Tylor, selon laquelle les sociétés sont toutes projetées sur un axe historique unique, a été abandonnée au profit d'un relativisme culturel qui découvrait la spécificité irréductible de chaque culture, et proclamait la nécessité d'étudier les sociétés sur le terrain.

A ce progrès incontestable s'en ajoutait un autre, complémentaire, celui de la découverte de formes propres de rationalité, inhérentes aux cultures africaines. Au début de la colonisation prévalait l'idée que les peuples africains étaient « primitifs » et donc mus par des impulsions profondément irrationnelles. L'anthropologie s'est largement constituée contre cette acception du sens commun occidental. Malgré certaines apparences, Lévy-Bruhl, en parlant de « mentalité prélogique », reconnaissait déjà une certaine « logique », certes « archaïque » et différente de la « vraie » logique, mais réelle et digne d'intérêt, aux peuples primitifs, tout en s'inscrivant dans la perspective évolutionniste propre à son époque (Lévy-Bruhl, 1931). La mise à jour de la complexité

---

paraître dans un ouvrage collectif sur l'innovation, qui sert de base au chapitre 4 ; du texte « Rapports de production, modes d'action économique et logiques sociales : quelques interrogations », in GESCHIERE et SCHLEMMER, 1987, qui sert de base au chapitre 6 ; du texte « Savoirs populaires et agents de développement», in OLIVIER DE SARDAN et PAQUOT, 1991, qui est utilisé pour partie dans les chapitres 8 et 9 ; de l'article « Les courtiers locaux du développement » publié avec T. BIERSCHENK dans le *Bulletin de l'APAD*, n° 5, 1993, qui est utilisé dans le chapitre 9 ; d'une communication sur « Development-language and brokerage », à l'occasion de l'atelier « Language and development » organisé par le Social Science Research Council (Berkeley, 1994), qui est utilisée dans le chapitre 9 ; de l'article « ECRIS » publié avec T. BIERSCHENK dans le *Bulletin de l'APAD* n° 7, 1994, qui est utilisé pour partie dans le chapitre 10 ; et de l'article « Populisme développementiste et populisme en sciences sociales : idéologie, action, connaissance », publié dans les *Cahiers d'études africaines*, n° 120, 1990, qui sert de base au chapitre 5.

des systèmes de pensée africains, de l'ampleur des constructions symboliques ou cosmogoniques, a mis l'accent, dans une perpective très « culturaliste », sur la spécificité des « valeurs » propres aux sociétés africaines, opposant ainsi à la rationalité technique et économique occidentale une rationalité africaine traditionnelle « autre ». C'était là s'attaquer aux préjugés ethnocentriques et occidentalocentriques.

Mais ce progrès incontestable a été payé d'un désintérêt pour les dynamiques historiques et d'une orientation des recherches vers une perspective statique et « traditionaliste » dont on peut distinguer quatre composantes.

a) La problématique « holiste » propre à la filière Durkheim-Mauss a insisté sur la globalité sociale. Le tout est plus que la somme de ses parties, la société est plus que le total de ses composantes. Un tel point de vue, s'il a eu d'incontestables avantages épistémologiques, risque de « fétichiser » la société comme entité quasi supranaturelle [1], détournant ainsi l'attention des transformations sectorielles, des changements progressifs, des innovations syncrétiques...

b) L'école française d'ethnologie africaniste, autour de Griaule, a porté tout son effort sur l'étude des phénomènes religieux, des rituels, des systèmes symboliques, en privilégiant la cohérence des valeurs et constructions mythiques « indigènes », mettant ainsi à l'écart tant les mutations historiques que l'interaction entre faits religieux et autres faits sociaux (y inclus les dimensions politiques ou économiques). Les recherches sur les savoirs et visions du monde propres aux sociétés africaines ont certes fait œuvre de réhabilitation en soulignant leur richesse et leur complexité. Mais cela a hélas renforcé une vision « patrimoniale » et quelque peu intemporelle de ces cultures.

c) Le primat longtemps accordé aux classifications ethniques a eu des effets analogues. On sait aujourd'hui, depuis Barth (1975), que l'ethnie est un construit social, que l'identité ethnique est relative, fluctuante, en partie situationnelle et négociée [2]. Certes la référence ethnique n'est pas seulement un fantasme d'administrateur colonial ou un coup de force d'ethnologue : les intéressés participent au premier chef aux processus de sa construction, ou de sa naturalisation, et les substrats linguistiques y ont aussi leur part. Mais l'enfermement des travaux ethnologiques dans un cadre ethnique, sous la colonisation, a sans aucun doute contribué à masquer l'ampleur des processus trans-ethniques, infra-ethniques et supra-ethniques, qui sont justement ceux dont relève le changement social.

d) Le structuralisme a donné à l'anthropologie française une forte impulsion et un écho international puissant dans les années 60. Mais la problématique « intellectualiste » propre à Lévi-Strauss et les thèmes sur lesquels il a impulsé les recherches (parenté, mythologies) n'ont guère incité à considérer avec beaucoup d'attention les mutations socio-économiques dont l'Afrique était à la même époque le théâtre.

---

1. Marx lui-même a mis en garde contre ce risque sans toujours l'éviter lui-même : « Il faut éviter de fixer la société comme une abstraction par rapport à l'individu » (in *Économie politique et philosophique*).
2. Cf. dans la littérature francophone AMSELLE et MBOKOLO, 1985 ; CHRÉTIEN et PRUNIER, 1989, POUTIGNAT et STREIFF-FENART, 1995.

La convergence de ces diverses traditions a produit au sein de l'ethnologie française une approche des sociétés africaines centrée sur une trilogie « société-culture-ethnie », ayant la culture pour centre de gravité. A chaque « société-ethnie » sa culture, qui en fonde la spécificité. Les cultures africaines ont été, au fil de ce processus, dotées implicitement de trois grandes caractéristiques : elles seraient homogènes, elles résisteraient à l'histoire, elles constitueraient des univers autonomes.

Plus sensible à la différence entre une quelconque culture africaine et la société occidentale qu'aux différences internes à une société africaine, l'ethnologie classique a souvent minimisé les contradictions et clivages sociaux et culturels propres aux groupes qu'elle étudiait.

Plus sensible à la permanence et à la traditionnalité des systèmes de valeurs et des structures symboliques qu'aux conditions de leur production et reproduction, l'ethnologie classique n'a guère vu l'histoire en train de se faire que comme une menace de désagrégation du « toujours-déjà-là ».

Plus sensible à l'autonomie des formes culturelles et des ensembles ethniques qu'elle définissait qu'à leur articulation avec des contraintes extérieures, l'ethnologie classique s'est souvent cantonnée dans un cadre ethnique ou villageois et dans une approche monographique peu apte à appréhender le jeu des interactions avec les phénomènes macrosociologiques.

Or une analyse scientifique des processus de changement social en général et des faits de développement en particulier, de l'impact des actions de développement sur les populations-cibles et des réactions de celles-ci à celles-là, implique nécessairement la prise en compte des diversités internes, des transformations socioculturelles, et des contraintes externes. Sur ces trois aspects il faut une problématique des cultures africaines qui tranche nettement avec l'ethnologie classique [1].

Réactions : anthropologie dynamique et/ou marxiste

L'œuvre de G. Balandier marque une rupture avec cette tradition ethnologique française. Ce n'est pas un hasard si c'est justement Balandier qui a fait connaître en France les travaux africanistes anglo-saxons sur les changements sociaux. En mettant l'accent sur les syncrétismes religieux il se situait dans une perspective résolument dynamique. En introduisant la sociologie urbaine dans l'africanisme il rompait avec le « passéisme ruraliste ». En analysant les effets de la

1. On peut ici évoquer l'expression d « uniformisme culturel » parfois employée pour caractériser ce penchant de l'ethnologie à sous-estimer les différences subculturelles : « Uniformism is a label for refering to the various descriptions and theories that are based on an idea of common shared, homogeneous culture, or on culture as **the** set of standards, rules or norms » (PELTO et PELTO, 1975 : 1-2). D'un point de vue méthodologique, le recours à des « informateurs privilégiés » n'est pas sans risquer d'induire un tel biais : cf. the « strong tendancy for key informants to assume greater homogeneity than actually exists » (*id.* : 7).

« situation coloniale » il prenait en compte l'existence d'un système de domination et réinsérait les sociétés ethnologisées dans un contexte plus large. Il entendait plus généralement « réhabiliter l'histoire à l'encontre des présupposés fonctionnalistes et structuralistes » (Balandier, 1963 : VI).

En grande partie sous son influence, et à la suite de Claude Meillassoux qui a fait figure de pionnier avec un article fondateur en 1960 (repris dans Meillassoux, 1977), s'est alors développée une anthropologie économique et sociale d'inspiration marxiste qui s'est consacrée plus particulièrement à l'analyse des clivages internes aux sociétés africaines rurales, sous un angle largement historique. Les rapports aînés-cadets et hommes-femmes (Meillassoux, 1964, 1975 ; Terray, 1972 ; Rey, 1971), le commerce précolonial (Meillassoux, 1971), l'esclavage (Meillassoux, 1975, 1986), l'État et la guerre précoloniale (Bazin et Terray, 1982), ont constitué les thèmes successifs de ces recherches, que l'on retrouve également abordés dans divers travaux monographiques (cf. par exemple Olivier de Sardan, 1969, 1984 ; Pollet et Winter, 1971 ; Amselle, 1977 ; Copans, 1980 ; Dupré, 1982 ; Diawara, 1991)

Mais cela ne réglait pas pour autant les rapports des sciences sociales avec les transformations en cours. L'approche proposée par l'anthropologie économique africaniste s'éloignait même à divers égards d'une analyse des faits de développement.

D'une part elle restait souvent, du fait même de sa tradition marxiste, très générale et très « théorique », surtout portée à globaliser et à combler un vide conceptuel sur la question des « modes de production » africains, au détriment d'une analyse descriptive des « rapports de production ». Celle-ci garde son intérêt scientifique aujourd'hui encore, au-delà de l'effondrement du marxisme comme idéologie scientifique, et on la retrouve en partie dans les analyses agro-économistes des systèmes de production. Mais elle a souvent été escamotée au profit d'une combinatoire de « modes de production » et d'une rhétorique de l'« articulation » [1] qui ne permettait guère de rendre compte des situations locales ou des comportements économiques effectifs. L'analyse a été de ce fait limitée aux macrostructures et aux phénomènes de transition d'une structure à une autre plutôt qu'aux stratégies sociales concrètes et aux contraintes directes qui pesaient sur elles. On sait

1. D'où le sarcastique « Thou shall not articulates modes of production » (CLARENCE-SMITH, 1985). On peut penser que le concept d'articulation des modes de production permettait surtout de résoudre tant bien que mal une contradiction logique dans l'œuvre de Marx : le dualisme des classes sociales dans l'analyse abstraite d'un mode de production donné, et leur multiplicité dans l'analyse concrète des formations sociales. Il avait aussi l'avantage de trouver une place au sein de l'économie capitaliste mondiale pour des formes de production « non capitalistes ». De nombreux bilans ont été tenté de l'anthropologie économique marxiste (sous sa forme africaniste, qui est assez distincte de la réflexion personnelle d'un Godelier), en termes sympathiques ou plus nuancés : cf. en particulier BLOCH, 1975 ; CLAMMER, 1975 ; BINSBERGEN (van) et GESCHIERE, 1985 ; JEWSIEWICKI et LETOURNEAU, 1985 ; JEWSIEWICKI, 1986 ; COPANS, 1986, 1988...

d'ailleurs l'influence de ce qui a parfois été appelé le « structuralisme marxiste » d'Althusser sur une partie de ce courant (cf. Terray, 1972).

De plus l'effort scientifique et empirique de cette anthropologie marxiste africaniste a principalement porté sur les périodes précoloniales et coloniales, et non sur les mutations contemporaines en cours. Le « développement » était même souvent conçu comme un objet indigne d'étude, en particulier parce qu'il était perçu comme relevant purement et simplement d'une dynamique impérialiste depuis longtemps connue. Cependant on doit souligner l'existence d'études ponctuelles sur les paysanneries africaines, inspirées en partie par ce courant mais plus portées sur le travail empirique, menées en particulier dans le cadre de l'ORSTOM, qui ont eu le mérite de souligner l'existence de rationalités proprement économiques au sein des campagnes africaines [1]. Les rationalités paysannes, bien que différentes des postulats des « développeurs » ou du modèle de l'homo-oeconomicus des théories néo-libérales, n'en étaient pas moins des rationalités, et des rationalités proprement économiques, dont on pouvait rendre compte sans invoquer les fameux « blocages culturels » ou les interdits religieux...

Du côté de la sociologie : sociologie de la modernisation et sociologie de la dépendance

Revenons quelque peu en arrière. Au moment où l'ethnologie s'autonomisait et rompait avec l'évolutionnisme au profit du postulat de l'égalité cognitive des cultures, la sociologie, en particulier en ce qui concerne le Tiers monde, restait globalement fidèle, au nom d'une théorie du changement social, à la perspective évolutionniste, mais revue et corrigée, et sous des formes diverses. D'un point de vue théorique, la domination de Talcott Parsons sur la sociologie américaine a contribué à perpétuer les dichotomies entre « sociétés traditionnelles » et « sociétés industrielles », sans cesse opposées de façon archétypale, tout le problème étant de dégager les processus permettant de passer des unes aux autres [2]. On a ainsi tout un jeu d'oppositions (cf. Parsons, 1976 ; Redfield, 1956 ; Hoselitz, 1962, et bien d'autres) que le tableau suivant permet de résumer :

1. On doit également rendre justice au groupe Amira, à dominante économiste, ainsi qu'à certains géographes (SAUTTER, 1978 ; PÉLISSIER, 1979), qui ont avancé dans un sens identique. Le séminaire de Ouagadougou sur « Maîtrise de l'espace agraire et développement en Afrique tropicale : logique paysanne et rationalité technique » (1979) marque bien cette étape et cette convergence.

2. On trouvera une bonne critique des positions structuro-fonctionnalistes en leurs applications aux paysanneries africaines, qui du fait de leurs traditions « résisteraient » au changement, dans HUTTON et ROBIN, 1975.

Sociétés traditionnelles	**Sociétés modernes**
ascription	*achievment*
communauté	individu
gemeinschaft	*gesellschaft*
homogénéité	hétérogénéité
don	argent
relations clientélistes	relations bureaucratiques
routine	innovation
solidarité	concurrence

En même temps, dans l'immédiat après-guerre, les théories de la modernisation tenaient le haut du pavé en économie du développement (on connaît les célèbres *étapes de la croissance économique* de Rostow), et les disciplines voisines s'en inspiraient largement (cf. en particulier en politologie l'école développementaliste avec Apter, 1963 ; Pye, 1966 ; Almond et Powell, 1966)

C'est en réaction à toutes ces conceptions néo-évolutionnistes de la modernisation, accusées de prêcher pour la généralisation planétaire du mode de vie occidental et de l'économie libérale, que s'est développé, largement issu de l'Amérique latine, un nouveau courant, influencé par le marxisme, qu'il est convenu d'appeler les *théories de la dépendance* [1]. Pour elles, le « sous-développement » des pays du Sud n'est plus le signe de leur arriération, ou la trace de leur « traditionnalité », c'est le produit d'un pillage historique dont ils ont été victimes, l'expression de leur dépendance, la responsabilité du système économique mondial, autrement dit de l'impérialisme, ancien ou contemporain. André Gunther Frank est sans doute le représentant le plus significatif de ces théories au sein de la sociologie (Frank, 1972). Il analyse la chaîne de dépendances successives qui finit par relier les plus humbles villages du Tiers monde aux métropoles capitalistes occidentales. C'est le *développement du sous-développement,* assuré pour une part par l'insertion dans un « échange inégal » (cf. Emmanuel, 1972). La rupture avec l'économie mondiale apparaît alors comme la seule voie possible pour une émancipation et un « vrai développement ».

Samir Amin vulgarise et adapte à sa façon ces analyses pour l'Afrique, en les mixant avec une lecture assez rapide de l'anthropologie économique marxiste : théorie de l'articulation des modes de production et théorie de la dépendance se rejoignent ainsi chez lui pour rendre compte des « stagnations » africaines [2].

---

1. Pour une présentation générale des théories de la dépendance, cf. LONG, 1977, et pour une analyse plus détaillée de leurs formes latino-américaines en leur variété (réformismes et marxismes) cf. KAY, 1989.
2. Cf. AMIN, 1972. J'ai proposé à l'époque (1975) une critique « de gauche » de l'œuvre de Samir Amin, critique en rupture avec le caractère unilatéral des théories de la dépendance (particulièrement accentué chez cet auteur), qui entendait mettre en relief l'oubli systématique par Samir Amin des rapports de classe internes aux pays africains et de la responsabilité des classes dominantes locales (OLIVIER, 1975). Si le

Ces théories ont eu le mérite de mettre en évidence des processus de domination ou d'exploitation aux dépens du Tiers monde qui ont structuré ou qui structurent encore l'économie mondiale, et se sont répercutés ou se répercutent encore jusqu'au niveau des producteurs des pays du Sud. Mais la focalisation obsessionnelle sur les mécanismes de domination, ce que Passeron appelle dans un autre contexte le « domino-centrisme » (in Grignon et Passeron, 1989), a d'évidentes limites. Non seulement elle tombe dans le piège du misérabilisme (le peuple étant réduit à l'oppression dont il est l'objet), mais encore elle bloque vite toute recherche innovante, en se contentant de décliner à l'infini les formes de la contrainte, du pillage et de la soumission dont sont victimes les masses populaires du Tiers monde. Aussi la sociologie de la dépendance a-t-elle assez rapidement épuisé ses effets, une fois acquise la connaissance des mécanismes de la domination extérieure. Autant la réalité de ces mécanismes ne peut être ignorée, autant la sociologie de la dépendance devient démunie dès lors qu'il s'agit de comprendre les marges de manœuvre qu'un tel système de contraintes laisse « malgré tout » aux acteurs dominés, ou de rendre compte des aspects complexes et imprévisibles d'une situation concrète.

A cet égard, les théories de la modernisation et les théories de la dépendance, bien qu'opposées, sont cousines. Elles considèrent le développement à partir des centres de pouvoir, à partir de « vues déterministes, linéaires et externalistes du changement social » (Long, 1994 : 15).

L'analyse systémique

La crise du marxisme ne peut donc être simplement renvoyée à un effet de mode qui passe ou qui s'inverse, bien qu'un tel effet ne soit pas absent. C'est aussi l'impasse d'une problématique trop « macro » et trop déterministe, dont les résultats productifs, réels, se sont peu à peu éteints.

Le systémisme a pu et peut encore apparaître comme une idéologie scientifique (ou un ensemble de paradigmes) de remplacement, débarrassée des connotations politiques-prophétiques et de la rhétorique dogmatique du marxisme mais cependant capable de donner un sens à la complexité des phénomènes sociaux. Cependant il faut bien reconnaître que l'analyse de systèmes en sciences sociales recouvre pour une part un effet de langage. Un vocabulaire issu de la cybernétique prend le relais des procédés métaphoriques antérieurs (biologie, linguistique, économie). Des édifices conceptuels déjà anciens sont ravalés : systèmes, sous-

vocabulaire marxiste de cette critique peut sembler suranné, j'en assume volontiers, maintenant encore, l'essentiel du contenu, qui d'ailleurs semble aujourd'hui être tombé dans le domaine public et relever de l'évidence : on ne peut faire l'économie d'une analyse du rôle des classes dirigeantes africaines et des mécanismes d'enrichissement de celles-ci (c'est d'ailleurs la voie dans laquelle s'est engagé J.F Bayart : BAYART, 1989). Les « causes externes » (pour reprendre un vocabulaire de cette époque) agissent par l'intermédiaire des « causes internes »...

systèmes, interfaces, rétroactions deviennent alors les versions modernes de structures, niveaux, liens, influences... [1].

En fait, on peut considérer l'analyse systémique (a) soit comme un paradigme ; (b) soit comme une métaphore.

L'analyse systémique comme paradigme ?

En tant que paradigme, l'analyse systémique offre deux versions : dans la version maximaliste, la réalité *est* un système ; dans la version minimaliste, *tout se passe comme si* la réalité était un système. Dans les deux cas de figure, au sein des disciplines où l'analyse-système a prospéré, comme la thermodynamique bien sûr, puis l'écologie ou l'agronomie, l'ensemble conceptuel organisé autour de la problématique systémique est à la fois auto-régulé et systématique. Il s'agit donc là, pour lui appliquer sa propre grille d'analyse, d'un système, mais d'un système particulier : un système conceptuel. Depuis Kuhn on appelle volontiers cela un paradigme.

De sérieux problèmes surgissent toutefois dès lors qu'on tente d'exporter ce système conceptuel vers d'autres champs d'application, en particulier vers les pratiques et comportements humains. La plupart des processus sociaux ne peuvent être considérés comme des systèmes dans un sens rigoureux du terme, sauf à la rigueur dans certains domaines très spécifiques où les activités humaines s'insèrent dans des cycles naturels, relèvent d'une sorte d'économie physique, et peuvent être fortement autonomisés d'un point de vue analytique : c'est sans doute le cas pour les systèmes de production agro-pastoraux traditionnels. En sciences sociales, pour l'essentiel, l'analyse systémique peut difficilement prétendre au rang de paradigme, pour des raisons inhérentes aux propriétés même du social ou du sociétal. Les significations culturelles et les pratiques sociales sont fort loin d'être des systèmes, tant dans l'acception maximaliste que dans l'acception minimaliste. Il faut s'y résigner. Les stratégies des acteurs, l'ambivalence des comportements, l'ambiguïté des représentations, tout cela non seulement ne peut se modéliser sous forme de système mais est contradictoire avec la notion même de système, avec ce qu'elle évoque et de cohérence et de fonctionnalité. Ni la société ni la culture ne sont des systèmes proprement dit, et les considérer comme tels reviendrait à faire fi de tout ce qui constitue la particularité même du social, les stratégies multiples des acteurs, l'agencéité humaine, les jeux de pouvoir, les contradictions et incohérences qui sont au cœur de toute pensée et de toute pratique.

C'est pour cela que l'entreprise de la socio-anthropologie ne peut être nomologique, qu'il n'y a pas de « lois » de l'histoire (si l'on donne un sens rigoureux à ce terme), et que les procédures de formalisation propres aux sciences de la nature ne peuvent être que des moments fugitifs dans des sciences sociales condamnées au langage naturel (cf. Passeron, 1991

---

1. On peut ainsi remarquer que l'ouvrage précurseur et largement méconnu de Boukharine, écrit en pleine révolution d'octobre, contient déjà en germe toute la perspective systémique contemporaine (BOUKHARINE, 1971).

et, entre autres commentaires sur cet ouvrage, Olivier de Sardan, 1993). Nous sommes pour l'essentiel dans un registre de la plausibilité et non dans l'espace poppérien de la falsificabilité.

L'analyse systémique comme métaphore ?

Mais pourtant le vocabulaire systémique est sans cesse utilisé en sciences sociales. C'est qu'il se prête volontiers à des acceptions plus lâches. On est alors dans le registre de la métaphore, très utilisé par les sciences sociales, même s'il y est de bonne guerre de tirer sur les métaphores des autres (cf. encore Passeron, 1991 : 144-154). La métaphore est d'ailleurs encore plus omniprésente dans le sens commun. Si la société n'est ni un système « pour de vrai », ni un « quasi-système », du moins peut-on jouer avec désinvolture voire distraction à lui appliquer des notions qui laissent vaguement entendre qu'on pourrait la considérer comme telle. Dans ce décalage entre ce qu'elle est et comment on entend la considérer, ne se produit-il pas des effets d'intelligibilité intéressants ? Au lieu d'un système paradigmatique dur, on a alors affaire à un système métaphorique lâche. La productivité d'une telle démarche est réelle. Mais ses dangers ne le sont pas moins, comme pour tout usage systématique d'un système métaphorique. En fait le recours à un système métaphorique nouveau (importé dans un champ où il n'était pas jusque là utilisé) produit toujours des effets positifs à ses débuts (cf. l'usage de la métaphore organiciste au début des sciences sociales, ou de la métaphore du marché à propos des biens symboliques et du « capital social » chez Bourdieu), mais s'épuise peu à peu, voire se dégrade en langue de bois. La projection de l'analyse-système sur la société n'a pas échappé à cette sorte de loi des rendements décroissants. Ainsi, lorsque Easton a proposé pour la première fois de représenter le « système politique » comme un « système » au sens de la thermodynamique (Easton, 1974), en le traitant comme une « boite noire » et en focalisant l'analyse sur les inputs (soutiens et exigences) et les outputs (décisions), il a permis de considérer d'un œil neuf certains phénomènes liés au pouvoir, autrement dit il a produit quelques effets de sens nouveaux (cf. Cot et Mounier, 1974 : 197-225). Mais le renouvellement de ce type d'opération témoigne vite d'une productivité déclinante. L'analyse-système devient alors un « prêt-à-penser », une nouvelle langue de bois qui ne fait plus que reproduire une lecture simpliste de la société. Trois dangers apparaissent alors, massifs :

— Un risque inhérent à tout système métaphorique, celui de naturalisation et de substantification des métaphores : l'artefact est pris pour une réalité. On finit, en ce qui concerne notre propos, par croire que la société est vraiment un système.

— Un risque inhérent à la métaphore systémique, celui de privilégier la fonctionnalité des systèmes. On finit par croire qu'un système social quelconque est fonctionnel et tend à se reproduire en sa cohérence (la sociologie de Parsons, comme l'anthropologie de Radcliffe-Brown, dites l'une et l'autre « structuro-fonctionnalistes » et l'une et l'autre pré-systémiques, en sont l'illustration : cf. Parsons, 1976 ; Radcliffe-Brown, 1972).

— Un risque inhérent à la métaphore systémique appliquée au développement, celui d'analyser les interactions entre un projet de développement et la population à laquelle il s'adresse comme un circuit systémique. On finit par croire que le projet est un sous-système et que le « milieu » en est un autre.

On peut prendre pour exemple la grille sytémique proposée en son temps pour l'évaluation des projets de développement au sein du groupe Amira (Barrès *et al.* : 1981). Elle témoigne bien des limites de ce qu'on pourrait appeler un « usage systématique du système métaphorique systémique » (sic) en sciences sociales [1]. La distinction proposée dans ce texte entre un « éco-système », un « système projet », un « système paysan » et un « système extérieur », (comme les sous-distinctions internes à chacun, qui définissent autant de sous-systèmes) a une utilité exclusivement pédagogique, et encore à condition de sortir au plus vite des catégories formelles que décline cette approche. Quel est l'intérêt heuristique de vouloir calibrer dans un même cadre d'analyse l'éco-système (relevant d'une analyse systémique dure), et le « système paysan », lui-même décomposé en un « sous-système productif » (qui ne peut être que mollement systémique) et le « sous-système de l'organisation sociale et du mode de vie » (qui n'a de systémique que le vocabulaire que les auteurs plaquent sur lui) ? Comment prétendre sérieusement que ce dernier sous-système a « comme les autres ses objectifs, ses moyens, ses contraintes » (*id* : 22) ? Recourir à un tel langage, c'est masquer l'existence de rationalités différentes selon les acteurs et selon les circonstances. Quant à ce que les auteurs appellent le « système projet » et qu'ils découpent en composantes bien alignées, il renvoie en fait à des niveaux d'analyse très différents qu'un « enfermement » dans la métaphore systémique ne permet pas de distinguer : par exemple le « projct-papier », avec sa cohérence argumentative, n'est pas le projet comme montage institutionnel sur le terrain, avec son infrastructure, son personnel, son organigramme, et se distingue tout autant du projet comme système d'action, c'est-à-dire résultante des comportements de ses acteurs. A ce niveau de la mise en œuvre apparaissent toute une série de dimensions que l'analyse systémique ne peut modéliser : la corruption des fonctionnaires locaux, les projets de carrière des animateurs de terrain, les antagonismes hiérarchiques et les tensions entre experts internationaux et

1. On trouvera également dans Röling (RÖLING, 1987, 1991) une lecture systémique du développement rural, appréhendé en termes de communication et de flux d'information, lecture à laquelle Long (LONG, 1992 : 274) reproche de masquer les discontinuités et les processus de transformation-réinterprétation qui sont au cœur des effets induits par la vulgarisation agricole (*extension services*). Berche (BERCHE, 1994) montre de son côté, sur une base empirique, les limites de l'analyse d'une interaction projet/populations en termes systémiques (en l'occurence à propos d'un projet de soins de santé primaires au Mali).

fonctionnaires nationaux, la chasse aux avantages matériels, le militantisme moralisant, les idéologies politiques, etc.

A l'intérieur même du paradigme systémique, certaines tentatives se sont fait jour pour assouplir ou étirer le systémisme et laisser une place à tout ce qui dans la réalité sociale est « non systémique » (*soft system approach, critical system analysis* : cf. Mongbo et Floquet, 1994), comme les conflits, les rapports de forces ou les ressources symboliques. Mais n'aboutit-on pas alors à une étrange acrobatie et ne serait-il pas moins coûteux en énergie argumentative de sortir carrément du paradigme systémique ? On notera également avec intérêt que deux des auteurs du texte Amira de 1979 ont rédigé un nouvel essai méthodologique quelques années plus tard (Gentil et Dufumier, 1984) dans lequel ils abandonnent le systémisme tous azimuths pour une analyse plus fine et mesurée, réservant, sans s'y enfermer, le terme de système aux systèmes productifs : système de culture, système d'élevage, système de production et système agraire. Mais la définition de ce dernier comme *l'ensemble des relations entre les systèmes de production, l'organisation sociale et les données relatives aux contraintes extérieures* (*id.* : 38) montre bien à quel point l'acception de « système » devient alors vague et donc peu opératoire. On a le même phénomène chez Friedberg, qui veut garder une importance centrale au concept de « système » tout en le vidant de fait de tout contenu, puisqu'il se réduit tantôt au contexte relationnel des actions (Friedberg, 1993 : 223), tantôt à un constat d'ordre et de régularité dans les actions (*id.* : 226, 243). Et il en vient même à définir le système comme « une coquille vide qui reste à remplir et à spécifier (...), il est ce que les acteurs en font » (*id.* : 225).

Soit donc le terme est démonétisé, et n'est plus qu'une notion passe-partout que chacun d'entre nous utilise distraitement : il n'y a plus de concept, et encore moins de paradigme, et donc plus d'analyse systémique. Soit on lui accorde du crédit, mais alors la mise à plat quadrillée et excessivement cohérente qu'opère le « système métaphorique systémique », la représentation exhaustive qu'il veut donner des flux de communication, rentrent en contradiction avec l'exercice de la pensée dialectique (pour employer une expression devenue désuète mais sans signifiant moderne équivalent), le recours à une analyse interactionnelle, ou la mise en évidence de rationalités multiples.

La situation actuelle : les multi-rationalités

Pour une majorité de chercheurs c'est une approche moins prétentieuse, plus empirique et plus éclatée de la réalité sociale qui domine aujourd'hui. On peut estimer qu'elle se déploie à deux niveaux complémentaires.

1. Tout d'abord la démarche est devenue plus « locale », plus centrée sur le « micro », voire à la rigueur le « méso ». Les perspectives

planétaires ou continentales sont délaissées, et l'effort d'élaboration théorique est centré sur la compréhension ne serait-ce que partielle de phénomènes sectoriels ou régionaux plutôt que sur la peinture de vastes fresques théoriques et la production d'énoncés catégoriques décontextualisés.

2. En second lieu, l'accent est mis sur les acteurs sociaux ou les groupes d'acteurs sociaux (individuels ou collectifs), leurs stratégies, leurs enjeux. La marge de manœuvre des individus et des groupes à l'intérieur des ensembles de contraintes définis par les structures est désormais un objet d'étude privilégié.

Le fait que l'analyse des **relations de clientèle** (le rapport social client/patron) ou que l'étude des **réseaux** sociaux aient connues un net regain d'activité depuis les années 1980 est significatif de ce double recentrage [1]. On peut y lire une perspective désormais plus **interactionniste**, en ce qu'elle met au premier plan les interactions entre les acteurs et groupes d'acteurs, et leurs effets, recherchés ou inattendus. Des relations de patronage et des rapports de clientèle aux nouveaux médiateurs, nouveaux notables et nouveaux « courtiers », diverses étapes scandent cette redécouverte de thèmes entre-temps oubliés et communs à une certaine sociologie comme à une certaine anthropologie (cf. par exemple Boissevain, 1974 ; Schmidt, Scott, Lande et Guasti, 1977 ; Scott, 1977 ; Rogers et Kincaid, 1981 ; Eisenstadt et Roniger, 1980 ; Bayart, 1989 ; Médart, 1992). Et lorsqu'on voit J.P. Darré placer les études de réseaux au cœur de son anthropologie du développement rural en France (Darré, 1985), on peut se rappeller que Mitchell, l'une des figures de proue de l'école de Manchester, fut l'un des premiers à travailler sur les réseaux (Mitchell, 1969 ; Boissevain et Mitchell, 1973). Les fils ainsi peu à peu se renoucnt. Les travaux en socio-anthropologie du développement actuellement menés à Wageningen sous l'impulsion de Long (Long, 1989 ; Long et Long, 1992), lui-même issu de l'école de Manchester, recourent également aux analyses de réseaux comme aux études des relations de clientèle ou de courtage. Quant à la filière africaniste française, le fait que la socio-anthropologie du développement ait pris un nouvel essor à partir d'anciens élèves de Balandier n'est pas indifférent. Balandier a été justement celui qui a élevé dans les années 50-60 une voix différente de celle de Lévi-Strauss et d'un structuralisme à l'époque envahissant, en mettant l'accent sur les dynamiques sociales, la diachronie, les ruptures et les contradictions. Et c'est lui qui a introduit en France l'école de Manchester, ainsi que l'anthropologie politique anglo-américaine (cf. Bailey, 1969).

La perspective interactionniste ici défendue entend combiner analyse des contraintes et stratégies des acteurs, pesanteurs structurelles et dy-

1. Le regain des études sur les relations de clientèle avait déjà été perçu en 1980 comme un signe du déclin des analyses structuro-fonctionnalistes, lesquelles exerçaient leur hégémonie que ce soit en anthropologie avec le primat accordé aux « groupes en corps » (*corporate groups, kinship groups, territorial groups)* ou en sociologie avec le goût pour les fresques universalistes et les théories de la modernisation (EISENSTADT et RONIGER, 1980).

namiques individuelles ou collectives. Le terme de « interactionnisme » peut susciter deux types de malentendus. D'une part cet interactionnisme-là ne doit pas être confondu avec l'interactionnisme symbolique ni encore moins l'ethno-méthodologie : il est plus généraliste et moins génératif, plus polyvalent et moins obsessionnel, plus prudent et moins prétentieux. Il s'attache à l'ensemble des interactions (sociales, politiques, économiques, symboliques) entre acteurs sur une scène donnée autour d'enjeux donnés (par exemple en relation avec les processus de développement), et non à la grammaire de tel ou tel type d'interactions ou aux procédures formelles de définition de tel ou tel type de situation entre co-acteurs. D'autre part il n'y a là aucun refus de prendre en compte les rapports de force et les phénomènes d'inégalité, bien au contraire. L'accent qui est mis sur les ressources des acteurs sociaux « d'en bas » et leurs « marges de manœuvre » ne néglige pas pour autant les déterminations et pesanteurs qui contraignent et bornent ces marges de manœuvre.

On pense ainsi à Giddens (curieusement largement ignoré en France jusqu'à ces dernières années), qui a souvent insisté sur le concept de *agency,* que l'on pourrait traduire par *agencéité*, c'est-à-dire la capacité d'action des acteurs sociaux, ou encore leurs compétences pragmatiques (cf. Giddens, 1979, 1984, 1987). On trouvera plus particulièrement chez Long (1992, 1994) une claire adaptation de la problématique de Giddens à la socio-anthropologie du développement, qui rejoint souvent les perspectives défendues dans cet ouvrage [1].

On peut également considérer ces problématiques interactionnistes comme le produit de l'importation en anthropologie d'un certain type d'analyses stratégiques développées en sociologie des organisations

---

1. En témoigne cet ensemble de citations extraites d'un récent ouvrage (LONG et LONG, 1992), dont un chapitre a été traduit en français (cf. LONG, 1994) « Dans les limites dues à l'information, à l'incertitude et aux autres contraintes (e.g. physiques, normatives, politico-économiques), les acteurs sociaux sont « compétents » et « capables » (LONG, 1994 : 17 ; knowledgeability et capacity sont les deux formes de l'agency chez Giddens ; cf. GIDDENS, 1984 : 1-16) ; « L'action (et le pouvoir) dépendent de manière critique de l'émergence d'un réseau d'acteurs qui deviennent partiellement, et presque jamais complètement, engagés dans les « projets » d'un autre ou d'autres personnes. L'efficacité de l' « agency » recquiert donc la création/manipulation stratégique d'un réseau de relations sociales » (*id.* : 18). « Le problème au niveau de l'analyse est de comprendre par quels processus les interventions extérieures pénètrent la vie des individus et des groupes concernés et s'incorporent ainsi aux ressources et aux contraintes des stratégies sociales qu'ils développent. Ainsi les facteurs dits « externes » deviennent « internalisés » et prennent un sens différent pour différents groupes d'intérêts ou pour différents acteurs individuels » (*id.* : 27). « Local practices include macro-representations and are shaped by distant time-space arenas » (LONG, 1992 : 6-7). « Rather than viewing intervention as the implementation of a plan for action it should be visualized as an ongoing transformation process in which different actor interests and struggles are located » (*id.* : 9). Il s'agit donc de développer « theoretically grounded methods of social research that allow for the elucidation of actor's interpretations and strategies and how these interlock through processes of negotiation and accommodation » (*id.* : 5).

(Crozier et Friedberg, 1977 ; Friedberg, 1993) [1], ou bien encore comme l'effet d'une tendance contemporaine plus diffuse, massive, parfois baptisée *retour de l'acteur* (Touraine, 1984). Ce retour de l'acteur n'est pas — à son tour — exempt d'effets de mode et de risques de dérives incantatoires et autres « langue de bois ». L'usage excessif et souvent non stabilisé du terme de « stratégie » en est un exemple parmi d'autres (on le voit à l'œuvre chez Desjeux, 1987). Aussi l'effort principal de ce travail consistera-t-il à tenter une clarification conceptuelle et notionnelle qui mette à jour certains des progrès accomplis sans dissimuler les multiples problèmes non réglés.

Car tous les obstacles sont loin d'être pour autant abolis. En particulier l'articulation entre des niveaux tels que « macro/structures » et que « micro/stratégies sociales » reste un problème ouvert : comment se représenter les interactions dialectiques entre les systèmes de contraintes (économiques, politiques, écologiques, symboliques...) et les processus d'adaptation, de détournement, d'innovation, de résistance ? La socio-anthropologie du développement reste directement confrontée à de telles questions.

Mais on peut désormais considérer comme acquis l'existence d'une pluri-rationalité des acteurs sociaux, selon des combinatoires variables qui sont chaque fois nouvelles. Les sciences sociales ont découvert ou redécouvert la pluralité des rationalités et restituent, aux côtés des rationalités économiques, une place aux rationalités culturelles et symboliques qui pour autant n'exclut pas les premières. Les sociétés africaines, rurales comme urbaines ou « rurbaines », sont, elles aussi, et plus que d'autres peut-être, traversées de rationalités diverses. C'est à leur confluent qu'il faut se situer pour comprendre les changements en cours.

Certes il reste normal à certains égards de privilégier les logiques apparemment les plus proches des domaines d'investigation que l'on se donne : les logiques économiques lorsqu'on analyse les stratégies productives, les logiques symboliques lorsqu'on étudie les rituels et autres faits religieux. Mais on voit bien le risque d'une excessive spécialisation qui bornerait à l'avance le champ de l'enquête au nom d'une vision prédéterminée ou occidentalo-centrique de la « logique pertinente ». Les logiques économiques interviennent **aussi** dans les rituels ou les logiques symboliques sous-tendent **aussi** les comportements économiques. Les stratégies lignagères, la hiérarchie des biens symboliques, le système de valeurs réglant les modes de reconnaissance sociale, les procédures de capitalisation du pouvoir, les normes ostentatoires : voilà autant d'exemples de recours à des rationalités qui ne peuvent être réduites à des stratégies proprement économiques, qui n'abolissent pas ces dernières, mais qui s'y imbriquent et contribuent à les complexifier.

1. « Le comportement des acteurs ne peut être déduit des structurations englobantes. Il est de fait le produit d'un « bricolage » personnel qui combine en un agencement original des éléments tirés de ces structurations englobantes et des considérations d'opportunité stratégique résultant des interactions et des processus d'échange dans lesquels les acteurs sont engagés localement » (FRIEDBERG, 1993 : 16).

De plus les rationalités qui traversent une même société rurale ne sont pas toutes identiques, dans la mesure où aucune société rurale africaine n'est homogène. Les clivages d'âge, de sexe, de statut social distribuent des logiques économiques comme des logiques sociopolitiques différentes au sein d'un même ensemble social. Au-delà de la variation des stratégies individuelles, les systèmes de normes sociales qui les régulent tendanciellement varient largement d'un sous-groupe social à un autre, et non seulement d'une « ethnie » à une autre. Ces différences entre systèmes de normes internes à une même culture peuvent elles-mêmes devenir des enjeux d'affrontements entre groupes sociaux. Que l'on pense par exemple aux survivances idéologiques de l'esclavage ou au statut symbolique des gens de caste au Sahel, et à leurs mises en cause récentes, alors même que les bases productives et les rapports de production correspondants ont presque partout disparu [1].

Certes l'aspect cumulatif des sciences sociales est toujours incertain et remis en question. S'il est acquis pour la grande majorité des chercheurs en socio-anthropologie du développement que les paysanneries africaines agissent, face aux projets de développement, selon des rationalités multiples qui leur sont propres et que les sciences sociales ont pour tâche de découvrir, cela ne signifie pas que tout le monde pense ainsi. Que les chercheurs sérieux aient rompu avec d'anciens et tenaces stéréotypes largement répandus ne signifie pas que ces derniers aient totalement disparu.

Dans une perspective un peu linéaire d'« histoire des idées », les représentations occidentales sur l'Afrique ont — en matière de problématique de la rationalité — connu quatre étapes : après une première étape déniant toute rationalité aux Africains, se sont succédé une étape opposant les rationalités « religieuses » africaines aux rationalités « économiques » occidentales, puis une étape découvrant des rationalités techniques et économiques chez les paysans africains, avant d'en arriver à l'étape actuelle, celle de la multi-rationalité. Mais les représentations propres à chaque étape précédente continuent à « vivre » aujourd'hui encore, et à structurer les discours de nombre d'acteurs du développement (et, aussi, de chercheurs). Outre le langage littéraire (*la passion est nègre comme la raison est hellène,* proclamait Senghor), le discours familier (en privé) des coopérants occidentaux fait encore largement écho au thème de l'« irrationalité » des Africains qu'ils côtoient. Cette première étape des représentations occidentales sur l'Afrique, bien que désormais illégitime et donc censurée dans le discours public, n'a pas pour autant disparu des réflexes de pensée. Quant à la seconde étape, celle des rationalités religieuses, cosmiques, ou ésotériques qui constitueraient soi-disant l'essence de la « mentalité

1. On pourrait sûrement avec profit distinguer et formaliser, à la manière de Boltanski et Thévenot (BOLTANSKI et THÉVENOT, 1991), divers principes de légitimité à l'œuvre dans les interactions et les conflits liés au changement et au développement, dans les villes et villages de l'Afrique contemporaine : mais je crois que leur conception de différentes « cités », sortes d'univers mentaux, sociaux et matériels construits chacun autour d'une légitimité, est trop « durcie », abstraite, systématique, pour pouvoir rendre compte des jeux stratégiques entre rationalités et légitimités qui prennent place sur les scènes locales.

africaine », elle se prolonge encore dans une partie non négligeable de la communauté scientifique et règle nombre de représentations courantes.

Notre rapide bilan oscille entre d'un côté un optimisme tempéré, qui produit une sorte d'histoire des idées en socio-anthropologie du développement, conçue comme une marche progressive, bien que chaotique et incertaine, vers une prise en compte de plus en plus grande de la complexité du social, et de l'autre côté un relativisme désabusé, qui constate la permanente nécessité de mener à nouveau des batailles qu'on croyait gagnées, et déplore que la réinvention permanente de la roue apparaisse comme l'exercice favori du monde du développement comme du monde de la recherche. Après tout, cette tension est sans doute vraie pour tout bilan en sciences sociales, et n'est-ce pas là la forme que prend dans nos disciplines cette fameuse combinaison entre le « pessimisme de la raison et l'optimisme de la volonté » énoncée par Gramsci ? Le chapitre suivant relèvera plutôt de l'optimisme de la volonté.

2

Un renouvellement de l'anthropologie ?

Il ne sera question ici que de la facette « fondamentale » de la socio-anthropologie du changement social et du développement, et non de sa facette « appliquée » (laquelle sera évoquée dans la conclusion). L'hypothèse de départ est la suivante : **la socio-anthropologie du changement social et du développement constitue un enjeu important pour l'anthropologie et la sociologie en général,** et même pour les sciences sociales en général. Je me référerai ici plutôt à l'anthropologie pour deux raisons. D'une part, l'anthropologie, dans ses versions académiques comme dans ses versions médiatiques, semble a priori plus éloignée que la sociologie des processus de changement social et des faits de développement. D'autre part, c'est du côté de l'anthropologie (qui a inspiré l'école de Chicago et la sociologie dite qualitative) que la socio-anthropologie puise l'essentiel de ses méthodes de travail. Mais une démonstration relativement symétrique pourrait être faite en s'appuyant sur des exemples relevant plutôt de la sociologic.

Il y a deux attitudes possibles quant aux rapports entre anthropologie du changement social et du développement et anthropologie classique. La première, défensive, simple, consisterait à vouloir **réhabiliter** l'anthropologie du changement social et du développement en tant que « mal-aimée » de l'anthropologie académique. On critiquerait alors les remarques de Lévi-Strauss distinguant non sans condescendance l'anthropologie « à l'état pur » (la sienne...), et l'anthropologie « à l'état dilué », l'anthropologie du développement (cf. Martinelli, 1987). On réclamerait que des études anthropologiques sur les réactions villageoises face à un programme d'irrigation, ou sur les conflits pasteurs/agriculteurs, ou sur la délinquance urbaine, puissent bénéficier de la même considération académique que celles portant sur les systèmes de parenté ou la cosmogonie... Mais le risque serait de verser dans une sorte de corporatisme pleurnichard de sous-discipline brimée, réaction compréhensible sûrement, légitime sans doute, mais fort probablement peu productive...

La seconde solution, plus offensive, plus complexe aussi, consiste à voir dans l'anthropologie du changement social et du développement une des sources possibles d'un certain renouvellement des sciences sociales.

Au secours des sciences sociales ?

Je résumerai en trois points une situation générale assez connue par ailleurs, et qui ne peut être développée ici.

1) On parle souvent de crise des sciences sociales. On peut en énumérer divers symptômes, d'ailleurs inégalement convergents ou convaincants : fin des grands systèmes interprétatifs « clés en main » ; écartèlement entre une accumulation sans fin de monographies et d'études de cas et un essayisme comparatiste débridé ; écartèlement aussi entre un quantitativisme immodéré et un qualitativisme spéculatif et/ou narcissique...

2) Les sciences sociales se tournent de plus en plus vers l'anthropologie comme un « recours », en raison de propriétés heuristiques et méthodologiques dont, à tort ou à raison, on pense que l'anthropologie est porteuse. Cette « demande » scientifique qui émane de diverses disciplines — sociologie, géographie, histoire, science politique... — se manifeste en général soit par une « anthropologisation » de chercheurs de ces disciplines, soit par une multiplication des références anthropologiques au sein des disciplines voisines. Nombre d'historiens proclament faire désormais de l'« anthropologie historique », et les politologues s'intéressant aux « modes populaires d'action politique » semblent mieux connaître la littérature ethnologique que nombre d'ethnologues (cf. Bayart, 1989).

3) Hélas l'anthropologie « centrale », du moins dans sa configuration actuelle, n'est guère en mesure de mener ce type de dialogue ou de répondre à de telles attentes. Ce ne sont pas toujours les secteurs les plus dynamiques et novateurs de la discipline qui « font » l'image de la discipline à l'extérieur du cercle des pairs : on pense ici au poids des traditions académiques, à l'hégémonie passée excessive du structuralisme en France, à la permanence du traditionnalisme culturaliste, au risque constant des dérives « exotiques », à la mode récente des courants « déconstructionnistes » et « textualistes »...

Sur la base d'un tel constat, on peut alors proposer l'hypothèse suivante, dont je reconnais le caractère quelque peu volontariste : **les processus de changement social et de développement fournissent à l'anthropologie de nouveaux objets et lui posent de nouvelles questions. Par là ils peuvent contribuer à renouveler pour une part les problématiques non seulement de l'anthropologie, mais, à travers elle, de la sociologie et des sciences sociales.**

Il faut, en effet, pour appréhender les processus de changement social et de développement, mettre au point quelques nouveaux concepts, développer quelques nouvelles stratégies d'investigation, quelques nouveaux dispositifs méthodologiques, au cœur même d'une démarche anthropologique qui reste indispensable pour les comprendre, et dont de nombreux acquis sont précieux. Par exemple, la technique de l'informateur privilégié ou l'analyse structurale ne sont guère adaptées à l'appréhension des processus de changement social. Par contre, les approches dites qualitatives ou l'« observation participante » semblent incontournables pour aborder ces questions...

Pourquoi un tel optimisme sur les capacités heuristiques de l'anthropologie du changement social et du développement ? Cela serait-il dû à des propriétés de son objet ?

Les « propriétés » des « faits de développement »

En effet on pourrait « attribuer » aux processus de changement social et de développement quatre « propriétés » principales qui infléchissent le regard anthropologique lui-même :

1) Les processus de changement social et de développement mettent nécessairement en rapport des normes hétérogènes, des cultures et des sous-cultures hétérogènes, des systèmes de valeurs hétérogènes, des configurations de savoirs et de représentations hétérogènes, des systèmes d'action hétérogènes, des stratégies et logiques sociales hétérogènes.

Or la plupart des objets de l'anthropologie classique ne sont pas à un tel confluent. Ou encore, l'anthropologie classique se choisit des objets qui mettent plutôt en valeur la permanence, l'homogénéité, la cohérence.

Cette confrontation d'éléments hétérogènes, divergents, dissemblables, contradictoires, est par contre au cœur de l'anthropologie du changement social et du développement. C'est nécessairement une anthropologie du syncrétisme. Et c'est l'interaction complexe de ces éléments hétérogènes qui est au cœur de la construction de l'objet propre à l'anthropologie du changement social et du développement. Aussi l'anthropologie du développement doit-elle s'intéresser non seulement aux « communautés locales », aux « populations-cibles », mais tout autant aux dispositifs d'intervention, aux médiateurs et courtiers, aux agents extérieurs...

Interviennent alors des phénomènes de confrontation, négociation, rejet, détournement, accommodation, subversion, rapports de force, compromis, transactions... Que ces phénomènes soient appréhendés aux niveaux cognitif, économique, politique, ou symbolique, peu importe : ces termes-là tendent à s'imposer dans les énoncés propres à l'anthropologie du développement. Ils sont absents de l'anthropologie classique.

Or de telles notions sont indissociables des faits de développement africains, et de plus sont inscrites au centre de la plupart des phénomènes sociaux contemporains.

2) Les processus de changement social et de développement mobilisent des structures « intermédiaires », « informelles », **transversales** : des « réseaux », des affinités, des clientèles, des sociabilités locales, professionnelles, familiales... Nous ne pouvons en rendre compte avec une vision plus ou moins durkheimienne des

« institutions », selon laquelle l'anthropologie a constitué les chapitres de ses monographies : le pouvoir, la parenté, la religion, etc. Le goût de l'ethnologie classique pour les groupes constitués et « en corps » (*corporate groups*), la parenté, la communauté de résidence, a laissé peu de place à la description de dispositifs sociaux plus labiles, ambivalents, ajustables, qui s'intercalent entre l'acteur et les ordres établis. Dans ce domaine aussi une certaine anthropologie et une certaine sociologie sont indissociables. En effet les relations interpersonnelles, qu'elles soient « égalitaires » ou « hiérarchiques », ne disparaissent pas, loin de là, avec la « modernisation », et la rationalité bureaucratique est loin de régler le fonctionnement des administrations africaines.

3) Les processus de changement social et de développement sont par définition **diachroniques**, et cette dimension-là est trop souvent oubliée par les écoles anthropologiques classiques (fonctionnalisme, culturalisme, structuralisme, symbolisme...), qui ont eu une forte propension à jeter le bébé historique avec l'eau du bain évolutionniste.

4) Les processus de changement social et de développement se situent à l'**interface** entre anthropologie et sociologie « macro » d'un côté, et ethnographie et sociographie « micro » de l'autre. Autrement dit, à l'interface entre les pesanteurs structurelles et l'action des agents sociaux. Les faits de changement social et de développement mettent en valeur simultanément les contraintes externes et l'autonomie ou les capacités d'initiative (ou de résistance) des individus et des groupes locaux.

Là encore l'anthropologie classique tend à privilégier au contraire l'autonomie des systèmes culturels et, ce faisant, oblitère à la fois l'effet des contextes plus larges et les bricolages créatifs des acteurs sociaux.

Deux « points de vue heuristiques »

Ces quatre « propriétés » propres aux faits de changement social et de développement permettent de clarifier le rapport qu'entretiennent les sciences sociales avec deux grandes « perspectives heuristiques » (parfois appelées, à tort à mon avis, paradigmes) entre lesquelles elles oscillent sans cesse. Et c'est peut-être en cela que l'anthropologie du changement social et du développement peut contribuer à éclaircir certains débats épistémologiques récurrents qui débordent la seule anthropologie. J'évoquerai ici fort brièvement les deux « perspectives heuristiques » dominantes : le holisme et l'individualisme méthodologique.

L'anthropologie comme « point de vue de la totalité »

L'anthropologie au sein des sciences sociales est souvent créditée d'un point de vue de la totalité, ou point de vue holiste. Certes, le sentiment que la société est plus que la somme de ses parties est également présent chez les fondateurs de la sociologie comme chez nombre de leurs successeurs. Mais l'anthropologie semble apporter au holisme le secours de ses méthodes de terrain spécifiques. L'enquête intensive, au long cours, en situation réelle, semble particulièrement appropriée pour saisir une réalité dans toute ses dimensions, et donc dans sa globalité.

L'anthropologie du changement social et du développement reprend cette perspective holiste. Elle met en évidence le fait que les logiques multiples qui se confrontent autour des processus de « développement » ne relèvent pas seulement de groupes d'acteurs différents (et renvoient en partie à des conflits de rationalités collectives) mais mobilisent aussi des registres variés de la réalité sociale, qu'il convient d'appréhender simultanément. Pratiques et représentations sont toujours à la fois d'ordre économique, social, politique, idéologique, symbolique.

L'anthropologie du changement social et du développement se situe largement dans l'héritage de Polanyi (1983), en ce que celui-ci a particulièrement insisté sur la notion de *embeddedness*, c'est-à-dire sur l'« enchâssement » de l'économie dans la vie sociale en général [1]. Diverses formulations et thèses ont développé récemment cette perspective, depuis celles, malheureuses, de G. Hyden sur l'« économie de l'affection » (Hyden, 1980, 1983) jusqu'à celles, plus prudentes, et antérieures, de Thompson (1971) et Scott (1976) sur l'« économie morale » [2]. Toutes entendent prendre en compte **simultanément** les registres divers de la réalité sociale, telle que l'appréhendent les cultures, sous-cultures et acteurs sociaux. En particulier, les phénomènes relevant classiquement de l'économie (production, échange et consommation de biens et de services), auxquels les processus de « développement » renvoient pour l'essentiel, ne peuvent être arbitrairement autonomisés et déconnectés de leurs dimensions sociales (cf. clivages à base d'âge, de sexe, de statut, de condition, de classe), culturelles et symboliques (cf. normes de bienséance, modes de reconnaissance sociale, critères du prestige, de la solidarité, de l'accomplissement), politiques (cf. clientélismes et factionnalismes, néo-patrimonialisme) ou magico-religieuses (cf. accusations de sorcellerie). Il s'agit donc bien d'une perspective holiste, éminemment positive. Mais, par contre, l'anthropologie du changement social et du développement doit rompre avec un autre type de holisme : celui qui considère la société comme un tout homogène et cohérent, quelles que soient les propriétés dont on affecte ce tout, autrement dit qu'il soit perçu comme despotique et « totalitaire », ou comme communautaire et égalitaire. C'est le cas du modèle structuro-fonctionnaliste classique comme du marxisme classique, qui, pour des raisons différentes, voient dans les comportements de simples effets de système, et ne considèrent les positions qu'en tant que positions dans une structure sociale. C'est le cas

1. Mais Polanyi a réservé — à tort croyons-nous — cette notion d'*embeddedness* aux économies précapitalistes. Les travaux qui analysent aujourd'hui le fonctionnement des marchés « réels » fort différent de la norme néo-libérale du marché abstrait (cf. WATTS, 1994) ne font qu'étendre l'intuition de Polanyi à l'économie moderne d'où celui-ci l'avait exclue (cf. également GRANOVETTER, 1985).

2. Sur l'abondant débat anglo-saxon autour de l'économie morale, cf. entre autres POPKIN, 1979 ; HUNT, 1988 ; LEMARCHAND, 1989, ainsi que, *infra*, la critique des thèses de Hyden.

aussi avec le « culturalisme » qui rabat toute une société (et la diversité des groupes et des sous-cultures qui la composent) sur « un » système de valeurs culturelles, voire un « caractère national » ou une « personnalité de base », si ce n'est un « habitus »...

On a donc affaire à deux types de holisme largement emmêlés. L'un est un point de vue de la transversalité et de la multidimensionnalité. L'autre est une hypertrophie du tout, de l'ensemble, du système, de la structure. Peut-être pourrait-on, pour différencier ces deux holismes, parler de « holisme méthodologique » en ce qui concerne le premier, et de « holisme idéologique » à propos du second.

Les faits de développement exigeraient alors de faire appel au holisme méthodologique et de se détourner du holisme idéologique.

L'anthropologie comme mise en évidence des stratégies d'acteurs

Ce second « point de vue heuristique » est en général associé à ce que l'on a appelé l'« individualisme méthodologique ». Il est représenté non seulement en sociologie (cf. entre autres Schelling, 1973, 1980 ; Boudon, 1984, 1988) mais aussi en anthropologie (Barth, 1981), et, dans un domaine proche de celui qui est ici le nôtre, à la frontière de l'anthropologie économique et de la politologie (Schneider, 1975 ; Popkin, 1979 ; Bates, 1987). Il s'agit souvent de réactions contre tels ou tels aspects du point de vue précédent, réactions qui pourraient donc être interprétées, pour reprendre notre formulation, comme des refus du « holisme idéologique ». On reprochera ainsi, non sans raisons, au structuro-fonctionnalisme ou au marxisme de ne pas prendre en compte l'existence et l'importance des organisations informelles (amitiés, réseaux, alliances, coalitions), d'oublier que les acteurs sociaux sont des entrepreneurs manipulant les relations personnelles pour atteindre leurs objectifs, de négliger les incessantes « transactions », matérielles ou symboliques, entre individus (cf. Boissevain, 1974 : 3-33). Le programme de recherche qui en découle se nourrit des insuffisances du point de vue précédent. Il proclame volontiers que « le changement social doit être analysé comme la résultante d'un ensemble d'actions individuelles » (Boudon, 1984 : 39). Mais l'individualisme méthodologique n'est ni monolithique ni univoque. Peut-être faudrait-il désagréger cette expression, et distinguer, comme je l'ai fait pour le holisme, un « individualisme méthodologique » **proprement dit** et un « individualisme idéologique », abusivement confondus derrière l'expression d'individualisme méthodologique telle qu'elle est employée tant par ses défenseurs que par ses détracteurs, qui mélangent et confondent les deux dimensions.

L'anthropologie du changement social et du développement est *actor-oriented* (Long, 1977). Elle privilégie les points de vue et les pratiques des acteurs de base et des « consommateurs » de développement [1]. En ce

1. Bien évidemment les acteurs tels qu'on les considère ici sont des acteurs sociaux et non des sujets abstraits, des atomes désincarnés, des individus solitaires et calculateurs. Ils sont socialement « lestés », dotés de ressources inégales, insérés dans des réseaux spécifiques, soumis à des pesanteurs multiples.

sens elle tend à mettre en évidence leurs stratégies, aussi contraintes soient-elles, leurs marges de manœuvre, aussi faibles soient-elles, leur « agencéité » (*agency*). Elle souligne les logiques et les rationalités qui sous-tendent représentations et comportements. Elle met l'accent sur l'existence de réels « niveaux de décision » à tous les échelons, et de choix opérés par les individus en leur nom ou au nom des institutions dont ils se considèrent comme les mandants. On peut donc considérer un tel « point de vue heuristique » comme relevant de l'individualisme méthodologique proprement dit. Il permet d'éviter de prendre les agrégats produits par les sciences sociales (société, culture, ethnie, classe sociale, système de parenté, mode de production, catégorie socioprofessionnelle...) pour des sujets collectifs dotés de volition, et pare aux risques de substantialisation et de déterminisme inhérents à la manipulation de tels concepts.

Mais en anthropologie du changement social et du développement, on ne peut supposer ni « une » rationalité unique de l'acteur social, qu'elle soit plus ou moins calquée sur le modèle de l'économie néo-libérale ou qu'elle s'en éloigne sous des versions plus prudentes (tels les modèles de « rationalité limitée » de Simon), ni un principe formel unique qui serait la matrice de toutes les logiques d'action particulières. Les stratégies des acteurs ne se réduisent pas à la seule « maîtrise des zones d'incertitudes », ou à la maximisation du rapport moyens/fins. Les acteurs « réels », individuels ou collectifs, circulent entre plusieurs « logiques », choisissent entre diverses normes, gèrent de multiples contraintes, sont aux confluents de plusieurs rationalités, et vivent dans un univers mental et pragmatique tissé d'ambiguïtés et d'ambivalences, placé sous le regard des autres, en quête de leur reconnaissance ou confronté à leur antagonisme, et soumis à leurs influences multiples. En ce sens, l'anthropologie du changement social et du développement ne peut accepter l'« individualisme idéologique » qui se dissimule souvent dans ce que ses sectateurs appellent — improprement — l'individualisme méthodologique.

Ces deux « points de vue heuristiques », holisme méthodologique et individualisme méthodologique, n'ont en fait rien d'incompatible, ils ne préjugent pas de paradigmes de recherche plus durs (ou paradigmes proprement dits), et me semblent pouvoir parfaitement être combinés (à la différence de leurs homologues « idéologiques » respectifs). On pourrait d'ailleurs leur en adjoindre d'autres, tout aussi complémentaires [1]. J'examinerai plus loin l'un d'entre eux (cf. chapitre 5), particulièrement

1. Cette attitude résolument éclectique se distingue évidemment de la position de Bourdieu, qui entend « dépasser » l'antagonisme du holisme et de l'individualisme méthodologique par la production d'un système nouveau, le sien, à savoir un édifice théorique global qui refuse d'être désarticulé et exige d'être pris en sa cohérence systémique (BOURDIEU, 1992 : 71). Je pense au contraire que ces deux points de vue heuristiques ne sont pas « dépassables », mais qu'ils sont combinables, sous condition de désarticulation. La désarticulation des ensembles, y compris celui de Bourdieu, me semble, en sciences sociales comme en développement, relever d'une saine économie des pratiques et ne pouvoir être proscrite.

pertinent en socio-anthropologie du développement, le populisme méthodologique.

L'anthropologie du changement social et du développement n'a certes pas le monopole de l'utilisation de ces « points de vue heuristiques », et ce sont là sans aucun doute des ressources méthodologiques propres aux sciences sociales en général. Cependant, dans la conjoncture actuelle de nos disciplines, elle est particulièrement bien placée pour en tirer profit de façon innovante.

Anthropologie du changement social et du développement et champs de l'anthropologie

Ces « atouts » que lui fournit son objet n'ont de sens que situés à l'intérieur du patrimoine scientifique de l'anthropologie, dont de multiples héritages peuvent et doivent être assumés. Certes, les découpages internes à la discipline anthropologique doivent être relativisés (cf. ci-dessus) : les oppositions classiques « anthropologie sociale/anthropologie culturelle » par exemple appartiennent à l'histoire des idées anthropologiques mais n'ont guère aujourd'hui de sens épistémologique. Certes, les frontières avec la sociologie doivent être transgressées. Mais l'anthropologie du changement social et du développement est aussi une héritière, autant qu'une pionnière. Elle hérite d'apports sédimentés divers, que l'on peut classer sous quatre rubriques : anthropologie religieuse, anthropologie économique, anthropologie politique et anthropologie symbolique.

Anthropologie du changement social et du développement et anthropologie religieuse

De même que le « développement », comme forme volontariste moderne d'induction de transformations économiques et sociales dans les pays du Sud, n'est qu'une des filières simultanées et imbriquées par lesquelles passe le changement économique et social, de même le changement économique et social n'est qu'une des figures du changement en général, qui est tout autant d'ordre culturel ou religieux. D'ailleurs le changement culturel ou religieux passe lui aussi par des filières volontaristes plus ou moins externes (prosélytisme) et des filières « spontanées » plus ou moins internes (conversion). Il y a sans doute des terrains privilégiés où le changement se donne mieux à voir qu'ailleurs, et s'impose plus. Le terrain religieux, qui est pourtant celui où une ethnologie patrimonialiste et passéiste a prospéré, est aussi celui où une anthropologie du changement s'est le plus spontanément et massivement manifestée. Le changement religieux a donné lieu à d'innombrables enquêtes, travaux et ouvrages anthropologiques. Aussi est-il sans doute une des sources d'inspiration principales qui aient fécondé l'anthropologie du changement social et du développement. Les entreprises missionnaires, les nouveaux cultes syncrétiques, les mouvements prophétiques, les transformations des systèmes magico-religieux traditionnels (cultes de possession, masques, cultes des ancêtres, etc.), la venue récente des sectes occidentales ou orientales, la production de nouvelles cléricatures : tous ces phénomènes entrent en résonance avec les processus de changement économique et les faits de développement. Des processus sinon identiques du moins analogues s'y donnent à déchiffrer. Les acteurs du changement religieux sont aussi des acteurs du changement économique.

Anthropologie du changement social et du développement et anthropologie économique

Il en a été question plus haut : l'anthropologie économique a laissé un vaste ensemble d'acquis que les effets de mode ne doivent pas faire oublier. Trois héritages s'entrecroisent, qui parfois se concurrencent, parfois s'épaulent. Celui d'une interrogation « ouverte » sur l'articulation entre économie et société, qui, à la suite de Polanyi et des débats autour de l'économie morale, met l'accent sur les normes sociales et culturelles qui pèsent sur les comportements économiques. Celui des analyses des « rationalités paysannes », qui privilégie la recherche de logiques et de cohérences proprement techniques et économiques. Et celui de l'anthropologie marxiste, d'ordre plus morphologique, qui inventorie les classes sociales et articule les rapports et modes de production. Aucun de ces héritages ne peut être ignoré dans une perspective d'analyse du changement social et du développement.

Anthropologie du changement social et du développement et anthropologie politique

L'anthropologie politique classique a souvent privilégié les formes visibles et institutionnelles du pouvoir et les structures politiques « traditionnelles » en leur stabilité, mais elle a aussi accumulé un savoir précieux sur les modes d'accès à la notabilité, les systèmes clientélistes villageois, les relations entre autorité et séniorité ou autorité et « genre » (sexe), les interactions entre pouvoir et surnaturel, les transformations des structures politiques précoloniales, les rapports de force lignagers et les stratégies d'alliance, entre autres thèmes dont la connaissance semble nécessaire pour comprendre comment une action de développement s'insère dans un jeu politique local.

Anthropologie du changement social et du développement et anthropologie symbolique

Enfin, l'anthropologie du changement social et du développement est pour une bonne part une anthropologie des représentations. Il suffit de penser aux codes culturels qui servent à évaluer les actions proposées et les acteurs qui les proposent, aux savoirs populaires sur lesquels les savoirs technico-scientifiques sont censés se greffer, aux configurations sémiologiques qui organisent les champs sur lesquels porte le changement. Sans tomber dans les excès de l'ethno-science ou dans ceux de l'interactionnisme symbolique, on doit attacher une importance centrale aux représentations « émiques », aux « modes de pensée indigènes », aux « modes de vie » locaux, aux « façons de penser » autochtones. C'est là en quelque sorte le fond de commerce de l'anthropologie, et celle-ci doit y puiser largement pour savoir comment les processus de changement sont pensés et vécus par les acteurs concernés. Ceci est une précondition pour pouvoir les comprendre et les interpréter.

Mais il est une condition importante à cette récupération nécessaire de l'héritage anthropologique : c'est de prendre en compte l'ensemble des acteurs impliqués dans les interactions liés au changement et au développement, autrement dit non seulement les « acteurs d'en bas » et les « sociétés indigènes », mais aussi les intervenants extérieurs, à quelque niveau qu'ils se situent, « développeurs » nationaux ou étrangers, bureaucrates ou techniciens, agents de l'État ou organisations internationales, entreprises ou opérateurs économiques privés, missionnaires religieux ou laïcs. Eux aussi relèvent d'une anthropologie religieuse, d'une anthropologie économique, d'une anthropologie politique et d'une anthropologie symbolique.

Certes, les diverses traditions anthropologiques doivent être époussetées et, souvent, dynamisées, diachronisées. Mais elles restent indispensables. C'est en les reprenant et en les réévaluant, non en les ignorant, qu'on peut avec profit combiner dans l'enquête empirique les « points de vue heuristiques », et que l'anthropologie du changement social et du développement pourra ainsi, à travers les propriétés que les processus de changement et de développement offrent à l'analyse, contribuer un petit peu à renouveler l'anthropologie et les sciences sociales.

3

Stéréotypes, idéologies et représentations

On peut partir du constat suivant, fort révélateur : les intervenants, autrement dit les agents (ou « opérateurs ») de développement, quel que soit leur domaine d'intervention (santé, agriculture...), et quelle que soit leur origine (autochtones/expatriés...), lorsqu'ils mettent en œuvre « sur le terrain » (dans les villages ou les faubourgs africains) les pratiques techniques pour lesquelles ils ont été formés (et en supposant qu'ils aient dans leur discipline une compétence incontestable, ce qui est souvent le cas), sont confrontés à un choc majeur que leur inflige la réalité : les comportements et les réactions des gens auxquels ils ont affaire (leurs « clients » en un sens, ou leurs « patients ») ne sont pas ceux auxquels ils seraient en droit de s'attendre...

La perception de ce décalage entre les attitudes attendues ou souhaitées des « populations cibles » et leurs attitudes « réelles » est une expérience, parfois traumatisante, en général douloureuse, que tous les praticiens du développement ont, je crois, subie, dans des registres variés [1]. Le problème est moins dans ce décalage (inévitable, on verra pourquoi) que dans les réactions des intervenants à ce décalage : comment s'y adaptent-ils (ou non), comment en tiennent-ils compte (ou non), comment l'expliquent-ils (ou non) ? Je voudrais ici m'attacher à ce dernier point et mettre l'accent sur les phénomènes qui permettent de comprendre ce décalage et d'éviter les « fausses explications », du type « ils sont retardés », ou « c'est leur culture qui veut ça » (on peut remplacer « culture » par « mentalité », l'explication est la même, c'est-à-dire qu'il n'y en a pas). Ces « fausses explications » légitiment trop souvent la routinisation des pratiques des opérateurs de développement, leur démission face à des réalités trop complexes pour eux, leur étrange

1. Ce traumatisme a été remarqué il y a déjà fort longtemps et a même fait l'objet en psychologie d'une théorisation sans doute quelque peu excessive sous la forme d'un syndrome psycho-pathologique (*culture shock*, selon K. Oberg) propre aux techniciens travaillant à l'étranger dans un contexte culturel radicalement différent du leur (cf. FOSTER, 1962 : 187-88).

persévérance dans l'erreur, ou leurs attitudes faiblement innovatives et adaptatives.

Ce « choc en retour » de la « réalité » sur les pratiques de développement renvoie en fait à deux causes fort simples en leur principe :

1. Les gens n'agissent pas comme on s'attend à ce qu'ils le fassent parce que les attentes qu'on a à leur égard sont fausses. Autrement dit les praticiens du développement se font des images erronées des populations africaines et en ont des représentations « biaisées ».

2. Les gens n'agissent pas comme on s'attend à ce qu'ils le fassent parce qu'ils ont de bonnes raisons pour cela. Autrement dit, les logiques des « clients » ne sont pas celles des « vendeurs ». Les paysans usent des services, opportunités et contraintes qu'apportent les institutions de développement selon des normes et critères qui ne sont pas ceux de ces institutions, mais ils en usent de façon cohérente.

On développera ce second point ultérieurement (cf. chapitre 7). Nous allons ici nous intéresser plus spécialement au premier, qui fait intervenir les représentations des acteurs impliqués dans le développement, à savoir comment ils se représentent le développement en général, comment ils se représentent un projet de développement en particulier, et comment enfin ils se représentent les autres acteurs concernés. Il ne s'agit pas là que d'idéologie (cf. Dahl et Hjort, 1985). L'accent est souvent mis, dès lors qu'on parle de développement, et encore plus si l'on parle de « politique de développement », sur les « idéologies » du développement, c'est-à-dire les grandes options explicites (théoriques et politiques, voire philosophiques) qui fondent les diverses « théories du développement » et guident ou veulent guider les politiques économiques ou inspirer des politiques alternatives. La socio-anthropologie du développement s'intéressera plutôt aux représentations plus ou moins latentes qui dominent chez les différents acteurs concernés : la vision des métayers sur les experts européens, comme celle des vulgarisateurs agricoles sur les notables, ou celle des assistants techniques sur l'administration locale... Les représentations sociales des uns et des autres sont en effet une donnée de base pour comprendre les stratégies de chacun, et les interactions entre les stratégies de tous, autrement dit le « jeu politique » qu'est la mise en œuvre d'un projet. La configuration développementiste est structurée par des représentations qui tendent à masquer cette réalité « politique » des interactions, et à produire des visions simplistes et erronées des « populations cibles ».

Bien sûr on peut en dire autant des représentations des populations cibles envers les opérateurs de développement. Mais c'est là un des domaines où les enquêtes font dramatiquement défaut. Et pourtant une telle approche est indispensable : on se doute que les réactions d'une population (ou de tels ou tels de ses segments) à une intervention extérieure ou à une « proposition de développement » sont en partie structurées par les visions que les intéressés se font des intervenants ou des proposants, les soupçons qu'ils nourrissent à leur égard ou les espoirs qu'ils projettent sur eux. La « mémoire », à l'évidence vivace, que les paysans gardent des opérations de développement antérieures qui se sont succédé dans leur zone influence leurs réactions vis-à-vis d'opérations de développement ultérieures. Alors que ces dernières ont en général moins de mémoire que les paysans et se comportent volontiers comme si elles arrivaient sur un terrain vierge. On sait ainsi que les projets recourant à « l'investissement humain » dans les années suivant l'indépendance (projets relevant paradoxalement d'une idéologie « progressiste » et menés dans un souci « participationniste ») ont été perçus par les villageois comme une reprise sous d'autres formes du travail forcé colonial. Mais on doit se garder d'une vision enchantée ou attendrie des représentations populaires relatives à la configuration développementiste. La façon dont les développés voient les développeurs n'exprime pas plus la « vérité » et n'est pas moins « biaisée » que la façon dont les développeurs voient les développés. On pourrait multiplier les cas qui illustreraient, à la manière de Sahlins (1989), les malentendus, productifs ou non, qui structurent la perception que les divers acteurs et groupes sociaux mis en contact par une action de développement se font les uns des autres [1].

Ceci étant, la symétrie n'est pas complète [2]. Les représentations populaires relatives aux opérations de développement sont par définition localisées et liées à des contextes spécifiques : il est difficile d'en esquisser une typologie faute d'études de cas suffisantes. Par contre, les représentations qui ont cours dans la configuration développementiste sont pour une bonne part communes, et relativement indépendantes des contextes. Elles sont donc largement connues, standardisées. On peut donc tenter d'en analyser quelques invariants. Elles sont de plus « dominantes » et modèlent pour une part l'orientation, la conception ou la mise en œuvre des actions de développement. Mais il ne s'agit pas ici des « idéologies » du développement, au sens classique. Celles-ci s'expriment à travers des « rhétoriques du développement » et/ou des « politiques de développement » qui s'affichent en tant que telles : développement autocentré, développement durable, développement

1. On trouvera quelques exemples révélateurs de représentations populaires « erronées » dans BERCHE, 1994 : 394-95 ou MAMAN SANI, 1994.

2. Une forme de comparaison intéressante a été tentée par Daane et Mongbo, quant à l'asymétrie des perceptions que les assistants techniques d'une part, certains acteurs locaux d'autre part (non pas les paysans en général) ont d'un même « projet » : « It is probable that some of the local actors, especially the association leaders, the bureaucrats, the merchants and the rich peasants, learn much more quickly than the technical assistants. First this is because the resources of the technical assistants are more visible and their intentions can in part be traced to official project objectives and, therefore, are more accessible than the myriad of partly hidden intentions of the local actors with their often invisible (to the technical assistants) resources and complex history of conflicts and shifting alliances. And second, this is because it is often in the interest of the local actors partly to hide their intentions both from the technical assistants and from other local actors » (DAANE et MONGBO, 1991 : 69). Ces acteurs locaux particuliers peuvent donc tirer parti de la connaissance qu'ils ont acquise des représentations des assistants techniques : « They will continue to pursue their own objectives, but they will do this by trying to play the game by the rules and codes of the technical assistants. They will champion their hidden parochial causes and particularistic interests using arguments based on the social justice philosophy of integrated rural development » (*ibidem*).

approprié, décentralisation, ajustement structurel, autopromotion, etc. Mais en deçà et au-delà de ces « idéologies » explicites, on peut dégager l'existence aussi bien d'une « méta-idéologie » du développement (c'est-à-dire un fondement commun latent, au-delà des divergences idéologiques) que d'« infra-idéologies » du développement (c'est-à-dire des tropes récurrents, dont la combinaison ou l'opposition traversent les idéologies). Méta-idéologie ou infra-idéologies sont autant de présupposés en circulation dans la configuration développementiste avec lesquels la socio-anthropologie du développement doit prendre ses distances si elle entend produire des connaissances fraîches.

Une « méta-idéologie » du développement

Deux paradigmes semblent inextricablement liés, qui légitiment l'ensemble des pratiques professionnelles des « développeurs », quelles que soient leurs orientations idéologiques, morales ou politiques :

(a) Le développement a pour objet le bien des autres (paradigme altruiste). D'où il découle que le développement a une forte connotation morale.

(b) Le développement implique progrès technique et économique (paradigme modernisateur). D'où il découle que le développement a une forte connotation évolutionniste et techniciste.

Tout intervenant dans le champ du développement s'appuie peu ou prou sur ces deux paradigmes. Chacun pense qu'il œuvre pour le bien des populations (qu'il s'agisse d'un expert de la Banque mondiale ou d'un humble militant d'ONG), et chacun estime qu'il met au service de cette noble tâche une compétence qui fait défaut à ces populations (qu'il s'agisse d'un savoir pointu en agro-foresterie tropicale ou d'une formation plus diffuse et plus incertaine en « animation » ou en « travail social »). Peu importe la façon dont chacun décline ces deux paradigmes, à quel sauce il les accommode, ou comment il légitime la spécificité de son approche ou l'originalité de sa politique en délégitimant ceux des concurrents. Nul n'y échappe.

Ce n'est pas ici le lieu de critiquer ces paradigmes, que l'on se bornera à constater sans émettre de jugement de valeur. Je ne veux en aucun cas tomber dans le piège d'une certaine « sociologie du développement », à connotations aussi fortement idéologiques que faiblement empiriques, qui n'existe qu'à travers la dénonciation véhémente de l'idéologie développementiste, s'érigeant ainsi en contre-idéologie (cf. Latouche, 1986). L'important est que le paradigme altruiste comme le paradigme modernisateur, sous des formes certes latentes, constituent un « tronc commun » quasi incontournable de légitimations. Or cette méta-idéologie masque en partie le fait que le développement est à la fois un marché et une arène. C'est un marché, où circulent des biens, des services, des carrières... Il s'agit d'y « vendre » des projets, des slogans, des politiques, du hardware, du software, des carrières... L'aide humanitaire est ainsi clairement devenue un « marché » où les ONG se concurrencent et rivalisent. Bien avant cela, et à une beaucoup plus vaste échelle, le « développement » était déjà un marché. Mais c'est aussi une « arène ». Sur une même scène divers acteurs sociaux s'affrontent autour d'enjeux de pouvoir, d'influence, de prestige, de notoriété, de contrôle. Toute vision altruiste et évolutionniste du développement risque fort de masquer cet aspect des choses. Il ne s'agit pas de nier les motivations morales des militants des ONG ou de suspecter d'hypocrisie et d'affairisme les promoteurs de l'auto-développement. Mais ni l'arbre altruiste, ni l'arbre technique — aussi réels que respectables — ne doivent masquer, pour le socio-anthropologue, la forêt du marché ou de l'arène.

Les infra-idéologies : les représentations

Les « infra-idéologies » du développement, toujours chez les acteurs de la configuration développementiste, sont formées des stocks de représentations qui structurent la perception que ces acteurs ont du monde souhaitable et du monde réel. Deux séries de représentations co-existent en effet, complémentaires. Les unes concernent la vision des sociétés telles qu'elles sont. Les autres concernent la vision des sociétés telles qu'elles devraient être.

1. Les représentations du souhaitable sont plutôt explicites et normatives. Elles sont en partie constitutives des « théories » classique du développement. Elles portent en effet sur le sens que l'on donne au « développement ». Il s'agit d'images du but à atteindre, de la société à bâtir : modèle de la société américaine ; modèles « socialistes » ; modèles alternatifs, société autogestionnaire, écodéveloppement, développement « africain », etc. Elles se réfèrent parfois à un modèle déjà pratiqué, parfois à un modèle à inventer (utopie). Mais ces représentations dessinent les contours plus ou moins flous, plus ou moins réalistes, du souhaitable, c'est-à-dire de la société à développer telle qu'on espère qu'elle puisse devenir, aux yeux des penseurs ou experts du développement. Tout projet de développement ne vise pas seulement un transfert de technologies et de savoir-faire, il s'assortit de tentatives de transfert et de création de structures et de modes d'organisation (ou technologies sociales), qui s'inspirent d'un idéal social à construire. Par exemple l'insistance mise depuis un demi-siècle sur les coopératives, relayée depuis quelques années par la vogue des associations paysannes, ne s'explique pas seulement pour des raisons techniques. On peut facilement y lire l'influence des idéologies socialistes et chrétiennes occidentales…

2. Un autre type de représentations, lié plus ou moins au premier, porte sur la société à développer telle qu'elle est (ou plutôt telle qu'on s'imagine qu'elle est). Nombre de ces représentations-là sont plus implicites, mais non moins importantes. Elles sont souvent « décrochées » des théories académiques, c'est à dire qu'elles continuent bien souvent à fonctionner quand les théories académiques qui les

explicitaient sont discréditées ou passées de mode. Ainsi la perception des populations paysannes africaines comme « primitives et « retardées » est aujourd'hui disqualifiée comme discours public, et n'a plus d'expression universitaire, mais pourtant continue de structurer implicitement les représentations de nombre d'opérateurs du développement (expatriés et nationaux), même si leurs mots et leurs écrits sont autres...

Mais il y a bien sûr beaucoup d'autres types de représentations « actives ». La plupart d'entre elles restent légitimes (à la différence du syndrome du « paysan primitif et retardé »), et sont donc exprimées, de façon explicite et parfois argumentée, dans la littérature sur le développement. Je prendrai ici le cas des représentations de la paysannerie africaine et du monde rural. On peut y dégager, entre autres, cinq « idéal-types » particulièrement caractéristiques, c'est à dire cinq grands modèles stéréotypés de représentations, présents à des degrés divers et sous des formes variées dans les propos et écrits des professionnels du développement rural. Ces modèles (parfois combinables entre eux) sont tous largement répandus,... et tous faux ! Pour chacun d'entre eux on peut démontrer en bonne rigueur socio-anthropologique qu'à partir de données partielles, voire marginales, une généralisation sélective et abusive s'opère, qui aboutit à une représentation biaisée de la paysannerie, formée d'images enchantées ou déformées de la réalité.

Chacun de ces modèles est relayé ou théorisé par des chercheurs en sciences sociales. Ceux-ci n'échappent pas aux représentations biaisées et *a priori*. Ils ne se distinguent souvent du sens commun que par la sophistication des arguments et des références, tout en reprenant parfois à leur compte les mêmes clichés ou les mêmes pré-conceptions, qu'ils contribuent à alimenter ou à légitimer. Ces cinq modèles que nous allons passer en revue sont donc non seulement prégnants dans la configuration développementiste, mais ils figurent aussi en bonne place dans divers écrits socio-anthropologiques, qui seront évoqués à titre d'exemples.

Cinq stéréotypes

La « communauté » villageoise consensuelle

L'Afrique des villages serait le continent du collectif, le royaume du consensus. L'individu s'y fondrait, voire s'y dissoudrait, dans la communauté. Ce mythe tenace et largement répandu du « collectivisme traditionnel », qui perdurerait encore aujourd'hui et sur lequel les actions de développement devraient prendre appui, est bien illustré par les ouvrages d'un Guy Belloncle (Belloncle, 1982, 1985). Nombreux sont les sociologues ou anthropologues, européens comme africains, qui succombent à ce mythe [1].

---

1. Il a été cependant tout aussi régulièrement dénoncé (cf. par exemple AUGÉ, 1973).

Les pratiques d'intervention en milieu rural, tant étatiques (coopératives, animation rurale) que semi-étatiques (projets à base de groupements villageois) ou non gouvernementales (micro-projets gérés collectivement), s'inspirent abondamment d'un tel *a priori*. Le « développement communautaire » n'en est qu'une des formes, qui a succédé à bien d'autres. Des « groupements paysans » aux « pharmacies villageoises », des coopératives aux associations rurales, les niveaux privilégiés d'intervention des organismes de développement (publics ou ONG) coïncident en fait avec ceux des anciennes administrations coloniales qui cherchaient déjà des « interlocuteurs collectifs ». La valorisation systématique du niveau « collectif-villageois » est pour une part fortement idéologique. On a rappelé ci-dessus ce qu'elle doit à deux traditions occidentales, la filiation chrétienne et la filiation socialiste. D'autres y ont vu la projection ethnocentrique des expériences anglo-saxonnes de *community development* (Foster, 1962 : 183-185). Elle rejoint aussi une mythification des institutions villageoises traditionnelles, attestée chez les premiers administrateurs et missionnaires coloniaux, et souvent reprise depuis par des intellectuels ou des hommes politiques africains, qui surestiment les solidarités anciennes au nom d'une Afrique de la palabre, de la classe d'âge ou de l'entraide, en oubliant que l'Afrique d'hier était aussi une Afrique de la guerre, de l'esclavage, du bannissement. Cette idéalisation exotique et « communautariste » des solidarités villageoises a alimenté tout à la fois les politiques dites du « socialisme africain », les discours sur « l'authenticité » ou la bonne volonté militante des ONG. Elle rejoint paradoxalement les exigences d'une commode administration des populations, qu'exprime le choix des colonisateurs puis celui des États indépendants de recourir massivement à des formes collectives d'organisation en milieu rural. Gentil (1984) a rappelé que les coopératives en Afrique sont avant tout le produit d'une intervention de l'État sur la paysannerie. Quelle que soit l'affiliation idéologique et politique des gouvernements, l'encadrement « de masse », pour les institutions de développement comme pour l'administration des populations, prend en considération avant tout les ensembles, les villages, les associations, les groupements, les coopératives.

Or la réalité est toute autre. Écran de protection face à l'administration, moyen d'ascension d'une nouvelle élite ou au contraire mode de préservation du pouvoir des « notables » anciens, enjeu politique et économique local, trompe-l'œil ou coquille vide, la coopérative villageoise ou le groupement paysan sont rarement l'expression d'un consensus égalitaire, et en général pour fort peu de temps. La construction d'une dynamique collective est sûrement un objectif respectable, mais elle ne doit pas masquer à quel point c'est là une entreprise difficile, instable et sans cesse menacée. Au sein des dispositifs de développement, on constate une surestimation des fonctions intégratrices et communautaires des « organisations paysannes », suscitées ou courtisées comme interlocuteurs, relais ou intermédiaires (cf. Esman et Uphoff, 1984). Elle s'accompagne d'une sous-estimation des clivages dirigeants/membres, au sein de ces organisations.

L'idéologie du consensus villageois masque les multiples divisions et antagonismes qui structurent les paysanneries africaines et les organisations collectives qui en sont issues, aussi « égalitaires » qu'elles puissent paraître à première vue pour un observateur extérieur : contradictions de type statutaire (hommes/femmes, aînés/cadets, hommes libres/anciens esclaves, autochtones/allochtones), compétitions liées aux facteurs de production (contrôle de la force de travail, maîtrise du foncier, tensions agriculteurs/éleveurs) ou aux enjeux de pouvoir (chefferie, coopérative, partis, notabilité, etc.), voire rivalités plus fluides, interpersonnelles ou mettant en jeu des réseaux formels ou informels (voisinage, parenté, amitié et camaraderie, clientélisme, factionnalisme, etc.) [1]. La plupart des sociétés rurales africaines étaient déjà à la veille de la colonisation à la fois fortement hiérarchisées (cf. rapports tributaires) et fortement individualisées (cf. rapports marchands). Aussi les interventions extérieures, aussi communautaristes qu'elles se veuillent, sont-elles vite appropriées par des groupes ou des intermédiaires en place, même si elles ne font pas toujours le jeu des puissants et ouvrent parfois de nouveaux espaces (cf. Marty, 1986 ; Jacob et Lavigne Delville, 1994).

Le paysan « petit entrepreneur » individuel

Le stéréotype inverse ne vaut guère mieux. Il est souvent alimenté par une critique justifiée du précédent. On mise alors sur l'entrepreneur individuel, ce paysan chef d'exploitation mû par une rationalité du profit remise à la mode par le courant néo-libéral, que les projets basés sur la catégorie de paysan-pilote recherchent désespérément. Les sociologues ruraux ont déjà montré en Occident même le décalage entre une telle représentation et l'histoire de la transformation des campagnes modernes. Son inadéquation est renforcée par la multiplicité des niveaux de décision, largement emboîtés, qui caractérise les campagnes africaines (cf. Ancey, 1975). Le chef d'exploitation (ou le paysan-pilote) n'est qu'un niveau parmi d'autres, comme le village et l'association villageoise. Il y a aussi le jeune ou le « cadet »,.l'épouse ou les épouses, les mères et les pères, le lignage, le groupe d'âge, la confrérie religieuse, etc. Il est vrai que, contrairement à l'idéologie communautariste, la plupart des décisions opératoires dans le domaine économique (ou dans celui de la santé) sont prises par des individus précis, à d'autres niveaux que celui du village et de la prétendue « communauté ». Mais ces décisions mobilisent des solidarités diverses et font appel à des intérêts multiples. L'augmentation du rendement ou la maximisation du profit généré par l'exploitation ne sont pas nécessairement au premier rang des préoccupations de « décideurs » paysans, dont les modes d'action économique ne peuvent se réduire à une « logique de l'investissement »

---

1. Ici encore, je ne fais que reprendre à ma manière ce qui a déjà été souligné par d'autres depuis longtemps mais oublié par beaucoup : « Most of today's induced change is based on the assumption that groups of people will participate (...) This often means that if the members of one faction show interest in a new programme, the members of another faction will immediatly declare against it » (FOSTER, 1962 : 101-102).

telle que celle postulée par Popkin : « There is a unifying investment logic that can be applied to markets, villages, relations with agrarian elites and collective action » (Popkin, 1979 : 244).

Celui-ci fournit un bel exemple des impasses auxquelles conduit ce modèle. Souvent convaincant quand il s'en prend à une certaine idéalisation de l'« économie morale » paysanne (cf. ci-dessous), c'est-à-dire lorsqu'il s'attaque aux stéréotypes des autres, il le devient beaucoup moins lorsqu'il propose sa propre vison de la rationalité paysanne, qui apparaît comme une stéréotypisation symétrique et inverse. Le paysan est décrit comme un « investisseur », cherchant des gains individuels (économiques ou politiques), et soumettant toute action collective à un calcul personnel du rapport avantages/inconvénients. Village processes are shaped. and restricted by individual self-interest, the difficulty of ranking needs, the desire of individual peasants to raise their own subsistence level at the expense of others, aversion to risk, leadership interest in profits and the free-rider problem » (Popkin, 1979 : 38). Un énoncé aussi catégorique et généralisant que : « The main motivation for assuming a leadership role is not prestige but gain » (*id.* : 58) montre bien en quoi il s'agit d'un modèle préfabriqué.

De façon générale, la croyance (car au fond c'est une croyance) que l'insertion dans une économie moderne dominée par une logique de la rentabilité et du profit implique un profil d'« entrepreneurs » ayant rompu avec les solidarités dites « traditionnelles » est largement démentie par les faits. C'est encore là une conséquence de ce « grand partage » entre sociétés précapitalistes et sociétés capitalistes, économie traditionnelle et économie moderne qui n'en finit pas de biaiser les représentations courantes comme savantes. De Durkheim (les solidarités organiques) à Weber (la rationalité bureaucratique) et Polanyi (la grande transformation), la société contemporaine est perçue (à l'opposé de la société « traditionnelle ») comme régulée par des mécanismes strictement économiques et organisationnels, relevant du marché ou de l'État, qui mettraient en interaction des acteurs indépendants et rationnels maximisant leur profit sur la base de calculs monétaires ou leur efficacité sur la base de critères purement fonctionnels-abstraits. Or tout prouve qu'au cœur même des grandes entreprises multinationales ou des appareils administratifs occidentaux, les relations personnelles, le clientélisme, l'ostentation, la quête du pouvoir, la corruption, les effets de mode ou les légitimations symboliques n'ont pas abandonné la place. L'économique s'y confronte sans cesse à du non-économique, le bureaucratique à du non-bureaucratique, même s'il est vrai que les règles du jeu officiel (ce qui n'est pas rien) sont concentrées sur la productivité des agents, les bilans comptables ou les cours de la Bourse. Mieux, la recherche de profits industriels, d'une meilleure organisation du travail ou d'avantages commerciaux n'est manifestement pas contradictoire avec ces dimensions « non économiques » ou « non bureaucratiques » qui interviennent au cœur même du système économique mondial et des grandes métropoles modernes.

Qu'on veuille donc bien considérer qu'en Afrique l'incontestable « modernisation » s'assortit aussi de tels décalages face au modèle officiel, et même de quelques autres en supplément. La prémisse au fond assez juste selon laquelle l'Afrique doit être analysée comme le reste du monde, débarrassée de toute illusion communautariste, comme un continent doté d'acteurs « modernes » pas moins rationnels que les autres (paysans y compris), aboutit en fait à des conclusions fausses (le modèle du paysan pilote ou de l'entrepreneur néo-libéral) en raison d'une conception erronée de la modernité qui a déjà fait faillite ailleurs. La modernité, l'entrée dans l'économie mondiale, la recherche du profit, les logiques économiques, la maximisation des avantages relatifs, la « marchandisation » (ce que l'on appelle en anglais *commodification*), tout cela n'a rien d'incompatible avec le clientélisme, la constitution de réseaux personnels, les dépenses ostentatoires, les investissements identitaires ou les pratiques redistributives [1]. Si le cocktail final semble à l'évidence nettement moins efficace en Afrique qu'ailleurs (ce qui n'est pas vrai dans tous les domaines, comme le montre bien la bonne tenue du secteur dit informel), ce n'est pas parce que cocktail il y a (on trouve le cocktail ailleurs), mais sans doute en raison des dosages, ou d'une rupture de stock de certains composants (on pense évidemment à l'éthique du service public aujourd'hui en perdition), en général explicable par l'histoire récente (colonisation et indépendances), contrairement à la tentation commune de recourir à une explication par la traditionnalité [2].

La paysannerie en sa traditionnalité

Combien est en effet fréquente l'invocation d'un passé soi-disant ancestral ! A force de chercher un acteur économique introuvable, on finit par imputer cet échec à la tradition. Superstitions, coutumes, mentalités sont invoquées de façon récurrente et routinière pour expliquer le « retard » des populations paysannes, leur inertie ou leurs résistances face aux opérations de développement. Parfois on reproche aux opérateurs de développement d'avoir ignoré cette traditionnalité (c'est-à-dire de n'avoir pas assez pris en compte ces « facteurs culturels »), parfois on en fait porter la faute aux populations elles-mêmes. Mais dans les deux cas, on semble ignorer que l'innovation, le syncrétisme, l'emprunt ont toujours été présents dans les sociétés rurales africaines (sous des formes certes différentes de l'innovation technico-scientifique moderne). Ce qui était déjà vrai à l'époque précoloniale l'est encore plus à l'époque contemporaine.

---

1. Cf. la démonstration que fait Labazée (LABAZÉE, 1994) d'une telle compatibilité à propos des rapports commerçants-producteurs dans le Nord de la Côte-d'Ivoire (d'autres exemples sont présentés dans GRÉGOIRE et LABAZÉE, 1993).
2. Le « néo-patrimonialisme » décrit par Médart (MÉDART, 1981), ou confusion entre biens publics et biens personnels, n'est ainsi pas une spécificité africaine ou du « sous-développement », loin de là (on en a vu récemment de fort beaux exemples en Europe). Mais il prend en Afrique une plus grande importance, et y affecte une coloration particulière. Notre analyse rejoint ici celle de Brown, qui explique les traits spécifiques des « bureaucraties africaines » par l'existence de contraintes politiques particulières : leur non-conformité à l'idéal-type wéberien de la rationalité bureaucratique, d'ailleurs plus normatif que descriptif, ne les renvoie pas pour autant dans le monde de la « tradition » (BROWN, 1989).

Prenez un village du Sahel, à l'écart des zones de cultures d'exportation : tout y semble évoquer une tradition immémoriale, la culture du mil avec les sarcloirs d'antan, le chef de canton et sa cour, les cultes de possession... Et pourtant les rapports de production ont fondamentalement changé depuis la colonisation. Et pourtant la réalité du pouvoir politique passe désormais par les villes, d'où est sans doute issu le chef, dont les prérogatives n'ont rien à voir avec celles de l'émir pré-colonial dont il est le descendant. Et pourtant les cultes de possession ont vu leur panthéon bouleversé et leurs rituels transformés. Le contraste avec la civilisation occidentale est certes réel, mais ne doit pas faire croire, par effet d'exotisme, que tout ce qui est différent est « traditionnel ». Au contraire, la règle, en ville comme dans la brousse la plus éloignée, c'est la transformation, l'adaptation, le changement.

On reconnaît désormais souvent (et c'est un progrès considérable) que les sociétés locales sont détentrices de savoirs et de cultures riches et complexes. Mais on tend aussitôt à enfermer ces savoirs et ces cultures dans une vision a-temporelle, passéiste, patrimoniale. Prenons l'exemple des pratiques thérapeutiques « indigènes » : l'intérêt nouveau qui leur est porté y voit volontiers la survivance de techniques et connaissances ancestrales. Ne parle-t-on pas significativement avec l'OMS de « tradipraticiens » pour désigner les « guérisseurs » africains ? Or les itinéraires thérapeutiques préconisés par ces tradi-praticiens (quelle que soit leur « efficacité » : ce n'est pas là le problème), comme les savoirs sur lesquels ils s'appuient, n'ont pour une bonne part rien de « traditionnel ». Sans être pour autant « occidentaux », ils ont considérablement évolué depuis le XIXe siècle et la conquête coloniale. Ils ont intégré (et transformé) toute une série d'éléments matériels et symboliques liés à la médecine européenne. On pourrait en multiplier les exemples, depuis les réseaux de colporteurs qui diffusent sur tous les marchés d'Afrique de l'Ouest des amphétamines fabriquées dans des ateliers clandestins au Nigeria (cf. Fassin, 1986), jusqu'aux associations de guérisseurs ou « médecins indigènes » qui reprennent les oripeaux bureaucratiques et les marqueurs symboliques qui caractérisent l'appareil de santé publique colonial et postcolonial (Dozon, 1987 ; Fassin, 1992).

Cette tenace illusion de traditionnalité peut être imputée à la combinaison de deux processus :

(a) Tout ce qui en Afrique ne relève pas du secteur considéré comme moderne — au sens le plus occidental du terme — est automatiquement imputé à la traditionnalité africaine et renvoyé à une sorte de cliché de l'Afrique ancestrale qui surnagerait plus ou moins dans les tourmentes contemporaines.

(b) Tout ce qui, dans les domaines qu'on dit pourtant « modernes » (l'État, l'Université, les service techniques...), ne correspond pas à ce qu'on pourrait appeler la normalité occidentale, économique ou politique, est également imputé à des survivances de type culturel qui renverraient, au-delà des « apparences modernes », à ce même vieux fond patrimonial. On voit ainsi des phénomènes fort contemporains, inédits, et pour tout dire originaux sous leurs formes africaines actuelles, comme la corruption ou le népotisme, étroitement liés aux processus de constitution des classes dirigeantes modernes africaines et aux avatars de la construction et de la dégradation de l'État postcolonial (cf. Coquery-Vidrovitch, 1985 ; Bayart, 1989), être « expliqués » par d'étranges atavismes culturels.

La paysannerie soumise, passive

Parfois les « explications » repartent dans l'autre sens. Récusant les invocations de la tradition, on impute, non sans arguments convaincants, le « retard » des campagnes ou leur misère, à la domination dont elles sont victimes. Subissant sans broncher le joug du pouvoir, les sociétés rurales sont progressivement broyées par les mécanismes économiques contemporains et asservies au marché mondial. Et quand elles restent apparemment à l'écart, c'est qu'il s'agit encore d'un méfait délibéré de l'impérialisme. Les analyses marxistes ou inspirées du marxisme sur l'impérialisme ont largement alimenté et théorisé cette vision « misérabiliste » de la paysannerie. Meillassoux a plus particulièrement développé dans le champ de l'anthropologie une telle perspective, en particulier à propos des relations entre les communautés domestiques rurales et l'économie capitaliste, à travers les migrations plus ou moins temporaires vers les villes (Meillassoux, 1975). Celles-ci, dont on connaît l'importance en Afrique, seraient fondamentalement dues à la volonté de l'impérialisme de bénéficier d'une rente en travail (forme moderne et permanente de l'accumulation primitive), obtenue en faisant assurer par l'économie domestique rurale « traditionnelle » (à base d'auto-subsistance) la production et la reproduction des travailleurs précaires qu'il utilise à très bon marché dans le secteur minier et industriel. « Pour que le capitalisme puisse jouir de la rente en travail, il lui faut trouver le moyen de l'extraire, sans que par son intervention soient détruits l'économie d'auto-subsistance et les rapports de production domestiques qui permettent la reproduction de cette rente » (*id.* : 168). Du côté des espaces d'origine des migrants, « il faut que paradoxalement les capitalistes préviennent l'extension du capitalisme dans les zones rurales fournisseurs de main d'œuvre » (*id.* : 175). Du côté des espaces capitalistes où les migrants travaillent, « la rotation de la main d'œuvre est donc obtenue par la discrimination qui, privant le travailleur migrant de sécurité sociale et de sécurité d'emploi, le contraint à revenir au pays » (*id.* : 182).

On peut voir là deux assertions distinctes : l'une relève d'un registre du constat empirique (il y aurait permanence d'un vaste secteur rural d'autosubsistance régi par des rapports de production domestiques pré-capitalistes) et l'autre relève d'un registre de l'hypothèse causale (cette permanence serait l'effet d'une stratégie délibérée de l'impérialisme). Dans les deux registres il y a problème. Meillassoux (qui d'une certaine façon rejoint paradoxalement le dualisme classique de Lewis) sous-estime en cette affaire les transformations intervenues dans les zones rurales, ignore les tentatives coloniales et postcoloniales d'y développer les cultures d'exportation (y compris là où les migrations temporaires restent massives), et néglige le fait que le refus ou l'acceptation de ces cultures ont été largement le fait des paysans agissant contre ou à côté des injonctions coloniales [1]. De même, les migrations sont pour une bonne part le produit de dynamiques internes et l'effet de stratégies locales des jeunes paysans (cf. *infra*, chapitre 6), souvent contre les politiques étatiques qui visent à les freiner.

Ce type d'argument, qui pense les mécanismes de domination (bien réels en leurs manifestations concrètes) comme le produit d'une machinerie implacable, ou encore comme l'expression d'une sorte de « complot » hyper-sophistiqué d'un système économique quasiment doté de volition, ne semble guère sensible à la dialectique entre « l'acteur et le système », ni ne rend justice aux paysans en tant que capables d'initiatives propres. Il oublie les marges de manœuvre dont disposent les petits producteurs, comme les migrants, temporaires ou définitifs, et leurs capacités d'adaptation et d'improvisation, ainsi que les multiples « résistances passives » ou détournements dont les politiques publiques (dès la colonisation) ont fait l'objet lorsqu'elles pénétraient le monde rural.

La paysannerie « non capturée », rétive, rebelle

C'est encore une fois une figure inverse de la précédente. Les paysans se refuseraient à rentrer dans l'économie moderne et se réfugieraient dans l'autosubsistance et les solidarités anciennes, résistant ainsi à l'emprise de l'État et de l'économie moderne. Plusieurs auteurs qui défendent des points de vue de ce type sont souvent amalgamés sous le label d'« économie morale » ou d'« économie de l'affection », malgré des différences entre leurs analyses qui constituent plus que des nuances.

Prenons le cas des travaux de G. Hyden, auteur de l'expression *économie de l'affection* (Hyden, 1980, 1983). Le sous-titre évocateur ou provocateur de son premier ouvrage (*uncaptured peasantry*) annonce bien la thèse centrale de l'auteur : l'économie paysanne africaine traditionnelle n'a pu être capturée, dominée, absorbée, transformée par le capitalisme, malgré les efforts de ce dernier, et au contraire lui résiste fort bien. Le mode de production paysan précolonial, inséré dans un système de solidarités, d'échanges, et d'obligations morales fondé sur les liens « affectifs » de la parenté, de l'alliance ou de la résidence, fournit à tous un « filet de sécurité » et une assurance contre les risques. Il reste aujourd'hui encore focalisé sur une logique de la subsistance, et s'évertue à échapper aux tentatives de mainmise de l'État et d'encadrement par les institutions de développement, promoteurs d'une logique du profit ou de l'accumulation. « A peasant mode of production is still a prevailing force on the African continent. The word *peasant mode* refers to the fact that production continues to be guided by the law of subistence rather than the law of value » (Hyden, 1986 : 685).

Là aussi il y a coexistence d'assertions relevant d'un registre du constat et d'un registre de la causalité. Le constat est dans ses grandes lignes identique à celui de Meillassoux, à savoir la permanence d'un

1. Cf. la démonstration de Chauveau et Dozon (CHAUVEAU et DOZON, 1985) en ce qui concerne le développement du café et du cacao en Côte-d'Ivoire.

mode de production traditionnel (paysan chez Hyden, domestique chez Meillassoux), non intégré dans l'économie capitaliste (mais il faut rendre cette justice à Meillassoux qu'il propose une vision différente et plus subtile que Hyden des rapports entre sphère traditionnelle et sphère capitaliste, qui renvoit à une théorie de l'articulation et non à une simple théorie de l'incompatibilité). La causalité proposée par Hyden est par contre inverse : là où l'un voyait un effet d'une stratégie impérialiste différant l'intégration, l'autre voit au contraire une résistance paysanne contre les tentatives d'intégration menées par l'impérialisme.

Les arguments sont là aussi fort contestables. Et le large débat (cf. entre autres Geschiere, 1984 ; Bates, 1986 ; Kasfir, 1986 ; Lemarchand, 1989) qui s'est ouvert autour des ouvrages de Hyden a bien montré les limites de l'argumentaire de l'auteur. Non seulement les paysans en Afrique sont loin d'échapper à l'État et de vivre en autosubsistance, mais encore leur intégration dans les circuits d'échanges liés à l'économie moderne est en partie leur fait. Les paysans ne sont pas des résistants victorieux à l'insertion dans l'économe mondiale. Ils ne sont pas non plus des résistants vaincus. Ils collaborent en effet à cette insertion, autant par intérêt que par contrainte. Les logiques marchandes, la recherche du profit, l'usage des institutions modernes leur sont largement familiers [1].

Par rapport à Hyden, les premières analyses d'un J. Scott (à propos de l'Asie du Sud-Est, mais avec une ambition généralisante) semblent plus complexes (Scott, 1976). L'« économie morale », ou économie paysanne précapitaliste, admet chez lui les contradictions internes et les clivages sociopolitiques. Les normes sociales qui régissaient les rapports sociaux à la campagne étaient loin d'être égalitaires. Sa référence principale est d'ailleurs une paysannerie soumise à des rapports clientélistes traditionnels (Scott, 1977). Mais les « patrons » (au sens anglo-américain du terme), seigneurs, aristocrates et autres notables qui régnaient sur les campagnes, même s'ils prélevaient sur elles des ponctions parfois sévères, garantissaient aux paysans un niveau minimum de subsistance, leur assuraient un certain nombre de garanties collectives, et respectaient le principe de « sécurité d'abord » (*safety-first principle*). C'est la disparition de ce filet de sécurité, du fait de la dissolution des rapports clientélistes traditionnels au profit d'une économie capitaliste, qui engendrerait les résistances paysannes, au nom de valeurs autrefois respectées par leurs patrons ou seigneurs et aujourd'hui bafouées par les nouveaux entrepreneurs ruraux.

Si Scott a le mérite de souligner divers aspects des « résistances quotidiennes paysannes » (*every day formes of peasant resistances* : cf. Scott, 1985, 1986), en particulier leur caractère individuel, masqué,

1. Bien d'autres critiques ont été adressées à Hyden. Comme nombre de thèses ici discutées (c'est ce qui en fait des stéréotypes), celles de Hyden pèchent par excès de généralisation et de généralité. Quelques cas de « refus » paysans de l'agriculture commerciale et de repli sur l'autosubsistance ne justifient pas la production d'un concept tel que la « paysannerie non capturée » et son extension à l'Afrique toute entière. De même l'existence de réseaux de solidarité familiale et la permanence de mécanismes de redistribution ne légitiment pas pour autant le concept d'*économie de l'affection*, qui n'est pas sans rappeler les visions consensuelles et traditionnalistes des sociétés rurales africaines critiquées plus haut.

diffus, on ne peut le suivre dans l'imputation de ces pratiques à un refus de l'économie moderne et de l'État, du fait de la permanence d'une sorte de superstructure de normes et de valeurs autrefois associées à un substrat de relations clientélistes sécurisantes aujourd'hui disparues (cf. les critiques de Geschiere, 1984 et Lemarchand, 1989). Les ruses paysannes, les tactiques obliques, les fraudes, les dissimulations, les fuites, l'usage des rumeurs, ces multiples formes qu'ont pris sous la colonisation française en Afrique les *stratégies de la dérobade* (Olivier de Sardan, 1984 : 186), ou les *evasive reactions* comme composantes principales des *defensive strategies of the peasants* (Spittler, 1979 : 31), ne relèvent pas nécessairement d'une nostalgie de l'« économie morale » ancienne ou d'une résistance rurale à la « marchandisation » (*commodification*), et ne sont nullement incompatibles avec une intégration progressive dans l'économie mondiale. Ne retrouve-t-on pas nombre de ces comportements au cœur de l'économie informelle urbaine, voire dans les agissements de nombreux entrepreneurs et commerçants ?

Dans son dernier ouvrage, Scott tombe d'ailleurs dans ce qu'on pourrait appeler le « résistocentrisme », en entreprenant un décryptage systématique à travers les temps et les espaces des multiples formes des résistances « d'en-bas » face au pouvoir et à l'État, sans guère se soucier des contextes, et sans s'attacher aux contre-exemples (Scott, 1990).

Il n'est sans doute ni sain ni réaliste de voir en tout paysan un résistant, même si ce label est conçu comme laudatif et non plus dépréciatif. L'insertion dans l'économie monétaire, la « marchandisation », l'intégration dans les systèmes clientélistes modernes et non plus « traditionnels », l'enchevêtrement des formes de production et de revenus rurales et urbaines, tout cela semble désormais non seulement acquis mais aussi intériorisé par la paysannerie en sa grande majorité, qu'on le déplore ou non.

La vérité relative des stéréotypes : l'exemple de la « culture »

Ce sommaire tour d'horizon n'est évidemment pas exhaustif. Les représentations savantes qui alimentent les stéréotypes des développeurs à propos des développés ne se limitent pas à ces cinq catégories, même si ce sont là, je crois, les plus usuelles. Par ailleurs ces stéréotypes, aussi contradictoires puissent-ils paraître, se combinent évidemment selon des dosages variables. On a vu à quel point les divers modèles s'alimentaient l'un l'autre, *a contrario*. C'est par opposition au stéréotype du voisin que l'on développe le sien propre, et, parfois, on cumule sans vergogne le même et son contraire ! De ce fait, critiquer des stéréotypes, fussent-ils savants, ne signifie pas qu'il faille prendre systématiquement le point de vue inverse.

De même, cela ne signifie qu'il faille négliger la part de vérité qui rend souvent un stéréotype crédible. En effet chacun de ces stéréotypes peut invoquer des exemples qui le justifient : les paysans sont parfois consensuels, parfois entrepreneurs, parfois traditionalistes, parfois soumis, parfois rebelles... C'est un excès de généralisation ou une imputation unilatérale qui transforment des constats partiels en stéréotypes inacceptables.

N'y a-t-il pas de toute façon quelque déraisonnable ambition à vouloir définir le cœur des économies paysannes par un principe unique ? Prenons le cas du « principe de sécurité », souvent invoqué, et pas seulement par les tenants de l'économie morale, pour justifier une vision résistante et/ou traditionaliste et/ou communautariste des sociétés rurales, mais que d'autres mobilisent aussi comme moteur de stratégies individuelles calculatrices et rationnelles (cf. Popkin, 1979). Qui nierait que la recherche de la sécurité ne règle de nombreux comportements agro-pastoraux ? Mais faut-il pour autant y voir la clé qui donnerait accès à la spécificité paysanne ? La paysannerie a aussi ses aventuriers, ses parieurs, et ses hédonistes invétérés. Diverses stratégies économiques et sociales y coexistent. Toute recherche d'une vérité fondatrice de la société ou de l'économie paysanne est sans doute illusoire, quel que soit le code scientifique dans lequel elle est effectuée, et ce, malgré les évidentes analogies des sociétés paysannes à travers le monde [1]. Qu'on pense à un G. Foster et à son modèle, culturaliste à l'excès, d'une paysannerie ordonnée autour d'une « image d'un univers de biens finis » (*image of the limited goods*). Cette vision du monde censée être paradigmatique des sociétés paysannes organiserait une sorte d'égalitarisme systématique au nom de valeurs symboliques qui condamneraient toute promotion individuelle, en vertu du principe selon lequel nul ne peut s'élever sans le faire aux dépens des autres. Le monde villageois serait en quelque sorte un jeu à somme nulle réglant les représentations paysannes du monde et de la richesse, où tout progrès de l'un serait vécu comme abaissement de l'autre (Foster, 1965). Les critiques de la thèse de Foster ont souligné l'abondance des contre-exemples démentant une généralisation aussi excessive[2].

La notion de « culture » sert le plus souvent, comme chez Foster, de « concept porteur » pour les stéréotypes évoqués ci-dessus. Rares sont ceux qui n'invoquent pas la « culture » à l'appui de leurs thèses ou de leurs clichés. D'ailleurs, bien au delà de l'univers du développement, chez des sociologues de renom, auteurs d'analyses par ailleurs stimulantes, on peut repérer ce rôle de « bouche-trou » ou de « cache-misère » que joue la notion de culture. Ainsi Crozier, après avoir procédé à une analyse sociologique novatrice du phénomène bureaucratique

1. Dalton (DALTON, 1971, 1972) est l'un des rares chercheurs qui a su comparer de façon « grand angle » les sociétés paysannes aux sociétés de chasseurs-cueilleurs ou aux sociétés industrielles en évitant nombre des travers réductionnistes ou monistes inhérents à ce genre d'entreprise. Les caractéristiques par lesquelles Mendras définit le « type idéal » des sociétés paysannes (autonomie relative à l'intérieur d'une société englobante, fonction de médiation des notables dans les rapports avec celle-ci, importance du groupe domestique, rapports internes d'interconnaissance, autarcie économique relative) échappent elles aussi au piège de la recherche d'une essence paysanne (MENDRAS, 1976 : 12).

2. Pour le débat qui s'est instauré autour du modèle proposé par Foster, cf. BENNETT, 1966 ; KAPLAN et SALER, 1966 ; PIKER, 1966 ; FOSTER, 1966, 1972 ; GREGORY, 1975 ; HUTTON et ROBIN, 1975.

français, tente *in fine* de rendre compte de ses spécificités et de ce qui est rebelle à ses propres explications stratégiques par l'invocation d'une « culture française » (cf. Crozier, 1963 : 257-323 ; Crozier et Friedberg, 1977 : 167-191) [1].

S'ensuit-il cependant qu'on ne puisse dès lors jamais parler ni de « culture » traditionnelle ni de « culture » commune ? N'y a-t-il pas de liens tant avec le passé qu'avec les autres, dont la compréhension serait nécessaire ? Le terme de « culture » doit-il être banni ? Les habitants d'un même village, les locuteurs d'une même langue, les membres d'une même civilisation rurale ne partagent-ils pas un certain nombre de représentations communes du corps, de la vie, de la société, et leurs comportements ne se réfèrent-ils pas à des normes et des valeurs communes, issues du passé, au-delà des diversités et contradictions internes ?

La réponse est bien sûr oui. Il y a existence manifeste de stocks de représentations partagées, fondées sur une certaine forme d'héritage culturel, dont la langue est sans doute le support et le fondement. Reste à en préciser les échelles : village, région, « ethnie », aire « culturelle » ? Cette délimitation sera d'autant moins simple qu'elle est nécessairement fluctuante, selon les représentations considérées, et selon les contextes. Mais on est à l'évidence confronté sans cesse à des configurations de représentations communes à des ensembles d'acteurs, et c'est bien cela qu'évoque au fond le terme de « culture », sans qu'il soit besoin d'aller plus loin [2]. Mais ces stocks de représentations partagées :

(a) évoluent et se modifient ;
(b) ne couvrent pas de façon égale tous les types de référents ;
(c) ne sont pas homogènes ;
(d) ne sont pas nécessairement intégrés dans des « visions du monde » ou générés par des « valeurs » fondamentales.

Ces quatre aspects, qui me semblent particulièrement importants, sont occultés par les positions culturalistes, explicites et théorisées comme celles de certains ethnologues, ou implicites et latentes comme celles de nombre d'opérateurs du développement, qui croient que les représentations partagées propres à un milieu social donné, et plus encore à une société villageoise africaine, sont stables et anciennes, présentes à

---

1. Friedberg récuse ultérieurement la valeur explicative de la notion de « culture nationale » (1993 : 17), mais il garde le terme de « culture », dans une acception qui reste vague et fourre-tout, pour tantôt désigner tout ce qui dans les comportements ne relève pas d'une stratégie rationnelle (*id.* : 54, 237) ou tantôt évoquer comment les contextes d'action des acteurs pèsent nécessairement sur leurs actes : « leur rationalité et leur capacité de choix sont pré-structurées par leur appartenance à des cultures (nationales, professionnelles, organisationnelles) » (*id* : 16).
2. On ne peut évidemment citer l'immense littérature qui s'attaque aux multiples significations de « *culture* » dans la tradition anthropologique : il y a déjà longtemps KROEBER et KLUCKHOHN (1952) relevaient plusieurs centaines de définitions. Me gardant de rentrer au cœur de ce débat et restant délibérément à sa marge, je signale simplement pour le plaisir le texte provocateur et subtil de Pascal Boyer, *Pourquoi les Pygmées n'ont pas de culture* (BOYER, 1989).

tous niveaux, homogènes, et reflètent une vision du monde cimentée par des valeurs communes. Au contraire, tout usage du terme de « culture » ne doit jamais oublier qu'on a affaire à des dynamiques permanentes de transformation des représentations et des normes (c'est-à-dire de tout ce qui donne un sens concret au terme de « culture »). Ces dynamiques varient dans leurs contenus, leurs formes et leurs rythmes à la fois selon les référents respectifs des représentations en question, et selon les porteurs sociaux de ces représentations [1].

En particulier il convient de distinguer plusieurs niveaux de partage des représentations, et c'est ce que les utilisateurs immodérés de la notion de « culture » ne font pas, ou pas assez.

Une première distinction, certes sommaire, et qui n'a de sens que sous forme idéal-typique, opposera d'un côté les représentations « savantes » (au sens « dur » : sciences ou théologies), propres à des cléricatures constituées, indissociables de l'usage de corpus livresques, indissociables de débats autour d'une orthodoxie, et qui fonctionnent volontiers en « systèmes », et de l'autre côté les représentations « populaires », plus éparses, diffuses, floues, labiles, que l'on organiserait plutôt en « configurations » [2]. Mais ces dernières renvoient elles-mêmes à plusieurs niveaux, trop souvent confondus : représentations populaires communes, représentations populaires spécialisées, représentations populaires sectorielles.

a) Tout d'abord, il y a le niveau du sens commun, de la perception normale (socialement construite) de la réalité quotidienne, du « ce qui va de soi » (Geertz, 1986 ; Schutz, 1987 ; Giddens, 1987), depuis les codes implicites et latents jusqu'aux normes plus conscientes. Il est largement commun à tous les membres d'une même culture et diffère d'une culture à l'autre. Par exemple (et très caricaturalement) l'attitude de gêne face aux beaux-parents, ou les relations de moquerie entre cousins croisés ou « ethnies-à-plaisanterie » font partie en Afrique de tels codes routiniers. Ou encore il est « normal », banal, d'évoquer en Europe l'inconscient, là où en Afrique on parlera de « double », ou encore d'imputer ici à des « microbes » ou à la « malchance » ce qui ailleurs relèvera de la sorcellerie ou de la magie malveillante. On pourrait parler en l'occurrence de *représentations populaires communes*.

b) Mais, au sein de ces représentations quotidiennes et banales, il en est qui sont inégalement mobilisées : plus sophistiquées et élaborées, on n'y puisera qu'en cas de besoin, comme des réserves de sens pré-programmées, qui ne sont pas nécessaires pour les interactions habituelles. Ainsi, en Europe, chacun connaît à peu près l'existence des « classes sociales » ou a une certaine notion de ce qu'est l'infarctus ; de même, au Sahel, nul n'ignore qu'il y a diverses familles de génies, ou que les sorciers se transforment en ânes sans tête... Mais ces notions restent

---

1. Dans le domaine des représentations de la santé, divers travaux ont esquissé une étude de ces dynamiques de transformation des représentations (Bonnet, 1988 ; Fassin, 1989, 1992a et b ; Jaffré, 1991, 1993 ; Olivier de Sardan, 1994 ; Jaffré et Olivier de Sardan, 1995).
2. Il y a bien sûr influences mutuelles et interactions entre ces deux grands types de culture. Par ailleurs les porteurs d'une « culture savante » sont aussi insérés dans des « cultures populaires ».

en général assez vagues pour une majorité de gens (au moins tant qu'ils ne sont pas concernés directement), alors que certains en usent plus, et sont de ce fait plus compétents que d'autres à leur sujet, plus aptes à les définir ou à les manipuler, même si à peu près tout le monde les comprend *grosso modo*. On pourrait parler de *représentations populaires spécialisées* : celles des guérisseurs, par exemple.

c) Enfin on peut envisager un troisième niveau, celui des savoirs plus ou moins sectorialisés, où certaines représentations ne sont communes qu'à des groupes particuliers. En effet, une culture recouvre toujours des « sous-cultures » plus ou moins visibles, dotées d'autonomie : le cas le plus évident en Afrique est celui des « cultures féminines » ; les systèmes de représentations et de normes de comportements communs aux femmes sont dans chaque société en partie distincts de ceux des hommes, bien qu'enchâssés dans une culture globale largement partagée. On pourrait aussi, pour le Sahel, évoquer la sous-culture des descendants d'esclaves, ou les sous-cultures des castes professionnelles (forgerons, griots...), ou celle, plus instable et changeante, de la petite bourgeoisie urbaine. Faut-il cette fois parler de *représentations populaires sectorielles* ?

Quoi qu'il en soit, ces divers stocks de représentations, plus ou moins communes, ne sont jamais actualisés, mobilisés et opérationnalisés par tous les individus et dans tous les contextes de la même façon. Les modes d'usage, autrement dit, en sont multiples.

La propension à la stéréotypie : l'exemple des « besoins »

Ignorer ces divers niveaux, comme ignorer les « dynamiques des représentations » et le « syncrétisme en marche » qui s'y manifestent, c'est ouvrir la porte aux stéréotypes. La plupart des stéréotypes ne sont pas des termes préprogrammés à cet usage. Les notions ou concepts comme « culture » ne deviennent stérotypes que par l'usage excessif qui en est fait. Par contre certains vocables, largement utilisés dans le développement, ont une propension quasi inéluctable au stéréotype. *Besoin* en est un assez bon exemple.

En effet ce terme se veut « objectif », quasi scientifique : il y a des « besoins », dont on dira volontiers que certains sont plus indispensables, incompressibles, que d'autres. Il faut donc les « identifier ». N'est-ce pas là un appel à l'enquête ? De plus le terme de « besoin » offre le considérable avantage de combiner une connotation « sociologique » et une connotation « morale » : le développement doit se faire pour satisfaire les « besoins » des populations, autrement dit se faire selon leur intérêt. Ajoutez une troisième dimension (également morale), le fait que c'est aux intéressés eux-mêmes de dire quels sont leurs besoins : vous avez ainsi nombre d'idéologues du développement qui, munis de ces trois certitudes, vont vanter de séminaires en conférences les mérites d'un développement fondé sur l'expression de leurs besoins par les populations elles-mêmes...

Le « petit » problème, c'est que n'importe quel ethnologue ou sociologue sérieux vous dira que rien n'est plus flou, incertain, imprécis, et pour tout dire inutilisable que la notion de « besoin ». Qu'est-ce donc qu'un « besoin », qui définit les « besoins » de qui, comment s'exprime un « besoin », à l'adresse de qui ? Quel lecteur de ces lignes est capable de répondre clairement, à brûle-pourpoint comme après mûre réflexion, à la question « de quoi avez-vous besoin ? » Et qui ne ferait pas varier sa réponse selon l'évaluation qu'il ferait du type de « besoin » que son interlocuteur serait prêt à satisfaire ? Autrement dit la conception selon laquelle il y aurait des besoins objectifs, communs à toute une population, que les représentants de celle-ci exprimeraient ou qui se dégageraient spontanément par effet de consensus lors de sortes d'« assemblées générales » villageoises, besoins qu'il suffirait donc de « recueillir » ou d'« écouter », cette conception-là est erronée, et son caractère erroné peut être en bonne rigueur sociologique démontré [1]. C'est en l'occurrence l'offre qui crée la « demande ». Les villageois interrogés par les « experts », cadres et autres consultants venus « enquêter sur le terrain » expriment des « besoins » ou des « demandes » qui sont largement déterminés par ce qu'ils pensent que lesdits experts, cadres ou consultants sont prêts à leur offrir. L'identification des besoins n'est dès lors qu'une procédure faisant légitimer par des « propos paysans », sous formes de « besoins » recueillis par des enquêtes hâtives, les projets que de toute façon les opérateurs de développement avaient déjà plus ou moins dans leurs cartons sous forme d'« offres » [2].

Que d'« études de milieu » bâclées, d'impressions hâtives transformées en certitudes « issues du terrain », d'entretiens avec un seul informateur baptisées « connaissance d'une culture », de réunions villageoises semi-officielles devenues « analyses des besoins » !

Une phrase passe-partout telle que « les populations elles-mêmes ont pris en main... », que profèrent si souvent ceux qui parlent d'auto-développement ou d'autopromotion paysanne, a-t-elle, si on y réfléchit bien, un sens, autre que purement idéologique ? Car qu'est-ce qu'une « population », qui parle en son nom, ou prétend et à quel titre la représenter, que signifie une décision « collective », etc. ? C'est en posant

---

1. La critique du terme « besoin » a été faite depuis longtemps. Cf. par exemple Barnett : « There are certain objections to the indiscriminate use of the term « need » as an explanatory concept (...), it is a much abused term (...) A group of people that we call society needs nothing because it is not an organism. It has no desires because it is an abstraction (...) It is a normative, an evaluative term with projections of arbitrary standards » (BARNETT, 1953 : 98).

2. Pour quelques exemples parmi beaucoup d'autres, cf. BONNASSIEUX, 1991 (sur des activités de post-alphabétisation au Niger) ; MATHIEU, 1994 (sur des projets d'ONG au Mali). Une citation de Foster, relevée bien après que ces lignes aient été écrites, mais publiée bien avant, montre à quel point la thématique des « besoins ressentis » n'est pas aussi nouvelle que certains le disent, et ne fait que légitimer depuis longtemps les projets déjà prêts des développeurs : « Community development programs in newly developed areas pay lip service to the slogan of American community development — it becomes almost a religion — but « felt needs » usually turn out to be rather standards programs in environmental sanitation, medical services, agricultural extensions and education, which are recognized — correctly I think — by national planners as the major needs of rural areas » (FOSTER, 1962 : 185).

de telles questions que la socio-anthropologie du changement social et du développement définit son espace d'investigation et prend ses distances avec les idéologies développementistes.

Certes le socio-anthropologue ne peut se transformer en redresseur de torts langagiers ou en commissaire politique des propos tenus dans les milieux du développement. Il a des études empiriques à faire, des recherches positives à mener. Mais on comprendra que l'usage récurrent de stéréotypes, issus en partie du vocabulaire des sciences sociales et souvent légitimés par certains de ses collègues, puisse l'agacer.

4

Une anthropologie de l'innovation est-elle possible ?

Poser une telle question, c'est déjà admettre que l'anthropologie de l'innovation n'existe pas encore, en tout cas pas à l'état manifeste, quand bien même on pourrait en déchiffrer tel signe latent ou en nommer tel précurseur isolé. Cela revient à se demander si une « spécialisation » nouvelle de l'anthropologie est ou non en germe. Après l'émergence d'une anthropologie médicale ou d'une anthropologie industrielle, peut-on annoncer la constitution prochaine d'une anthropologie de l'innovation ? Certes les connotations habituelles que véhicule, *volens nolens*, l'anthropologie semblent porter à répondre par la négative : l'anthropologie n'apparaît-elle pas comme la science des sociétés traditionnelles plutôt que celle des mondes en gestation, ne s'attache-t-elle pas à déchiffrer les structures et les invariants plutôt qu'à scruter l'innovant et l'émergent ? Mais une telle réponse n'est guère satisfaisante pour qui se désole que de tels stéréotypes restent encore attachés à l'anthropologie, quand bien même ils sont inscrits pour partie dans son histoire. A la suite de Balandier (lorsqu'il parlait d'une *anthropologie dynamique* : Balandier, 1971 : 6) de nombreux anthropologues, dont je suis, pensent que rien ne s'oppose par principe à ce que l'anthropologie se donne pour objet l'innovation : nous plaidons en effet depuis longtemps, et je l'ai déjà réaffirmé souvent dans les pages précédentes, pour une anthropologie qui soit aussi attentive aux changements qu'elle l'est aux permanences, aussi curieuse des ruptures qu'elle l'est des patrimoines. Ce souci là n'est pas nouveau : avant la Deuxième Guerre mondiale Malinowski n'écrivait-il pas déjà : « La fiction de l'indigène « non contaminé » doit être laissée en dehors de la recherche sur le terrain et en dehors de l'étude. Il est incontestable que l'indigène *non contaminé* n'existe nulle part » (*in* Malinowski, 1970 : 19).

Le vrai problème est donc peut-être moins du côté du terme « anthropologie » que du côté du terme « innovation » : l'innovation est-elle un objet légitime pour les sciences sociales, autrement dit définit-elle un champ de recherches susceptibles d'apporter des connaissances nouvelles et/ou une réorganisation de connaissances anciennes ? Il faut en effet poser la question à l'échelle des sciences sociales : si nous admettons l'unité profonde des sciences sociales, et que nous proclamons avec Passeron (Passeron, 1991) l'indiscernabilité épistémologique de l'histoire, de la sociologie et de l'anthropologie, il est clair que si l'innovation est bonne à penser pour l'une de ces disciplines, elle doit l'être pour les autres.

Mais faire un état de la question, si la question est en l'occurrence d'établir le bilan du rapport entre sciences sociales et innovation, est une tâche gigantesque et en tout cas au dessus de mes forces. Aussi je m'attacherai ici à un objectif bien moins ambitieux, à savoir l'exploration de quelques « points de vue » attachés à l'innovation en sociologie et en anthropologie. Je préfère ici employer le terme de « point de vue » plutôt que celui de « paradigme », soit trop « dur », soit trop mis à toutes les sauces. Je restreindrai encore un peu plus le sujet en me limitant pour l'essentiel à ce qui concerne l'innovation agro-pastorale. On pourrait certes avec profit prendre en compte d'autres types d'innovation, comme l'innovation religieuse ou l'innovation politique, et y considérer comment les mêmes « points de vue » ont été éventuellement mis en œuvre à propos d'objets sociaux aussi différents que l'émergence d'un nouveau type de chefferie ou l'apparition d'un culte inédit : mais cela nous entraînerait beaucoup trop loin. Quant à une définition, au moins provisoire, de l'innovation, on peut se contenter de la définition classique de Schumpeter, qui fait fort bien l'affaire : toute nouvelle combinaison des moyens de production (Schumpeter, 1934). On peut aussi entrer dans le jeu des définitions [1] et proposer la sienne propre : je considérerai volontiers comme innovation toute **greffe** de techniques, de savoirs ou de modes d'organisation inédits (en général sous formes d'adaptations locales à partir d'emprunts ou d'importations) sur des techniques, savoirs et modes d'organisation en place. Peu importe : l'essentiel est de ne pas réduire l'innovation à l'invention, et encore moins à l'invention d'ordre technique, de ne pas se faire enfermer dans le faux débat endogène/exogène ou innovation/emprunt (cf. Balandier, 1971), et de considérer l'innovation comme un processus social (l'innovation pouvant par exemple être analysée comme une « forme élémentaire » du changement).

Limitons en tous cas clairement notre propos : non seulement je ne me risquerai pas à un « état de la question », mais en outre j'avoue avoir fait un certain nombre d'« impasses », pour des raisons purement pratiques, en particulier sur des pans entiers des sciences sociales pourtant fort concernés par l'innovation. Ainsi je ne tenterai pas de jeter les bases d'une histoire générale des idées en sciences sociales relatives à

---

1. Rappelons que Schumpeter précise sa définition en énumérant cinq formes possibles de l'innovation : un nouveau produit, une nouvelle méthode de production, un nouveau marché, un nouvel approvisionnement et une nouvelle organisation de la production. A titre d'exemples entre bien d'autres on peut constater que l'innovation suscite des définitions qui vont du plus large (« any thought, behaviour or thing that is new » pour BARNETT, 1953 : 7) au plus restreint (« the production of new technical knowledge » pour ELSTER, 1983 : 93, qui oppose même l'innovation à la diffusion, contrairement à la plupart des auteurs).

l'innovation de Tarde à nos jours : cette tâche dépasse de loin mes capacités. Je ne ferai pas non plus référence à Leroi-Gourhan (1964), quel que soit l'intérêt que peut comporter l'étude comparative macro-anthropologique de l'évolution des techniques comme l'étude micro-ethnologique de la modification d'une chaîne opératoire. Je n'évoquerai pas plus, en raison entre autres de la complexité des problèmes théoriques qu'elle soulève, la nouvelle sociologie des sciences et techniques, qui s'attache, avec Latour et Callon, à analyser les processus de la construction sociale, politique et sémantique de l'innovation, dans le laboratoire comme dans son environnement (Callon, 1988 ; Latour, 1989). Je ne ferai enfin aucune excursion dans certaines sciences sociales connexes dites parfois « appliquées », bien qu'elles puissent nous apprendre beaucoup sur le sujet : les « sciences de l'éducation », les « sciences de la communication », le marketing, et cette forme de synthèse des précédentes directement liée à l'innovation agro-pastorale que les Anglo-Saxons ont appelée *extension science*.

Avant de proposer quelques réflexions synthétiques sur une éventuelle problématique de l'innovation en anthropologie, je voudrais évoquer quatre « points de vue » qui me semblent baliser une grande partie des énoncés produits par la socio-anthropologie sur l'innovation agro-pastorale : celle-ci a été considérée tantôt comme un processus de diffusion, tantôt comme un phénomène d'indexation sociale, tantôt comme le produit d'une créativité populaire, et tantôt comme un effet de réinterprétations.

L'innovation comme processus de diffusion

Ce point de vue a pour lui la force de l'évidence : l'innovation se diffuse en quelque sorte par nature, et ceci quelle que soit son origine : du Nord vers le Sud, d'une région à une autre, des centres de recherche vers les paysans, d'une civilisation à une autre... L'histoire et plus encore l'archéologie, en particulier, ont depuis leurs débuts partie liée avec une perspective « diffusionniste », incorporée en quelque sorte dans toute ambition comparative, que celle-ci s'attache aux processus de diffusion des techniques, ou aux processus de diffusion des savoirs, voire aux processus de diffusion des structures.

En sociologie et en anthropologie le point de vue diffusionniste peut se décomposer en trois composantes : deux « points de vue » successifs et quelque peu anciens en anthropologie, et un paradigme plus récent en sociologie (les *diffusion studies* correspondent en effet à un programme de recherche suffisamment cohérent pour permettre en l'occurrence d'utiliser ce terme)

Premier point de vue anthropologique : le diffusionnisme classique du début du siècle

Je n'évoquerai pas ici le diffusionnisme européen, en particulier allemand, autour de Gräbner et de la théorie des cercles culturels, resté souvent général et spéculatif, et donc peu intéressant pour notre propos, mais plutôt sa forme américaine, beaucoup plus portée sur le recueil de données empiriques, et qui s'est pour une bonne part focalisée sur la diffusion d'innovations ou de paquets d'innovations chez les peuples indiens d'Amérique du Nord. On connaît ainsi les études sur la diffusion du « complexe du maïs », ou du complexe du cheval (et, dans le même esprit, mais à propos de ces innovations rituelles que je me suis interdit d'analyser ici, la diffusion de la *sun dance*).

L'intérêt de ce diffusionnisme est qu'il relève de ce qu'on pourrait appeler un « comparatisme de voisinage à dimension diachronique », autrement dit, il travaille à une échelle régionale (et non continentale ou planétaire), en considérant des chaînes de sociétés contiguës liées par des échanges historiquement attestés. A la différence du paradigme évolutionniste dominant au début de ce siècle, le diffusionnisme permettait à la fois un *comparatisme de terrain,* et une mise en perspective diachronique empiriquement fondée.

Hélas pour l'anthropologie, ce point de vue a été vite occulté par la montée en puissance du culturalisme américain, comme du structuro-fonctionnalisme anglo-saxon, qui ont, chacun à leur façon, privilégié la cohérence interne et la reproduction d'un système social ou culturel aux détriments des processus dynamiques, des échanges et des modes de changement. La réaction culturaliste et structuro-fonctionnaliste contre l'évolutionnisme a entraîné dans la tourmente le diffusionnisme tempéré/empirique

Deuxième point de vue anthropologique : la problématique de l'acculturation

Cependant, à l'intérieur même de la mouvance culturaliste (c'est-à-dire en particulier dans l'anthropologie culturelle nord-américaine), on a vu émerger, après la Seconde Guerre mondiale et non sans lien avec la prise en compte des contextes coloniaux [1], une tentative de dynamisation

1. Cette tendance est en fait présente dès les débuts, dans la mesure où l'ancêtre fondateur du culturalisme anglo-saxon, Malinowski, n'est pas sans avoir appelé à une « anthropologie appliquée » soucieuse des processus de changement et s'intéressant aux « situations de contact » (cf. entre autres ses articles repris dans un ouvrage posthume au titre significatif : *The dynamics of cultural change* ; MALINOWSKI, 1970, qui annonce et reprend tous les thèmes des études d'acculturation). Malinowski, de plus, critique le diffusionnisme à partir de deux arguments forts : le changement est le produit du jeu de forces sociales et d'institutions et non d'une circulation de « traits culturels » ; il aboutit à la constitution d'ensembles nouveaux et non à un assemblage d'éléments disparates (MALINOWSKI : 1970 : 42, 48). Balandier a montré cependant les limites de l'analyse de Malinowski, en ce qu'elle sous-

« de l'intérieur », réintroduisant dans une thématique de la culture (avec toutes ses dérives substantialistes qui font de la culture une essence) la prise en compte des *interactions interculturelles* (une culture existe aussi dans ses rapports avec d'autres cultures), et l'analyse des phénomènes d'*hybridation entre cultures* (une culture est aussi le produit d'emprunts et de synthèses).

Ce deuxième point de vue diffère du diffusionnisme classique à plusieurs égards. On peut évoquer trois d'entre eux. Ce n'est plus la circulation d'éléments techniques ou rituels bien identifiés qui est au centre du propos, mais plutôt l'imbrication, plus vaste et plus floue, de traits culturels dans les registres les plus variés. D'autre part, on ne s'intéresse plus à des chaînes de sociétés voisines et connectées, mais à la confrontation de deux cultures, en général placées l'une par rapport à l'autre dans un rapport de domination. Enfin l'analyse n'est pas diachronique, mais elle s'attache aux interactions en cours.

Par contre, comme le diffusionnisme classique, la problématique de l'acculturation met l'accent sur les phénomènes de **compatibilité** liés au processus de diffusion entre les deux cultures en contact. On a pu ainsi distinguer deux grands registres de compatibilité rendant compte du rejet ou de l'adoption d'un » trait culturel » ou d'une innovation, la compatibilité de signification (*meaningfull fit*), c'est-à-dire la compatibilité entre la perception symbolique d'une innovation par les acteurs locaux et le système de valeurs de ces acteurs, et la compatibilité fonctionnelle (*functional fit*), c'est-à-dire la compatibilité entre les effets de l'innovation et le système social et technique adoptant (Katz, Levin et Hamilton, 1971 : 250). Ces plus ou moins grandes compatibilités se traduiraient par des phénomènes d'emprunt sélectif, la culture locale jouant le rôle de « filtre ».

La problématique de l'acculturation a quelques avantages, et quelques inconvénients. Parmi les avantages, on retiendra qu'elle décrit bien les situations de développement rural, qui sont dans les pays du Sud caractérisés par l'interaction de deux cultures non seulement fortement contrastées mais encore placée dans un rapport de domination. La problématique de l'acculturation met aussi à juste titre l'accent sur les phénomènes syncrétiques : il y a construction de configurations nouvelles à partir de matériaux pris aux deux cultures en contact, et non simplement emprunt ou assemblage d'éléments préexistants. Enfin elle n'isole pas les seuls traits techniques, mais les intègre comme éléments de contacts, d'emprunts et d'interprétations plus larges, ensembles que connote le terme de « culture ».

Mais la problématique de l'acculturation n'échappe pas au risque inverse d'une dissolution de l'innovation technique dans une analyse beaucoup plus incertaine du « changement culturel », comme à celui d'une homogénéisation de chacune des cultures en présence aux détriments d'une prise en compte des sous-cultures et des clivages et divergences internes à chacune. De même les médiations et réseaux transverses ne sont guère pris en considération. Le risque est aussi de se

---

estimait les phénomènes de domination d'une part, et en raison d'une théorie de la culture aujourd'hui insoutenable d'autre part (BALANDIER, 1963 : 24-27).

méprendre sur les contours et les contenus des cultures en contact. On verrait un face-à-face entre la « culture occidentale » et, mettons, la culture peule (ou culture wolof, ou culture bambara, etc.) là où il y a face-à-face entre une culture technico-scientifique (d'origine occidentale) et une culture paysanne locale (cf. ci-dessous, chapitre 8)

Mais la limite principale de la problématique de l'acculturation, c'est sans doute qu'elle n'a pas permis l'émergence de véritables programmes de recherche : autrement dit, ses assertions de base n'ont guère d'utilité pour la collecte et le traitement de matériaux empiriques originaux.

Un paradigme sociologique : les « diffusion studies »

Mendras et Forsé (1983 : 75-80) évoquent à ce propos et non sans pertinence un « paradigme épidémiologique », dans la mesure où cette sociologie de l'innovation étudie la diffusion d'une innovation comme les épidémiologues étudient la diffusion d'une maladie. L'ouvrage souvent remanié de E. Rogers (1983) [1] fait la somme des innombrables études inspirées de ce paradigme (il recense plus de 1 500 recherches) et en analyse les composantes. Le point de départ en est sans doute l'étude de Ryan et Gross menée en 1943 sur la diffusion du maïs hybride en Iowa. Parti de la sociologie rurale américaine, où il allait prospérer, le paradigme épidémiologique se diffusera — si l'on peut lui appliquer sa propre grille d'analyse... — dans la sociologie de l'éducation et, bien sûr, dans la sociologie de la santé.

Le fondement en est sans doute la mise en valeur d'une courbe en S (années/nombres d'adoptants d'une innovation), déjà perçue par Tarde, courbe valable quelle que soit l'innovation étudiée, qui permet de distinguer 5 types d'adoptants : les pionniers, les innovateurs, la majorité précoce, la majorité tardive, les retardataires.

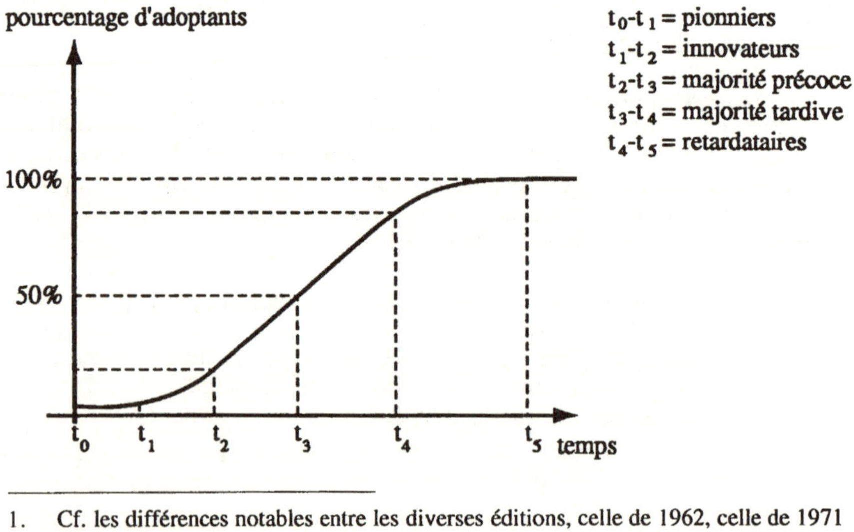

1. Cf. les différences notables entre les diverses éditions, celle de 1962, celle de 1971 (parue sous un autre titre, *Communication of innovations*, avec FLOYD et SHOEMAKER comme coauteurs), et celle de 1983, sur laquelle nous nous appuyons.

La recherche tend dès lors à se concentrer sur les variables qui identifient les pionniers ou les innovateurs, que ce soit dans le cas d'une innovation particulière, ou en croisant plusieurs types d'innovations. On constatera ainsi, ce qui ne surprendra guère, que les pionniers et les innovateurs ont en général un statut social plus élevé, sont plus instruits, et participent plus à la vie associative que les adoptants ultérieurs...

De ce paradigme découle ensuite une définition analytique et programmatique de l'innovation, qui peut s'exprimer ainsi : « Acceptance over time of specific items by individual, groups or other adopting units, linked to specific channels of communication, to a social structure, and to a given system of value, or culture » (Katz, Levin et Hamilton, 1971 : 240)[1]. Le simple commentaire des termes de cette définition dessine les contours du programme de recherche découlant du paradigme :

— *acceptance...* : essayer n'est pas adopter, et c'est l'adoption d'une innovation qui compte ; d'autre part accepter une innovation signifie en un sens la faire sienne, se l'« approprier », autrement dit cela met en jeu des processus d'identification, d'intériorisation et d'interprétation.

— *... over time...* : le facteur temps est fondamental ; il faut une perspective diachronique pour pouvoir mettre le temps en abscisse, et tracer la courbe de base du paradigme.

On peut ici faire une parenthèse relative à ces deux premiers points : le risque d'une mise en abscisse du temps, et de l'usage d'un critère unique d'acceptation, qui sont des prérequis pour tracer une courbe, est d'aplatir les différences qualitatives entre moments et entre acceptations. La signification d'une innovation change en effet au fur et à mesure de sa diffusion. L'adoption précoce relève de processus de nature différente que l'adoption massive ou tardive, ce que masque l'effet de « tâche d'huile » (cf. la démonstration de Lavigne Delville, 1994 : 389, à propos de l'irrigation dans la vallée du fleuve Sénégal).

— *... of specific items...* : ici est posé le problème de la spécificité de chaque innovation, et, en quelque sorte, des propriétés inhérentes à chaque innovation, qui influent sur sa propre diffusion. Les uns citeront ainsi cinq facteurs permettant d'évaluer ce qu'on pourrait appeler l'adoptabilité intrinsèque des innovations (Rogers, 1983 : 211-236 ; repris par Mendras et Forsé, 1983 : 80) :

- — l'avantage relatif apporté par l'innovation par rapport à ce à quoi elle se substitue,
- — sa compatibilité par rapport au système technique en place,
- — sa plus ou moins grande complexité apparente,
- — son observabilité chez autrui.

1. On trouvera une définition du même type dans ROGERS, 1983 : 10.

D'autres mettront plutôt en valeur trois facteurs (Katz, Levin et Hamilton, 1971 : 244) :

— la communicabilité d'une innovation,
— les risques qui lui sont liés,
— sa capacité de susciter l'adhésion (*pervasivness*).

— ... *by individual, groups or other adopting units*... : est posé là le problème des unités d'adoptions considérées, unités « réelles » ou unités construites par la recherche ; s'agit-il, comme dans le cas de la plupart des innovations agricoles ou dans celui des biens de consommation, d'individus (petits producteurs, consommateurs), ou bien prend-on en considération des groupes, qui peuvent être soit des groupes « en corps », *corporate groups*, ou des institutions (comme un hôpital ou une coopérative) — ce qui pose le problème de qui représente le groupe ou agit en son nom — soit des agrégats ou des artefacts sociologiques (une « population à risque », une catégorie socioprofessionnelle, une culture) c'est-à-dire des ensembles abstraits ou des construits conceptuels.

— ... *linked to specific channels of communication*... : en contraste avec les outrances et simplifications de la sociologie des médias et des techniques de marketing, l'un des grands apports des *diffusion studies* est sans doute d'avoir, avec Katz et Lazarsfeld (1955), mis en valeur l'importance des réseaux de communication interpersonnels. La théorie des *two steps flows* souligne l'existence de deux paliers de communication. Les messages anonymes délivrés par les médias sont déchiffrés et évalués à travers des relations individuelles (voisinage, famille, affinités, groupe professionnel), dont la sociologie des réseaux tentera de circonscrire les contours, que ce soit en mettant en valeur la « force des liens faibles » (Granovetter, 1973) ou la « force des liens forts » (Rogers, 1983 : 299).

— ... *to a social structure*... : les *diffusion studies* sont par là en principe ancrées dans les deux principales traditions sociologiques, celle qui s'intéresse aux propriétés des ensembles sociaux où une innovation est introduite (études de structures sociales), et celle qui porte son attention sur les caractéristiques sociologiques des individus adoptants (études de type plus « épidémiologiques »).

— ... *and to a given system of value, or culture* : ici entre en jeu le champ souvent réservé à l'anthropologie, où « visions du monde » (*world views*), « univers de vie » (*life-worlds*), normes et « coutumes » sont invoqués. Comme ci-dessus, l'analyse pourra partir de l'ensemble (la culture) ou de l'individu (les caractéristiques culturelles).

On constatera aisément que ces deux derniers thèmes, manifestement complémentaires (avec leurs axes respectifs « société et culture » d'une part, « caractéristiques sociales et caractéristiques culturelles » d'autre part), sont, dans les études empiriques relevant des *diffusion studies*, les points les plus faibles. Le statut des énoncés produits reste surtout d'ordre rhétorique, l'invocation de la structure sociale ou de la culture d'un groupe permettant en général d'expliquer l'inexpliqué par l'inexplicable[1].

C'est dans ce « manque » que prend place en particulier le point de vue suivant, celui qui fait de l'innovation une fonction d'indexation sociale.

L'innovation comme indexée socialement

Le postulat de base est ici encore relativement simple : toute innovation (tout emprunt) arrive dans un système social structuré et non dans une collection d'individus atomisés mus par le besoin ou agis par l'intérêt. Cette intuition-là est évidemment ancienne. On trouve ainsi chez l'historien M. Bloch la réflexion suivante, qui s'appuie sur le constat que, dans l'évolution des sociétés, les phases d'innovation ne peuvent être simplement expliquées par la pression des besoins économiques (il conteste ainsi en quelque sorte avant l'heure le raisonnement qui rendra célèbre Boserup) : « Je me demande si ces interprétations ne sont pas trop simples, s'il n'existe pas d'autres raisons, tirées celles-ci de la considération du milieu social lui-même, qui expliqueraient tantôt le développement de l'esprit d'invention, tantôt son ralentissement (...). Il conviendrait, je crois, de regarder vers la structure interne de la société et vers l'action les uns sur les autres des divers groupes qui la composent » (Bloch, 1948 : 112).

Toute la tradition de la sociologie rurale française des années 1960-1980 est ainsi annoncée. Les études dirigées par Jollivet et Mendras (1971) ont en effet systématiquement tenté d'insérer innovations et changements dans le contexte de systèmes sociaux locaux qui seuls pouvaient expliquer à la fois la forme prise par les changement et l'existence de résistances à ces changements. On connaît ainsi l'étude classique sur la diffusion du maïs hybride dans le Sud-Ouest, autrement dit la lutte du « grand roux » contre l'« américain » dans la fin des années 50 (cf. Mendras, 1976). Face à un maïs local adapté à l'autoconsommation, et en particulier à l'élevage de volailles, le maïs hybride d'origine US exigeait des intrants coûteux et supposait l'entrée dans une agriculture commerciale. Mais ce clivage fonctionnel recouvrait plus ou moins, dans la société locale, à la fois un clivage économique et un clivage politique. Les agriculteurs capables des investissements nécessaires au maïs hybride étaient les paysans aisés. Ceux qui voulaient « moderniser » les campagnes étaient les jeunes agriculteurs issus de la JAC (Jeunesse agricole chrétienne), et donc proches des curés. Le « peuple de gauche », de tradition anticléricale, était cependant puissant dans cette région et, à cette époque, recouvrant pour l'essentiel les paysans les plus pauvres. L'époque était aussi à la dénonciation de l'impérialisme américain (cf. les manifestations contre Ridgway). Au

1. Que faire par exemple de définitions aussi générales que fonctionnalistes de ce type : « A social system is defined as a set of interrelated units that are engaged in joint problem solving to accomplish common goals » (ROGERS, 1983 : 24) ?

total, les défenseurs du maïs local (le « grand roux ») apparaissaient comme « de gauche » (tout en étant conservateurs face au changement), alors que les introducteurs du maïs hybride apparaissaient comme « de droite » (riches, cléricaux et pro-US)...

On voit là que comprendre les phénomènes d'acceptation/refus d'une innovation, c'est, pour une telle perspective, la situer dans son contexte sociétal, c'est-à-dire procéder à toute une analyse de la société locale, avec ses conflits politiques, économiques, symboliques, qui transforment l'innovation en enjeu [1]. C'est cette société locale qui était *de facto* absente du paradigme épidémiologique.

Deux conséquences majeures en découlent, qui constituent l'apport essentiel de ce « point de vue ».

1. Toute proposition d'innovation, toute diffusion d'innovation, transite par des **porteurs sociaux**, qui occupent une place dans une structure sociale locale. Ces porteurs sociaux varient d'une société à une autre, d'une époque à une autre [2]. Ils ont plus ou moins de « crédibilité sociale », ou même de « crédit social » [3]. Les structures sociales locales dans lesquelles ils s'insèrent sont en règle générale traversées d'antagonismes et de contradictions. Les divers groupes sociaux que l'on peut distinguer au sein de cette société locale ne sont pas dotés des mêmes ressources, ils ne subissent pas les mêmes contraintes, et parfois ils ne partagent pas les mêmes valeurs. L'introduction d'une innovation risque donc fort de servir certains intérêts et d'en contrarier d'autres.

2. Toute innovation adoptée produit des effets au moins indirects et en général différés sur la structure sociale locale. L'analyse des innovations ne doit donc pas s'arrêter au seul phénomène de l'adoption mais doit aussi prendre en compte les conséquences à terme sur la société locale. Une innovation adoptée permet-elle de reproduire la structure sociale en place, et le système d'inégalité « traditionnel » (se conformant ainsi à la phrase célèbre du prince de Salina dans *Le guépard* : « Il faut que tout change pour que tout reste identique ») ? Ou bien assure-t-elle au contraire une redistribution des cartes, soit dans le sens d'une réduction relative des inégalités, soit dans le sens de l'émergence de nouvelles « élites » ?

Porteurs différentiels, effets différentiels : Marty montre bien comment, dans les sociétés sahéliennes et dans la situation de crise engendrée par les sécheresses récentes, l'innovation technique agro-pastorale est le fait soit des plus démunis (« les aventures de survie », Marty, 1986 : 45), soit de ceux qui ont des contacts extérieurs (exodants ou marchands), et comment « l'innovation, à l'instar de la sécheresse,

1. Cf. les travaux regroupés dans BARLETT, 1980.
2. C'est sans doute dans cette « incorporation » historique, au sens strict (*embodiement* : cf. ELSTER, 1983 : 127), que réside la grande intuition de Schumpeter : on sait que les entrepreneurs étaient pour lui les « porteurs sociaux » (bien qu'il n'emploie pas cette expression) de l'innovation moderne et par là même la source du dynamisme capitaliste.
3. « If the new item is being introduced by someone (a person or a group) it may be judged not (or not only) on its own merit but (also) by the reputation and credit of those sponsoring it » (BAILEY, 1973 : 313).

représente un élément de distinction entre les groupes et les individus » (Marty, 1986 : 46).

On voit bien l'intérêt heuristique de telles questions, et les avantages relatifs que procure ce « point de vue de l'indexation sociale ». Contrairement à certaines idéalisations des sociétés paysannes, il nous rappelle que les sociétés locales agro-pastorales ne sont ni homogènes ni consensuelles, que les individus qui les composent n'y ont pas les mêmes intérêts et n'y développent pas les mêmes stratégies. On sait que ceci est aussi valable en Afrique qu'en Europe, à la fois parce que la grande majorité des sociétés rurales africaines sont des sociétés « paysannes », et à la fois parce que même les sociétés dites lignagères ne sont pas sans être traversées de clivages internes.

Cependant ce point de vue a aussi ses risques et ses excès. Parmi eux il y a l'utilisation d'une rhétorique de la « société comme totalité », d'une fétichisation du « système social » ou du « système » tout court (quand bien même ce système reste local), d'une évacuation de la marge de manœuvre des acteurs. Il y a aussi les visions stéréotypées ou préfabriquées des clivages internes qui ont fleuri çà et là (du type « féodaux »/paysans pauvres »...). A cet égard l'analyse des rapports de production locaux menée tant par la sociologie rurale française que par l'anthropologie économique africaniste (cette dernière s'est peu intéressée à l'innovation, mais partage le même point de vue) dans les années 60 et 70 apparaît aujourd'hui comme ambivalente. Elle reste positive s'il s'agit de repérer empiriquement des systèmes de contraintes et de relations sociales à échelle locale qui peuvent indexer, au moins en partie, les innovations. Elle apparaît comme négative s'il s'agit d'alimenter une théorie préfabriquée des modes de production et de leur articulation, ou s'il s'agit de ramener tous les clivages locaux à des rapports de classes. En ce dernier cas s'opère une double réduction : toute problématique de l'innovation est rabattue sur une problématique de l'indexation sociale ; toute indexation sociale de l'innovation est rabattue sur une indexation de classe.

Mais l'indexation peut aussi être conçue de façon plus ouverte et indéterminée.

L'innovation comme expérimentation populaire

Une façon de résumer ce troisième point de vue en un slogan serait : « *des innovateurs aux pieds nus* ». L'évocation de la Chine maoïste n'est pas fortuite. Le populisme maoïste a en effet influencé nombre d'intellectuels issus du marxisme, et parmi eux divers sociologues et anthropologues. Mais le populisme représente un courant intellectuel plus vaste et plus ancien, et il n'a pas été sans avoir d'influence dans le monde de l'agronomie tropicale, où il a attiré l'attention depuis longtemps sur les capacités adaptatives paysannes, comme le rappelle P. Richards à propos de Lord Lugard (Richards, 1985). Les travaux de P. Richards sont d'ailleurs une excellente illustration de ce point de vue. L'argumentaire consiste d'abord à montrer que les systèmes de cultures africains étaient en fait adaptés à leurs environnements, et à démontrer la cohérence ou la pertinence des cultures extensives ou sur brûlis ou des cultures associées (*intercropping*), autrement dit à réhabiliter des « logiques paysannes » ou des « systèmes de production » dits traditionnels, trop hâtivement condamnées pour primitivisme ou irrationalité par les agronomes technicistes. Mais en rester là pourrait limiter la recherche à une analyse rétrospective, n'accordant aux savoirs agro-pastoraux populaires que des capacités adaptatives sur le long terme, dans une optique quasi darwinienne, où l'innovation n'est que réponse, et réponse passée. Le point de vue populiste permet d'aller plus loin, dès lors qu'il considère l'innovation comme une expérimentation populaire *hic et nunc*, et s'attache aux multiples micro-innovations mises en œuvre par les paysans contemporains, innovations certes peu visibles car diluées dans les gestes quotidiens des acteurs d'une infinité de petites unités de production, mais innovations quand même. P. Richards propose ainsi une analyse très détaillée des modes de sélection et d'expérimentation des variétés de riz local par les paysans de Sierra Leone (Richards, 1986), et démontre de façon convaincante comment ceux-ci jouent sans cesse sur les propriétés agronomiques ou alimentaires des semences qu'ils essayent de mettre au point, en fonction des micro-contextes écologiques d'utilisation.

L'innovation est alors saisie comme un phénomène endogène « d'en bas ». On pourrait parler à la limite d'une « recherche-développement » paysanne, informelle, qui n'est dépendante pour son existence ni du monde de la science ni même de celui de l'écrit (contrairement à ce que pourrait laisser entendre Goody). Il y a une « *internal dynamics of change among small scale farmers* » (Richards, 1986 : 2) sur laquelle on espère fonder un modèle alternatif de développement : « *Inventive self-reliance is one of Africa's most precious ressource* » (Richards, 1985 : 17).

On voit ici assez clairement la coexistence des deux formes de populisme que j'ai eu l'occasion de distinguer (cf. *supra*, introduction, et *infra*, chapitre 5). D'un côté, le populisme méthodologique semble une bonne stratégie de recherche, qui assume que les paysans (comme tous les acteurs « d'en bas ») sont dotés de ressources cognitives et pragmatiques. Les ethnosciences se sont développées sur la base d'un tel postulat. L'introduction d'une problématique de l'innovation permet de dynamiser la perspective. De l'existence de ressources expérimentalistes populaires ou de la mise en évidence de « savoirs populaires », on en vient à l'analyse des capacités à mobiliser ces ressources ou ces savoirs de façon innovante, en agronomie comme en religion ou en politique, sous des formes techniques (par la transformation de chaînes opératoires ou la création de nouvelles), rituelles (par la transformation de rituels ou la création de nouveaux) ou organisationnelles (par la transformation de modes d'organisation collectifs ou la création de nouveaux). Mais d'un autre côté le populisme idéologique tend sans cesse à biaiser l'analyse, en proposant une vision enchantée de ces ressources ou en surestimant les capacités innovantes des acteurs sociaux d'en bas. L'existence incontestable et souvent sous-estimée de stratégies paysannes innovantes en matière agro-pastorale ne doit pas faire oublier à quel point ces stratégies innovantes peuvent se combiner à des stratégies « assistancialistes » jouant sur la « rente du développement » (cf. chapitre 9) ou sur la « rente migratoire » (cf. Quiminal, 1991 ; Lavigne Delville, 1994), et parfois même être balayées par ces dernières.

A cet égard, le quatrième point de vue a le mérite de prendre en compte, lui, les stratégies paysannes qui « utilisent » les interventions extérieures et les ressources exogènes...

L'innovation comme réinterprétation

Ce dernier point de vue est sans doute le moins homogène, c'est-à-dire recouvre une assez grande variété de positions. Mais celles-ci ont toutes en commun trois propositions fondamentales intersécantes.

— La « réception » est un processus complexe de construction de sens par le récepteur. Que l'on s'en tienne au « message » proposant une innovation ou l'accompagnant, ou que l'on considère plus métaphoriquement toute innovation comme un « message », la conclusion est la même : tout « message » d'innovation est recomposé par son destinataire et utilisateur final. Ceci s'oppose évidemment aux visions linéaires de la communication (selon laquelle la qualité de réception d'un message dépend de son émetteur ou des brouillages qu'il subit avant d'arriver à son récepteur).

— Transposée en termes moins communicationnels et plus stratégiques, cette proposition devient une proposition sur l'« agencéité » des acteurs (*agency*), autrement dit sur leur capacité à agir ou réagir. Les acteurs d'en bas (ici les paysans et éleveurs) sont certes soumis à des contraintes (économiques, politiques, culturelles...), mais ils gardent néanmoins une « marge de manœuvre ». Dans le contexte du « développement », où les propositions d'innovation sont incessantes et souvent impulsées de l'extérieur, l'agencéité des producteurs est surtout réactive : ils transforment à leur manière les propositions qui leur sont faites.

— Les acteurs n'usent pas solitairement de leur marge de manœuvre : ils ne reconstruisent pas chacun pour soi le sens des messages externes, ou ne transforment pas chacun à sa façon ou de façon purement aléatoire les propositions d'innovation. Les processus de réinterprétation « par en bas » sont des processus sociaux d'interaction, et ces interactions mutuelles sont d'autant plus importantes qu'il s'agit de sociétés d'interconnaissances. Ces interactions sont productrices d'effets largement imprévisibles.

Je prendrai trois exemples de travaux s'appuyant chacun selon des modalités particulières sur un tel « point de vue ».

La production de normes par le « groupe professionnel local » d'agriculteurs

C'est J.-P. Darré qui a le premier développé, en France et à propos de l'innovation, de telles analyses. Il a ainsi étudié le discours des éleveurs du Ternois sur l'alimentation du bétail et les nouvelles techniques de complémentation, et montré en quoi il différait profondément du discours des techniciens de l'élevage. Les nouveaux savoirs diffusés par les services de « vulgarisation » étaient réinterprétés par les paysans en fonction de normes d'évaluation largement produites par leurs propres interactions, au niveau des réseaux locaux de discussion et d'entraide. L'interconnaissance, non seulement sous son mode traditionnel de la « communauté villageoise », mais aussi et de plus en plus sous son mode moderne d'échanges entre professionnels exerçant une même activité (les agriculteurs remplaçant les paysans), permet de produire des significations partagées, des jugements évaluatifs utilisant les mêmes critères, en particulier autour des propositions techniques émanant des conseillers agricoles.

Si, dans le cas français étudié par Darré (1985), où les techniciens et les éleveurs se situent dans une même communauté linguistique et ont un même bagage scolaire de base, on constate une telle dérive entre le discours des uns et la « réinterprétation » qu'en font les autres, *a fortiori* la dérive sera plus grande encore en Afrique, où les contrastes linguistiques et éducatifs sont beaucoup plus accentués entre agents de développement et paysans : là, l'écart entre les « messages » diffusés par les services techniques et le sens reconstruit par les producteurs auxquels ces services s'adressent sera à son maximum.

Les situations de développement comme interfaces

Au fond les prémisses de Norman Long sont analogues à celles de Darré : agences de développement et sociétés paysannes constituent deux « communautés épistémiques » distinctes que les « projets » mettent en contact (Long, 1992). Mais là où Darré met l'accent sur les univers discursifs techniques des uns et des autres, la production de normes d'évaluation par les agriculteurs, et les réseaux locaux qui connectent ceux-ci entre eux, Long insiste sur les stratégies des acteurs et les processus d'interaction à connotation plus « politique ». Issu, rappelons-le, de cette » école de Manchester » à laquelle les travaux de Balandier doivent beaucoup, Long considère en effet les « projets de développement » comme autant d'« études de cas » (*case study analysis* : cf. Mitchell, 1983, et van Velsen, 1978) où des agents non seulement dotés de ressources différentes mais jouant aussi avec des règles du jeu différentes se confrontent. Toute situation de développement est une situation de confrontation interculturelle, une « rencontre à l'interface » (*Encounters at the interface* : Long, 1989), voire même un « champ de bataille entre savoirs » (*Battlefields of knowledge* : Long et Long, 1992).

Logiques des développés et logiques des développeurs

A partir d'une réflexion initiée par J.-P. Dozon autour d'une analyse de cas en Côte-d'Ivoire (Dozon, 1978 ; cf. également Dozon, 1985), j'ai tenté pour ma part d'identifier en quelque sorte des « constantes » dans les interactions entre les deux ensembles en confrontation, ensembles subsumés sous l'appellation respective de « développeurs » et de « développés » avec toutes les précautions de langage qu'impose la conscience qu'il ne s'agissait en aucun cas d'ensembles homogènes (cf. note 1, p. 8). On a pu ainsi proposer la prévalence de deux « principes », le « principe de détournement » et le « principe de sélection » (cf. chapitre 7), qui subsument l'essentiel des réactions des populations envers les « paquets » (*package)* d'innovations qui leur sont proposées. Les innovations sont en effet rarement proposées en unités isolées, mais plutôt sous la forme d'ensembles agrégés [1], que bien souvent les destinataires désagrègent.

Ces diverses approches ont en commun le point de vue que j'ai appelé « réinterprétatif », et que l'on peut évidemment nommer autrement, suivant que l'on désire mettre plus ou moins l'accent sur la dimension significative ou sur la dimension pragmatique des processus (ces deux dimensions étant indissociables) : « re-formulation », « ré-invention », « réfraction », « hybridation »...

Les points de vue que nous venons de passer en revue concernent tous l'innovation, dans la définition large que je lui ai donnée. Mais ils débordent aussi l'innovation et concernent plus généralement le changement social. Aucun d'entre eux, à y bien réfléchir, ne définit une problématique de recherche spécifique à l'innovation comme objet anthropologique proprement dit, c'est-à-dire ne circonscrit un « programme de recherche » d'anthropologie empirique centré sur l'innovation. Un tel programme de recherche est-il possible ?

Combiner les points de vue

Un premier pas à accomplir consiste à ne pas se laisser enfermer dans un choix entre tel ou tel des points de vue précédents. Certes ils se sont pour une part constitués en s'opposant les uns aux autres. L'innovation analysée comme socialement indexée est censée contredire les présupposés des *diffusions studies*, en particulier l'individualisme méthodologique et la sociologie hyper-empirique américaine. Le point de vue populiste a pris le contre-pied des précédents, qui transformaient respectivement le paysan en consommateur et en victime. L'accent mis sur la réinterprétation corrigeait le populisme en donnant plus de place à la réaction qu'à la création.

Ceci relève d'une sorte de loi de l'histoire des idées, où tout nouveau point de vue en sciences sociales ne peut se constituer qu'en s'opposant à un point de vue existant, en « durcissant » donc ce qui le différencie de son prédécesseur ou de son voisin. Mais les dérives dogmatiques et rhétoriques si pesantes dans les sciences sociales ont également contribué à « durcir » les clivages entre points de vue, en transformant l'un ou

---

1. On parle parfois de *technological clusters* (ROGERS, 1983 : 226).

l'autre en orthodoxie. Les *diffusion studies* sont devenues une machine à faire des courbes et à épiloguer sur les variables sociologiques propres aux innovateurs et autres adoptants précoces. Le système social local a été plus d'une fois transformé en déterminisme sociologique implacable reproduisant la loi d'airain d'une structure de domination. Le populisme est sans cesse menacé de verser de la méthodologie à l'idéologie, et de prendre ses désirs pour des réalités. Et l'invocation des processus de réinterprétation n'est pas sans tomber dans les pièges de la rhétorique sémiologique.

Je pencherai donc volontiers pour une attitude épistémologique relevant d'un certain éclectisme, quitte à être soupçonné de verser dans le « radical-socialisme scientifique ». Rien ne me semble en effet s'opposer à ce qu'on combine les points de vue, tout me semble inviter à le faire. Les innovations se diffusent, elles s'enchassent dans un système social local qui a ses pesanteurs, les acteurs d'en-bas expérimentent aussi, les actions de développement sont réinterprétées et détournées...

Prenons le paradigme diffusionniste (point de vue 1). Les courbes de diffusion dans le temps, l'identification des caractéristiques sociologiques des « premiers adoptants », tout cela ne suppose pas nécessairement que l'on verse dans l'idéologie d'un *homo sociologicus* plus ou moins à l'image de l'*homo economicus*, ou que l'on méconnaisse le poids des structures sociales villageoises [1].

S'attacher à analyser systématiquement ces structures sociales locales (point de vue 2) ne mène pas inéluctablement à une fétichisation de la « société » et du « système », ou à un refus d'accorder toute marge de manœuvre aux individus.

Identifier des formes d'innovations paysannes endogènes (point de vue 3) n'impose pas pour autant de les hypostasier, ou de méconnaître le rôle des transferts de savoirs venant de l'extérieur.

Et proposer une analyse des modes de réinterprétation ou de détournement (point de vue 4) n'aboutit pas inévitablement à s'enfermer dans les jeux du sens, ou à surévaluer les mérites des technologies bricolées.

On peut aussi constater qu'il existe de nombreuses « passerelles » spontanées entre les quatre points de vue. En voici deux exemples. L'importance accordée aux réseaux locaux dans les processus de réinterprétation (point de vue 4) se rapproche de la théorie des « deux niveaux de communication » qui règle nombre d'études de diffusion (point de vue 1). La contextualisation sociale de l'innovation dans une

---

1. Rogers a ainsi eu le mérite de prendre conscience progressivement des limites du paradigme épidémiologique et d'appeler à élargir le point de vue : « To date, diffusion research has concentrated too much (1) on investigating the characteristics of adopters' categories and (2) in studying a rather limited range of such characteristics variables. Do we need a 276th study on the relationship of education to innovativeness ? I think not. A much wiser use of research ressources would be to explore other independent variables in their relationship with innovativeness, especially network variables and system-level variables that could help us escape the overwhelming « individualism » of past research on innovativeness, in which most of the independent variables of study were individual characteristics that did not encompass the interpersonal relationships » (ROGERS, 1983 : 267).

arène locale (point de vue 2) renvoie à la structure des interactions qui produisent les processus de réinterprétation (point de vue 4).

Mais peut-on se satisfaire d'un simple et vague appel au bricolage théorique, en espérant que la dynamique même des recherches empiriques permettra de trouver en chaque occasion la combinaison optimum des points de vue ? N'est-ce pas aussi abandonner toute ambition comparatiste ? Celle-ci peut-elle se satisfaire d'un appel à l'éclectisme des points de vue ? Prenons l'exemple de deux travaux comparatifs, qui, il y a déjà assez longtemps, ont tenté de mener une analyse transculturelle de l'innovation et du changement technique, l'ouvrage de Barnett (1953) et celui de Foster (1962). Chacun a certes son orientation principale : Barnett annonce, en précurseur, l'anthropologie cognitive et privilégie l'innovation comme processus mental socialement réglé alors que Foster confirme son orientation fortement culturaliste. Mais tous deux font flèches de tous bois, en multipliant les références de terrain les plus variées selon le principe des *cross-cultural studies* [1]. Un tel comparatisme, débridé et décontextualisé, n'est évidemment pas le nôtre. Ceci étant, aussi contestable que soit leur méthode, tous deux combinent, au niveau de l'interprétation, de façon latente et non organisée, souvent par simple effet de bon sens, les « points de vue » que j'ai tenté de dégager plus haut. Tous deux insistent sur l'innovation comme processus d'hybridation, de réinterprétation, de réorganisation. Tous deux mettent en valeur les facteurs culturels et sociaux qui influent sur l'adoption plus ou moins rapide ou intense d'une innovation. Tous deux évoquent les pesanteurs sociales et les conflits d'intérêts ou de valeurs qui lestent toute innovation proposée. Et tous deux mettent en valeur la créativité des populations en terme d'innovation. Cependant cette accumulation hétéroclite de tout ce dans quoi les innovations sont enchâssées, de tout ce qui peut les favoriser ou les freiner, de tous les processus cognitifs, sociaux et culturels mis en jeu, donne vite le vertige : que faire de tout cela ?

On a un peu le même sentiment avec l'ouvrage de Bailey (1973), à l'éclectisme lui aussi évident (autour d'exemples uniquement européens). Bien sûr Bailey réinvestit en partie sur ce thème ses travaux antérieurs (Bailey, 1969), et propose une vision « politique » de l'innovation comme lieu d'affrontement entre groupes et factions (c'est là une variante du point de vue de l'indexation sociale). Mais il insiste aussi sur l'existence dans chaque situation de « modèles culturels » plus ou moins favorables à l'accueil d'innovation (point de vue culturel-diffusionniste). Et surtout il place un fort accent sur les réorganisations de « valeurs » entraînées par l'adoption d'une innovation, les débats en termes de légitimation et de classement qui l'accompagnent, la marge de manœuvre interpétative laissée à chacun (point de vue réinterprétatif). Mais là aussi l'insatisfaction finit par l'emporter chez le lecteur [2]: à ce niveau de généralité, et avec un comparatisme aussi mou, qu'apprend-on en fin de compte ?

---

1. Barnett compare, sous l'angle de l'innovation, trois sociétés indiennes d'Amérique du Nord, une société polynésienne et la société américaine moderne. Foster quant à lui prend ses exemples dans toutes les sociétés paysannes de la planète.
2. Pour une critique de cet ouvrage, cf. SILVERMAN, 1974.

Peut-être est-ce tout simplement que l'innovation en soi n'est pas un objet comparatiste satisfaisant. On va y venir. Cependant, préalablement, peut-être puis-je ici prendre un peu plus de risques, et proposer malgré tout une sorte de synthèse, qui tente d'échapper aux pièges de l'« éclectisme invertébré » au profit d'un « éclectisme raisonné », en organisant autour d'une armature théorique minimum la convergence relative des points de vue. Je propose donc la formule d'une « PPPC » (plus petite problématique commune) qui prendra la forme, assurément fort inélégante, d'une addition de métaphores puisées dans des registres différents mais dont l'addition peut cependant faire sens.

Il s'agit en effet de considérer l'innovation comme « une greffe inédite, entre deux ensembles flous, dans une arène, via des passeurs »...

a) *Une greffe inédite*...

Toute innovation est un métissage, une hybridation, un syncrétisme. Il n'y a jamais innovation pure, ni emprunt fidèle. Toute modification des savoirs ou des techniques, induite ou spontanée, volontaire ou involontaire, formelle ou informelle, se produit sous des formes inattendues et entraîne des effets imprévisibles. Les changements dans les rituels comme l'émergence des sectes ou la transformation des religions établies sont les archétypes mêmes de ce qui survient aussi dans le monde apparemment moins baroque de l'économie rurale. Le produit d'une greffe n'est identique à aucun des éléments d'origine, et le produit d'une greffe inédite est imprévisible [1].

b) ... *entre des ensembles flous*...

Les deux mondes en confrontation, quels que soient les noms qu'on leur donne (développeurs/développés, techniciens/paysans, savoirs technico-scientifiques/savoirs techniques populaires, culture professionnelle des institutions de développement/cultures paysannes locales, etc.), sont des configurations respectives aux contours mal définis, dont seule la différence est manifeste et incontestable. Il y a interface entre deux ensembles de représentations hétérogènes, mais dont chacun est lui-même un assemblage en partie instable et pour l'essentiel composite. De même, les stratégies ou les logiques d'action des uns et des autres se distinguent fortement, mais sans qu'on puisse pour autant identifier dans chaque « camp » une stratégie et une seule, une logique et une seule : on a plutôt affaire à des faisceaux, en partie convergents, en partie divergents. Les normes de chacun des deux mondes en contact relèvent de registres très contrastés, mais varient de façon non négligeable à l'intérieur de chacun. Parler de la confrontation de deux systèmes, comme parler de la confrontation de deux cultures, reviendrait à provoquer un effet de cohérence excessif.

c) ... *dans une arène*...

Toute innovation proposée, avec ses « porteurs sociaux » et ses « courtiers », prend place dans une arène locale où se confrontent divers

1. La métaphore de la greffe a déjà été utilisée, on s'en doute, par bien d'autres. Ainsi MARTY (1990 : 125) en attribue la paternité à Desroches.

« groupes stratégiques ». Ceux-ci n'existent pas *a priori*, une fois pour toutes, mais se coagulent en fonction de chaque enjeu particulier. Les classes sociales, définies par les rapports de production, ne sont qu'une forme possible des groupes stratégiques parmi bien d'autres, ou, plus souvent, ne constituent qu'une des contraintes et ressources parmi bien d'autres qui peuvent peser sur la constitution de ces groupes. Repérer les groupes stratégiques qui se coagulent autour d'une proposition d'innovation revient simplement à essayer empiriquement de repérer les agrégats d'acteurs qui se positionnent de façon similaire face à cette innovation (repérage effectué soit à travers le recueil des représentations de ces acteurs, soit à travers des indicateurs de pratiques), en sachant que leurs positionnements mutuels sont en interrelations sur une arène locale (cf. chapitre 10).

d) ... *via des passeurs*
Les « porteurs sociaux » d'une innovation, par lesquels celle-ci pénètre dans une société locale ou dans un réseau professionnel, sont toujours plus ou moins à la charnière des deux ensembles en présence. Parfois ils appartiennent plutôt au monde des institutions de développement, dont ils constituent le dernier échelon : c'est le cas des agents de développement, conseillers agricoles et autres encadreurs ou animateurs, qui ont cependant certains types de connexions ou d'affinités avec la culture locale que ne partagent pas les échelons plus élevés de la pyramide des institutions de développement. Parfois ils appartiennent plutôt à la société locale, mais ils en constituent la frange qui est le plus en contact avec l'extérieur et qui en apprend le langage : paysans « d'élite » ou de « contact », anciens migrants ou scolarisés, « entrepreneurs » locaux, militants associatifs, « courtiers » spécialisés dans le dialogue avec les ONG ou les pouvoirs publics, « notables », la liste est longue et diversifiée de ceux qui jouent les intermédiaires entre deux « mondes ». Ils sont insérés dans le « monde » local où ils ont leurs enjeux, mais maîtrisent suffisamment les règles du « monde » du développement pour pouvoir en user à leur profit. Ils sont les passeurs de l'innovation (cf. chapitre 9).

L'innovation comme « *entrée* »

Revenons pour finir aux sciences sociales face à l'innovation. Deux raisons militent contre la constitution d'une « socio-anthropologie de l'innovation » en tant que telle.

a) L'innovation agro-pastorale, à laquelle nous nous sommes ici surtout référé, explicitement ou implicitement, dans un souci de simplification et de rigueur, ne peut être aussi aisément isolée méthodologiquement qu'il y paraît. Tout d'abord une innovation technique, en particulier lorsqu'elle est proposée sous les formes volontaristes propres au monde du développement, va souvent de pair avec une innovation organisationnelle dans laquelle on pourrait considérer qu'elle est « enchâssée ». On sait à quel point les transformations dans les techniques de production agricole sont indissociables de transformations dans les formes de travail, de gestion ou de commercialisation. Les projets « intégrés » qui visent à introduire simultanément des « paquets » techniques et des structures coopératives ou autres organisations paysannes en sont la manifestation dans le monde du développement. Les innovations techniques comme organisationnelles ne sont pas elles-mêmes sans lien avec des innovations sociales, rituelles ou idéologiques qu'une analyse menée uniquement en termes de « systèmes de production » pourrait difficilement appréhender. Le rôle de certains prophètes ou de certaines sectes ne doit ainsi pas être ignoré dans divers processus d'innovation agricole (cf. Peel, 1968, pour un exemple au Nigeria). En voulant prendre pour objet l'innovation afin d'éviter les pièges de la perspective trop polymorphe et trop « molle » du « changement social » en général, nous sommes malgré tout renvoyés au changement social comme contexte englobant dont la prise en compte est nécessaire à la compréhension de l'innovation.

b) Le recueil et l'analyse des points de vue et des stratégies des producteurs et des destinataires des « messages d'innovation » semble relever du cahier des charges de l'anthropologie, attachée à restituer en particulier les représentations et pratiques des « gens d'en bas ». Mais l'anthropologie a produit à ce jour davantage de données relatives aux significations « émiques », autochtones, populaires, en matière de cosmologie, de divination ou de pouvoir qu'en matière d'innovation technique. Il y a donc encore du pain sur la planche dans ce domaine. Ceci étant, il est clair que les représentations des acteurs autour de telle ou telle innovation technique ne se limitent pas à de seules considérations techniques ou économiques, et peuvent emmener dans des directions fort variées. Nous voilà à nouveau renvoyés à l'innovation comme point de départ, mais non comme domaine circonscrit distinct.

Ainsi l'innovation apparaît plutôt comme une « entrée » possible des phénomènes de changement social et de développement que comme un objet distinct. On voit mal comment une anthropologie de l'innovation pourrait s'autonomiser au sein de l'anthropologie du changement social. Mais l'intérêt d'une « entrée » s'évalue aussi à sa productivité scientifique. L'entrée par l'innovation peut être fructueuse si elle permet d'avancer dans le comparatisme. J'entends par là un comparatisme intensif plutôt qu'extensif, un comparatisme de voisinage, analysant les impacts différentiels d'une même innovation (ou d'une même « proposition d'innovation ») sur des sociétés locales différentes, ou étudiant les réactions aux innovations de sociétés locales proches. C'est sans doute à cette échelle que peut le mieux se réaliser ce syncrétisme des « points de vue » que j'appelais de mes vœux plus haut, et c'est sans doute à cette échelle qu'il peut être le plus productif.

5

Populisme développementiste et populisme en sciences sociales : idéologie, action, connaissance

> « *Anthropology thus uncovered. information about micro-facts and micro-processes that are ignored., glossed. over, aggregated. into larger abstract categories by other disciplines. Yet it is precisely the working-out of such micro-facts in the behavior of « indigenous peoples » that influence, change, redirect or divert the course of development projected. only in general terms by social theorists or planners* » (Wolf, 1988 : 104, cité in Arnould, 1989 : 143).

Tout cet ouvrage est en quelque sorte consacré à divers aspects de cette vocation de l'anthropologie à étudier les pratiques « d'en bas », les comportements des acteurs, les représentations populaires, et à tirer parti de cette compétence pour comprendre comment les actions de développement sont transformées, recomposées, détournées et réinterprétées par ceux auxquels elles s'adressent.

Il y a, dans tout cela, un rapport entre les anthropologues et le « peuple » qui, je l'ai déjà dit, évoque irrésistiblement le populisme. De même il y a du populisme, d'un autre ordre sans doute, mais du populisme quand même, dans le comportement de tous ces militants et activistes du développement qui font leur métier de vouloir le bien du « peuple ». Peut-être est-il temps maintenant de clarifier cette question, autour de laquelle nous avons déjà tourné dans les pages qui précèdent.

Le populisme est une attitude endémique au sein des sciences sociales : la découverte plus ou moins émerveillée du « peuple » par les intellectuels est au principe d'une part importante de la production de connaissances en anthropologie, en histoire et en sociologie, qui n'est pas sans avoir produit des effets largement positifs. Mais le populisme en sciences sociales reste le plus souvent implicite, non revendiqué comme tel et non analysé en tant que tel. Un récent ouvrage s'est, par contre, explicitement focalisé sur cette question autour du domaine particulier de la sociologie des cultures populaires (Grignon et Passeron, 1989), mais en associant d'une certaine façon populisme et anthropologie, et en posant des questions épistémologiques tout à fait fondamentales, sur lesquelles je reviendrai plus loin. D'autres travaux ont également prêté attention ces dernières années aux problèmes soulevés par les thématiques populistes, et ont aussi noté cette parenté entre populisme et anthropologie. Point intéressant à signaler, ces travaux concernent tous un même domaine, fort différent de celui traité par Passeron : le développement, vu à travers l'anthropologie des savoirs paysans (Richards, 1985), la sociologie du développement (Kitching, 1982), ou l'anthropologie du changement planifié (Robertson, 1984). Le champ du développement a un avantage particulier : alors que le populisme propre aux sciences sociales, comme les analyses qui le concernent, se limitent en général aux seules questions relatives à la production de connaissances, le développement met aussi en jeu un populisme de l'action. Or il semble que l'intersection entre sciences sociales et pratiques de développement soit un lieu privilégié d'éclosion d'attitudes populistes. La traduction récente en français (Chambers, 1990) d'un ouvrage dont l'original anglais a un sous-titre significatif : *Putting the Last First* — ouvrage qui est vite devenu une des références « populistes » classiques en matière de développement — va me fournir un point de départ commode. Chambers, en effet, centre son propos sur ceux qu'il appelle les « pauvres », à savoir les oubliés du développement rural, et propose d'opérer un certain nombre de renversements, dans les attitudes, les recherches, les politiques : ces renversements permettraient de placer enfin ces pauvres au centre du développement rural. Une telle réhabilitation relève bien, on le voit, d'une thématique populiste. Et le livre de Chambers est fort révélateur des mérites comme des limites du populisme intellectuel, qu'il se manifeste dans le monde du développement — celui où évolue Chambers —, ou dans le monde des sciences sociales, qu'il côtoie sans cesse. Mais je quitterai peu à peu Chambers pour élargir le propos afin de proposer une série de distinctions entre populisme moral, misérabilisme, populisme méthodologique et populisme idéologique, et d'examiner les rapports que les registres de la connaissance et de l'action entretiennent respectivement avec ces différentes modalités du populisme.

Le populisme ambigu des intellectuels

Une définition préalable s'impose. Par populisme, je n'entends évoquer ni un mouvement « populaire » (le populisme paysan américain au début du siècle ou les partis populistes de l'Europe centrale entre les deux guerres...), ni l'attitude d'un dirigeant politique charismatique (Peron ou Walesa...). Le terme « populisme » est en effet polysémique (Ionescu et Gellner, 1969), et, qui plus est, ses connotations sont en général lourdes, le plus souvent négatives et stigmatisantes. Je n'en retiendrai ici qu'une acception, la plus sociologique possible, à savoir le populisme conçu comme un certain type de rapport social (idéologique, moral, scientifique, politique) que des intellectuels nouent au moins symboliquement avec le « peuple ». Ce rapport peut générer chez ces intellectuels de la connaissance comme de l'action, et parfois les deux simultanément ou alternativement. Il s'agit donc fondamentalement d'une attitude sympathisante d'intellectuels envers le peuple, qui peut s'exprimer sur un terrain politique (les *narodnicki* russes du XIXe siècle ou les maoïstes français des années 60), un terrain de recherche (Chayanov et l'analyse de la paysannerie russe ou Labov et l'étude du parler noir américain : Chayanov, 1966 ; Labov, 1976), un terrain littéraire (le roman populiste), et sur bien d'autres terrains encore. Face à un système qui méprise, oublie, exploite le peuple (que ce système soit caractérisé comme culturel, politique, économique, ou tout à la fois), certains intellectuels (largement issus de ce système et liés à lui) découvrent le peuple et font de cette découverte une « cause », sociale, morale, intellectuelle, scientifique... C'est une démarche qui est sans doute familière à nombre de lecteurs. C'est ce qui constitue, je crois, le « noyau dur » du populisme, dans l'acception limitée que je propose ici, et c'est là que s'enracinent son importance comme son ambivalence, et les innombrables questions qui en découlent. Est-il possible de réhabiliter le peuple sans l'idéaliser ? Comment mettre au premier rang ceux qui se tiennent (et que l'on tient) au dernier rang ? A quel titre et selon quelles modalités les intellectuels, qui par définition comme par culture ne sont pas le peuple, peuvent-ils parler de celui-ci, voire agir pour celui-ci, ou avec celui-ci ?

Le populisme ainsi défini est loin de n'être qu'une affaire de militantisme politique ou de morale sociale. Il est au cœur de nombre d'entreprises intellectuelles et scientifiques, comme au cœur de nombre de pratiques de développement, où il importe son ambivalence. Car l'ambivalence est au cœur de l'entreprise populiste. Dans les sciences sociales, le populisme scientifique permet la découverte de gisements cognitifs oubliés par la culture dominante, mais aboutit souvent à peindre ces savoirs populaires aux couleurs des désirs des chercheurs. Dans le monde du développement, le populisme développementiste permet la critique des modèles dominants et appelle au respect des populations concernées, mais son exaltation de la « participation » paysanne s'assortit volontiers de stéréotypes naïfs. Comment embrasser la « cause du peuple » sans tomber dans la langue de bois et les illusions militantes ? Dans la mesure où Chambers est au carrefour de ces ambiguïtés, je m'appuierai sur son ouvrage pour analyser les contours du populisme développementiste ou en décrire les modalités [1].

1. Brown (BROWN, 1994), en s'appuyant sur l'analyse ici proposée, analyse divers aspects du populisme de Chambers, dans lequel il voit le fondement de la « consultance managériale », de plus en plus dominante au sein de la configuration développementiste.

Les pauvres selon Chambers

Tout d'abord, il doit être clair que lorsque Chambers parle des « pauvres », c'est bien dans le sens habituel de « peuple ». « Pauvre » est pour lui une catégorie à géométrie variable : il n'entend ni délimiter un seuil de pauvreté, ni proposer une véritable définition de la pauvreté. Font partie selon lui des « pauvres des campagnes » (Chambers se limite en effet au monde rural) aussi bien les femmes que les habitants des villages éloignés des routes, les simples paysans que les personnes âgées... Les pauvres, ce sont donc, dans l'acception particulièrement extensive et floue qui est la sienne, tous les exclus, les marginalisés, les laissés-pour-compte du développement, autant dire la très grande majorité des populations rurales. Chambers n'entend pas par « pauvres » un quelconque « quart monde » du « tiers monde », ou une couche particulièrement défavorisée des campagnes du Sud. Il appelle très exactement « pauvres » ce que bien d'autres ont dénommé « peuple ». Les pauvres, ce sont « ceux qui sont invisibles et inconnus » (Chambers, 1990 : 48), ceux qui « ne parlent pas » (*id.* : 40), les « derniers de la file », les « oubliés » (*ibid.*). Ces caractérisations sont toutes négatives, mais là est justement leur force, car leur constat est irrécusable. Elles situent les pauvres (le peuple) comme ce qui s'oppose à la visibilité et à la notoriété propres au monde des développeurs et au monde des chercheurs, au monde des décideurs et au monde des professeurs. Comment nier que la culture cosmopolite-urbaine-privilégiée, qui est celle où évoluent les développeurs, méconnaît et ignore la plus grande partie des populations rurales du Tiers monde ? Ce sont ces dernières, victimes de cette méconnaissance et de cette ignorance, qui constituent le monde des pauvres selon Chambers. Certes, celui-ci tente quelque part de proposer une impossible définition de la pauvreté comme combinaison de « cinq préjudices » (*id.* : 172), comme un « tissu dans lequel se combinent et s'enchevêtrent le manque de capitaux, l'insuffisance des flux et des réserves de nourriture et de revenus, la faiblesse physique et la maladie, l'isolement, la vulnérabilité face aux imprévus et le manque d'influence » (*id.* : 46). On pourrait assez facilement montrer que ce fourre-tout n'a pas grand sens et ne permet pas de fonder une catégorie « pauvreté » ayant quelque pertinence. Mais au fond peu importe : pas plus que la définition de « pauvres » par Chambers, aucune définition de « peuple » n'a jamais été convaincante [1], et c'est pourtant un mot qui, en son vague même, est irremplaçable, car il désigne une absence : les soutiers de l'histoire sont bel et bien absents de la scène publique. Ils sont invisibles au regard des puissants, au regard des pouvoirs (politiques, économiques, académiques). Le projet populiste, et c'est sa force, est de les faire monter sur la scène, de les rendre visibles, incontournables, de manifester leur existence et leur épaisseur là même où ils sont

1. La tradition marxiste-léniniste-maoïste avait tenté, il est vrai, de définir positivement le peuple comme alliance des classes opprimées. Mais une telle définition n'a rien de sociologique et relève de l'argumentaire politique (rhétorique du rapport avant-garde/masses) ou de la stratégie politique (détermination d'une « contradiction principale » définissant un ennemi et des alliés).

fantomatiques : dans l'espace intellectuel comme dans l'espace culturel, l'espace politique ou l'espace économique. En ce sens le projet populiste est irrécusable. Nous autres, socio-anthropologues africanistes, sommes quasiment tous populistes…

Le complexe populiste développementiste

L'inversion du regard, le renversement de perspectives, sont des leitmotive de l'approche populiste. On pourrait en trouver de multiples exemples, à des époques et en des domaines divers. Mais la configuration développementiste, du moins telle qu'elle s'est constituée dans sa phase moderne, après la Deuxième Guerre mondiale, a été et reste un des lieux contemporains privilégiés d'exercice du populisme. L'expression « tiers-mondisme » a d'ailleurs désigné, dans une acception devenue aujourd'hui plutôt péjorative, une certaine configuration idéologique qui n'était pas sans rapports (bien qu'à une autre échelle et dans un autre contexte) avec ce populisme-là. Ne s'agissait-il pas, pour des intellectuels des pays nantis, de réhabiliter et de militer en faveur des peuples opprimés ? La conjoncture actuelle est différente. Le développement est devenu une profession, le monde du développement est un « marché ». Or, dans cette profession, dans ce marché, l'approche populiste est loin d'être restée une idéologie marginale. Elle s'est largement institutionnalisée. Le populisme a en effet vendu avec succès un certain type de produits sur ce marché. Il a engendré un ensemble d'argumentaires, de pratiques et d'institutions que l'on pourrait appeler le « complexe populiste développementiste » (comme sous-ensemble de la configuration développementiste), dont la principale caractéristique est sans doute d'avoir pris, non sans succès et non sans audience, le contre-pied. des discours tenus dans les années 50 et 60 (époque marquée par les théories dites de la modernisation) : petits projets contre grands projets, technologies appropriées contre technologies lourdes, cultures de subsistance contre cultures d'exportation, logiques et savoirs paysans contre logiques et savoirs scientifiques, campagnes contre villes, petits producteurs contre entrepreneurs ruraux, « femmes aussi » contre « hommes seuls », organisations paysannes contre encadrement agricole, organisations non gouvernementales (ONG) contre grands projets, etc [1]. Chambers n'a pas été en ce domaine un précurseur ; ce fut plutôt un amplificateur : il a écrit

1. Il semblerait que la phase « grands projets » ait plutôt été l'exception que la règle, et que les pratiques désignées aujourd'hui par les expressions à la mode d'appropriation, de participation ou de développement endogène ou auto-entretenu aient toujours été constitutives du développement, y compris dans sa première phase coloniale de « mise en valeur » (CHAUVEAU, 1992, 1994). P. Richards a, quant à lui, montré que les idées « populistes » étaient présentes en matière de développement rural dès les débuts de la colonisation (RICHARDS, 1985). On verra plus loin que, au-delà des rhétoriques ou des idéologies, les contraintes de l'action » développementiste » impliquent une nécessaire prise en compte des compétences populaires.

à une époque où ce mouvement d'idées était déjà monté en puissance (il se réclame d'ailleurs de Schumacher et de Freire, pionniers et figures emblématiques du populisme développementiste : Schumacher, 1978 ; Freire, 1980) et où — mais il semble l'oublier — les institutions du développement les plus dignes avaient déjà commencé à s'en inspirer pour une part [1].

C'est là une autre caractéristique du populisme, qui se ré-invente lui même sans cesse. On pourrait dire que le populisme tantôt se modèle sur Sisyphe, tantôt sur Marco Polo, tantôt sur Bernard-Henri Lévy. Le peuple étant toujours à nouveau oublié, et n'étant jamais vraiment pris au sérieux, doit toujours être ré-annoncé et re-proclamé. Voilà pour le côté Sisyphe. Mais de cette réhabilitation permanente naissent régulièrement de nouvelles et réelles découvertes : l'exploration de ces ressources inépuisables et renouvelables que sont les savoirs et modes de vie liés au peuple permet de sans cesse mettre au jour de nouvelles facettes des cultures populaires. Voilà pour le côté Marco Polo. Mais, parallèlement, les nouveaux convertis du populisme, peu préoccupés d'une cumulativité des connaissances que les sciences sociales assurent mal, redécouvrent sans arrêt l'Amérique et croient que les lieux communs qu'ils exhument sont des nouveautés intellectuelles. Voilà pour le côté Bernard-Henri Lévy. Or autant le populisme d'exploration peut être fécond, autant le populisme incantatoire est irritant. Et ce d'autant plus qu'il n'est pas le seul à parler du peuple. Ceux-là mêmes qu'il désigne comme les ennemis du peuple et auxquels il reproche de mépriser le peuple ne sont pas à court de phrases élogieuses sur le peuple... La culture officielle, « occidentale », « dominante », fait de constantes références au peuple. C'est un lieu commun des rhétoriques politiciennes. La rhétorique populiste, qui se veut alternative, a parfois du mal à se distinguer de la rhétorique officielle : rien ne ressemble plus à une langue de bois qu'une autre langue de bois. Les politiciens du développement et les populistes développementistes emploient parfois les mêmes mots...

Un auteur comme Chambers, qui s'en prend vigoureusement aux politiciens du développement, n'évite pas vraiment l'écueil de la langue de bois. Mais ses propos ne relèvent pas de l'incantation politique. Son registre est moral et idéologique, avec de fréquentes allusions scientifiques. Son public aussi est différent. Il s'adresse aux intervenants extérieurs, à ceux qu'il appelle les « outsiders » : experts, consultants, cadres du développement. Il les somme de transformer leurs pratiques, de

---

1. Dès 1970, la Banque mondiale change de politique avec Mac Namara et entend s'adresser aux « ruraux pauvres ». En 1975 l'USAID exige une « *social soundness analysis* » pour tous les projets, et recourt assez massivement à des anthropologues qui introduisent une certaine vision du développement « vu d'en bas » (HOBEN, 1982). A la même époque, un ouvrage intitulé significativement *Development from below* appelle à un recours à l'anthropologie pour promouvoir un développement alternatif fondé sur une prise en compte du *grass root level* (PITT, 1976). Le dispositif populisme/anthropologie/développement est déjà en place avant Chambers, et continuera après (cf. CERNEA, 1991 ; l'auteur, anthropologue, expert à la Banque mondiale, a choisi comme titre de son livre *Putting People First* : nouvelle variation populiste autour du thème qui a déjà inspiré les titres de Pitt et de Chambers).

se mettre à l'écoute des paysans, des femmes, des oubliés, d'utiliser au profit des pauvres la marge de manœuvre dont ils disposent, quelle que soit leur fonction... Plusieurs facettes du populisme intellectuel émergent de ses propos : car il y a populisme et populisme. Au-delà du noyau dur du populisme (la découverte du peuple par les intellectuels), qui en constitue en quelque sorte l'invariant, ou, en tout cas, le point de départ, diverses formes et divers niveaux de populisme doivent être dégagés. Nous voilà maintenant obligés de désagréger le populisme en plusieurs composantes. Le populisme développementiste, qui en révèle certaines, est un bon champ pour cet exercice, et le livre de Chambers est un bon guide à cet effet.

Le populisme moral

La première dimension du populisme de Chambers est le populisme moral. Il faut que les intervenants en développement renversent leurs approches, et partent « d'en bas » (le peuple) au lieu de partir « d'en haut » (les institutions, les bureaucraties, la science...). Je ne suis pas sûr que ce type d'exhortation soit par lui-même (c'est-à-dire tant qu'il reste simplement moral) d'une grande efficacité : mais on ne peut qu'être d'accord avec les intentions, qui sont fort bonnes. Le plus intéressant n'est pas là. Le populisme moral a, en fait, deux faces. Il a aussi un aspect polémique : affirmer que les pauvres (le peuple) existent et qu'on n'en fait guère cas, cela implique de s'attaquer à ce déni et à ce mépris, et à ceux qui en sont les supports. Le populisme moral affirmatif (découvrir le peuple, c'est bien) s'accompagne en général d'un populisme moral dénonciatif (ignorer le peuple, c'est mal). Chambers est particulièrement bien inspiré dans ce dernier genre, dans la mesure où son entreprise polémique mobilise un sens aigu de l'observation quant aux pratiques quotidiennes de ses collègues. Autrement dit, son populisme moral dénonciatif, loin d'être seulement imprécatoire, a du grain à moudre. Les pages acerbes et acérées où il décrit les pratiques ordinaires des consultants (les « touristes en développement rural », Chambers, 1990 : 26-30), où il dresse le portrait des chercheurs à mi-carrière (*ibid.* : 22), et croque les fonctionnaires du développement (*ibid.* : 23-24), font mouche et décrivent bien le fossé qui sépare les « développeurs » des « développés ».

Populisme cognitif et populisme méthodologique

De la nécessité de « découvrir » le peuple, on débouche vite sur la question : « Que découvrir dans le peuple ? » L'élan moral débouche sur la soif de connaissance. Du populisme moral on passe au populisme exploratoire, au populisme cognitif. Sa forme la plus élaborée en est le populisme des chercheurs, le populisme scientifique. Il correspond à la mise à jour de systèmes de représentations, de rationalités, de logiques, de productions symboliques, de savoirs propres au « peuple », c'est-à-dire aux cultures « oubliées » ou « dominées ». Berger parlait ainsi du respect cognitif qui est dû au « peuple » (Berger, 1978), et toute l'anthropologie est en un sens fondée sur une telle réhabilitation des cultures indigènes. Un intervenant en développement comme Chambers, qui nous exhorte à « nous mettre à l'école des pauvres » et à apprendre auprès d'eux, est fasciné par cette immersion ethnologique et entend s'en inspirer. Le populisme moral, en débouchant sur un appel au populisme cognitif, rencontre inévitablement l'anthropologie. C'est du côté de l'ethnoscience que Chambers cherche ses références positives. Alors que les anthropologues « se sont donné de la peine pour connaître de l'intérieur des cultures différentes de la leur, ce qui leur a permis de reconnaître la complexité, la variété et la valeur des systèmes cognitifs indigènes » (Chambers, 1990 : 41), les experts extérieurs ou les bureaucrates autochtones se cantonnent dans l'acquisition de pseudo-connaissances qui éloignent des pauvres au lieu d'en rapprocher. Il en cite deux exemples, qui sont en effet assez représentatifs d'une certaine « culture » des experts : les visites guidées de villages au bord des grandes routes, d'un côté, les enquêtes lourdes, de l'autre. Chambers se livre ainsi à une critique des enquêtes quantitatives particulièrement dévastatrice : en décrivant la « pathologie des enquêtes rurales » il peint un tableau aussi noir que vrai, où « l'enquête se tranforme en un char d'assaut poussé par ses chercheurs esclaves », où « les distorsions pullulent mais sont éliminées dans les tableaux et les rapports » (*id.* : 93-94). De tels dispositifs ne permettent évidemment guère de « reconnaître le savoir des populations rurales » (*id.* : 41). Si la verve polémique de Chambers sur cette question frappe juste, c'est que se cache derrière les absurdités qu'il dénonce un problème méthodologique de fond, qu'on peut formuler ainsi : dans un contexte de forte coupure culturelle et cognitive entre les experts et les expertisés, les développeurs et les développés, les enquêteurs et les enquêtés, autant une recherche quantitative lourde tend à produire des connaissances qui éloignent les experts, développeurs et enquêteurs, des contextes et des significations propres aux expertisés, développés et enquêtés, autant une recherche ethnologique tend au contraire à produire des connaissances qui en rapprochent. Or, en matière de développement rural, comment faire l'impasse sur les systèmes de représentations propres aux populations concernées ? L'enquête qualitative apparaît ainsi comme un préalable : à supposer qu'une enquête quantitative s'avère utile, elle ne peut être menée qu'à partir d'une connaissance fine des catégories de pensée et des normes de comportements « indigènes ».

Cet aspect-là du populisme scientifique, c'est ce que j'ai appelé le populisme méthodologique : il ouvre la porte, sous contrôle méthodologique, à de nouveaux champs de connaissance. C'est un postulat heuristique : les représentations et les pratiques des « pauvres » méritent la plus grande attention de la part des sciences sociales. Celles-ci doivent s'astreindre tant à recueillir ces représentations qu'à décrire ces pratiques, et doivent pour cela inventer des dispositifs méthodologiques particuliers, dont beaucoup relèvent de la culture anthropologique. Depuis longtemps anthropologie et populisme méthodologique ont partie liée.

Le populisme idéologique

Mais le populisme en sciences sociales incorpore aussi des aspects beaucoup moins méthodologiques que proprement idéologiques, qui débordent largement le monde de la recherche et sont fort répandus dans l'intelligentsia. Au-delà d'une découverte des valeurs, des comportements, des ressources propres au peuple se profile une idéalisation, qui n'est pas sans contaminer la découverte elle-même, car elle tend à peindre le peuple sous les couleurs des désirs ou des fantasmes de ceux qui le découvrent. J'ai parlé de populisme idéologique pour évoquer cette exaltation des vertus du peuple, vertus cognitives, politiques, morales, culturelles... Chambers en fournit involontairement divers exemples, dont certains caricaturaux : « Les populations rurales sont généralement endurantes, travailleuses, ingénieuses et d'une grande résistance » [1] (Chambers, 1990 : 172). Il ne s'agit de rien d'autre que de stéréotypes. Le peuple (que ce soit le peuple « proche », à savoir les « couches populaires » occidentales, ou le peuple « lointain », à savoir les peuples du Tiers monde et plus encore leurs couches populaires) est un lieu privilégié de projection de stéréotypes de la part des intellectuels ou des groupes dominants (Rancière, 1983). Ces stéréotypes relèvent de configurations idéologiques variées, ils sont tantôt méprisants, tantôt exotisants, tantôt misérabilistes, tantôt populistes. Les stéréotypes populistes se distinguent en ce qu'ils valorisent ou défendent le peuple. Ils ne sont pas non plus exempts d'un parfum de nostalgie, et c'est souvent le peuple d'hier qui a volontiers leur faveur : « L'altruisme et la générosité existent encore, mais les relations de réciprocité et les appuis traditionnels sont devenus plus rares » (Chambers, 1990 : 173). Le problème, avec les stéréotypes populistes comme avec tous les stéréotypes, c'est qu'ils peuvent rapidement s'inverser en valeur. L'ensemble de stéréotypes apparentés qui servent à penser la « communauté paysanne traditionnelle » (solidarité, autosuffisance, consensus, tradition : rappelons qu'on trouve chez Belloncle un large échantillon de tels stéréotypes ; cf. Belloncle, 1982) peut aussi bien déboucher sur un mode dépréciatif (les obstacles culturels au développement) que sur un mode laudatif (les bases d'un « autre » développement). Les écrits de G. Hyden en fournissent une illustration remarquable : la paysannerie « non-capturée » régie par une « économie de l'affection » est par le même auteur successivement valorisée comme résistance au capitalisme dans un premier livre, puis déplorée comme

---

1. Certes, Chambers marque ici ou là ses réserves envers le populisme idéologique, puisqu'il prend la précaution d'affirmer qu'« il ne faut pas passer du mépris à la surévaluation du savoir des populations rurales » (CHAMBERS, 1990 : 144). Mais ce type de précaution de langage en reste à un tel niveau de généralité qu'il ne prête pas à conséquence.

obstacle à la modernisation dans un second (Hyden, 1980, 1983). Mais d'autres renversements inattendus sont possibles, et en particulier celui-ci : une idéologie populiste s'émerveillant devant les ressources du peuple peut parfaitement abriter aussi des propos « misérabilistes », qui s'indignent des manques du peuple, déprivations identifiées à autant de signes de son exploitation. Nous voilà à nouveau devant diverses figures de cette ambivalence fondamentale du populisme

Populisme et misérabilisme

Développons quelques instants cette question des rapports ambigus entre populisme et misérabilisme, posée en particulier par Passeron (Grignon et Passeron, 1989). Chambers insiste parfois sur les *ressources* du peuple, sur ses capacités créatrices ou adaptatives : quelle que soit la condition qui est la leur, ou qui leur est faite, les « pauvres » la gèrent avec un admirable savoir-faire. Chambers, invoquant le talent avec laquelle des mères de famille indonésiennes réussissent à élever cinq enfants avec un demi-dollar par jour, invite à considérer les pauvres comme des « experts » (Chambers, 1990 : 332). Sans négliger le recours à l'anecdote, il va ailleurs s'essayer à généraliser, en dégageant quatre domaines (pourquoi ces quatre-là ?) où les populations rurales auraient fait plus particulièrement la preuve de leurs compétences (*id.* : 146-156) : les pratiques agricoles (Chambers évoque la réhabilitation actuelle de la polyculture diversifiée autrefois décriée par les agronomes), les savoirs en matière d'environnement (« un Bochiman connaissait au moins 300 plantes »), le sens de l'observation (« un Bihari perçoit par instinct l'insolation, l'état nuageux, l'humidité, la température, le comportement des animaux en relation avec le temps »), et les capacités expérimentales (« les Hanunoo montrent un grand intérêt pour les plantes qui ne leur sont pas familières et qu'ils testent sur de petites parcelles »).

Se combinent ici de façon complexe un populisme méthodologique irrécusable (le peuple comme gisement cognitif, que ce soit à travers les savoirs populaires « traditionnels » ou à travers les stratégies de survie à l'œuvre dans ce que O. Lewis appelait une *culture de la pauvreté* : Lewis, 1969) et un populisme plus proprement idéologique (le peuple comme émerveillement d'intellectuels). Et puis, à d'autres moments, Chambers se fait « misérabiliste » : les pauvres n'existent que dans l'angoisse du lendemain (« Leur préoccupation permanente est la survie, c'est-à-dire d'avoir de quoi se nourrir, ne pas être malade ni avoir d'accident », Chambers, 1990 : 233), ils n'ont ni autonomie ni marge de manœuvre (« Les pauvres n'ont que très peu de liberté et de pouvoir », (*id.* : 314). Le choix même du terme « pauvre » est significatif… On a bien affaire ici à l'attitude « misérabiliste », ou « dominocentrique » (c'est-à-dire centrée sur les seuls processus de domination), que Passeron oppose à l'attitude populiste : le populisme surestime l'autonomie du peuple, le misérabilisme la sous-estime. Le misérabilisme ne s'intéresse qu'aux mécanismes de domination et à leurs effets, il ne voit le peuple que comme victime, et ne caractérise sa culture que comme manque ou absence (Bourdieu étant pris par Passeron comme exemple de cette seconde attitude). Passeron montre, de façon fort convaincante, qu'il s'agit là de deux pôles entre lesquels chercheurs comme écrivains oscillent bien souvent. Et Chambers, dans le monde du développement, en fournit l'illustration.

Mais la désagrégation de l'ensemble « populisme » en diverses modalités permet de proposer une solution au problème de ce va-et-vient permanent entre populisme et misérabilisme. Le populisme moral serait dans ce cas la matrice commune de deux foyers idéologiques apparentés et complémentaires/contradictoires : l'idéologie populiste et l'idéologie misérabiliste. La prise de conscience du fossé qui sépare les intellectuels et le peuple, et la révolte contre le mépris ou l'ignorance dont les « dominants » (ou les « privilégiés ») font preuve à l'égard des « dominés » (ou des « marginalisés ») est le socle commun sur lequel s'édifient tant l'exaltation des vertus et des capacités du peuple que la dénonciation de son oppression et le constat de son impuissance. De plus, non seulement idéologie populiste et idéologie misérabiliste sont issues d'une même indignation (populisme moral), mais elles se situent dans un même registre expressif, celui du stéréotype. Aussi conçoit-on que, bien que situées apparemment à des pôles opposés, elles puissent permuter facilement. Exalter les mérites et les ressources du peuple se transforme vite en dénoncer les privations dont le peuple est victime, et l'impuissance où il est cantonné. Les deux énoncés ne sont d'ailleurs pas perçus nécessairement comme incompatibles.

Où l'action doit composer...

Par contre que se passe-t-il si l'on quitte le registre de l'idéologie « molle », et si l'on se place sur un terrain où l'idéologie est inscrite dans des systèmes institutionnels ? Que se passe-t-il en particulier si l'on se place soit sur le terrain de l'action, soit sur celui de la connaissance ? L'idéologie devient alors soumise à des contraintes professionnelles spécifiques, que ce soit celles du « développement », s'il s'agit d'action, ou celles des sciences sociales, s'il s'agit de connaissances. Dissipons deux malentendus possibles. Tout d'abord l'opposition ici esquissée entre connaissance et action est de type institutionnel : les règles du jeu qui régissent les chercheurs et celles qui régissent les opérateurs de développement ne sont évidemment pas les mêmes. En revanche rien n'empêche qu'un même individu puisse occuper alternativement, ou même simultanément, une position dans chaque système, même si ce n'est jamais sans difficulté. Par ailleurs, la recherche dite « appliquée » ou les travaux d'expertise et d'évaluation ne se situent pas nécessairement du côté de l'action, bien que les règles en soient distinctes de celles de la recherche académique. Même légitimées par « l'aide à la décision » qu'elles sont censées apporter, ces entreprises relèvent bien souvent du seul registre de l'acquisition de connaissances sous contraintes particulières (celles des cahiers des charges et des termes de référence des bailleurs de fond) [1].

Selon que l'on se situe dans le registre de l'action ou dans celui de la connaissance, idéologie populiste et idéologie misérabiliste ne disparaissent pas, loin de là, mais leurs rapports mutuels se nuancent. La contradiction qui les unit/oppose soulève des problèmes fort différents dans un registre ou dans l'autre.

Prenons d'abord l'exemple de l'action, en l'occurrence les pratiques de développement. L'idéologie populiste débouche sur une politique de valorisation des ressources propres au peuple et d'appui aux dynamiques des sociétés locales, alors que l'idéologie misérabiliste débouche sur une politique de l'éducation permettant une vulgarisation de connaissances extérieures en direction de populations qui ne peuvent s'en sortir par elles-mêmes. En fait, cette contradiction est inhérente au système développementiste : toute situation de développement implique d'un côté une auto-prise-en-charge par les populations locales et fait appel nécessairement à une dynamique endogène, comme elle implique tout aussi nécessairement une intervention extérieure, et suppose un transfert de savoirs et de ressources. C'est l'équilibre entre ces deux impératifs qui varie. Les diverses pratiques de développement tendront plus ou moins à insister sur un pôle au détriment de l'autre ; elles ne pourront jamais vraiment abandonner tout à fait celui-là au profit exclusif de celui-ci. Certes les rhétoriques qui sont associées à ces pratiques peuvent se focaliser plus encore que les pratiques sur un pôle privilégié et s'en servir comme mode de légitimation ou comme « argument de vente ». Mais à un moment ou à un autre elles devront malgré tout prendre en compte l'autre pôle : celles qui se réclament plus volontiers du populisme idéologique vont avoir à trouver quand même une place pour les intervenants extérieurs, alors que celles qui se réclament plus volontiers du misérabilisme vont avoir à trouver quand même une place pour les dynamiques internes. C'est bien le dilemme dans lequel se trouve Chambers, et c'est pourquoi il produit alternativement des énoncés populistes et des énoncés misérabilistes. Sa position populiste implique que les « populations rurales soient acteurs et non sujets d'observation ou sources de données » (Chambers, 1990 : 126) : il faut donc une « recherche participative » permettant aux « pauvres » d'« accéder au contrôle de leurs propres destinées » (*ibid.*), et s'appuyant sur leurs savoirs et leurs compétences. Mais ceci n'est possible, nous explique-t-il en se référant à P. Freire (Freire, 1980), que par le recours à une « pédagogie de l'opprimé », qui permet aux pauvres de porter un regard critique sur leur propre univers, de sortir de leur « culture du silence » (*ibid.*). L'intellectuel, le populiste développementiste, va donc ouvrir les yeux et les bouches des pauvres, et leur procurer les moyens de la critique. Cette thématique devenue classique de la « conscientisation » oscille sans cesse entre le « spontanéisme » ou le « basisme » d'un côté,

---

1. Le problème lié aux méthodes d'enquête rapide (RRA, MARPP : cf. la conclusion de cet ouvrage) est donc bien de savoir si elles sont satisfaisantes en termes de connaissance, autrement dit si elles procurent aux commanditaires des données fiables et pertinentes (et pas seulement vite récoltées). C'est bel et bien un débat d'ordre méthodologique.

et le « missionnarisme » ou l'« avant-gardisme » de l'autre. Le « basisme » (il faut s'appuyer sur les capacités créatrices des gens « de base ») apparaît ainsi comme l'expression dans l'action de l'idéologie populiste, de même que l'« avant-gardisme » (il faut éclairer et éduquer le peuple) apparaît comme l'expression dans l'action de l'idéologie misérabiliste. Ceci n'est pas sans rappeler un autre débat, qui se situe dans un autre registre de l'action, non plus l'action de développement, mais l'action politique. Rappelons-nous la théorie de l'avant-garde telle que Lénine l'exprime dans *Que faire ?* (Lénine, 1968), justement contre les populistes russes, en insistant sur la nécessité d'*importer* la conscience de classe au sein du prolétariat [1]. Rappelons-nous aussi comment Mao-Tsé-Toung a tenté de combiner cette perspective « avant-gardiste » léniniste à une perspective fortement « basiste » et « spontanéiste » (« populiste »), faisant du peuple la source des idées justes et des valeurs morales, dans des termes dont on retrouve un certain écho au sein du « complexe populiste développementiste » (les « médecins-aux-pieds-nus » de la Révolution culturelle chinoise ont laissé des traces jusque dans l'Organisation mondiale de la santé...). Le problème du rapport entre « intellectuels » et « peuple » en termes d'action de transformation sociale s'est posé en effet de façon analogue dans l'action révolutionnaire et dans l'action développementiste : comment des intellectuels, initialement mus par une réaction morale, vont-ils professionnaliser cette morale avec pour objectif d'aider le peuple à transformer ses propres conditions ? C'est d'ailleurs dans une telle perpective que Chambers évoque sa propre version d'un « homme nouveau », de ce qu'on pourrait appeler un « expert du troisième type » (n'y aurait-il pas quelques résonances avec le profil du révolutionnaire professionnel chez Lénine ou celui du cadre communiste voué à la cause du peuple chez Mao ?). Chambers plaide pour une « troisième culture » qui ne soit ni celle des experts classiques ni celle des chercheurs classiques (il ne nous en donne qu'un aperçu fait, hélas, d'un catalogue quelque peu déprimant de pieuses intentions et de bons sentiments). Il reconnaît en effet que « même si l'on parle beaucoup de « participation », de « recherche-participation », de « participation communautaire », au bout du compte il s'agit toujours d'un « intervenant extérieur qui tente de changer les choses » (Chambers, 1990 : 231). Nous sommes bien à ce point d'intersection entre basisme populiste et avant-gardisme misérabiliste qui est commun au développementisme et à l'action politique révolutionnaire : comment doit procéder « un fort qui veut changer les choses au profit d'un faible ? » (*ibid.*).

1. Je ne me suis pas intéressé ici au débat marxisme/populisme, bien qu'il porte largement sur la paysannerie et le développement. Non seulement c'est un débat particulièrement touffu, complexe, et en partie suranné, mais surtout il implique une définition trop étroite du populisme, lié à sa polémique avec le marxisme. Ce populisme-là est en effet un populisme théorique, qui va de Herzen à Chayanov, pour la période « classique », et se redéploie avec des auteurs contemporains parfois traités de « néo-populistes » (par exemple Lipton, 1977 ; cf. Byres, 1979). Le populisme dont je traite ici, on l'aura compris, déborde largement les théories que l'on dit populistes au sens strict (soit selon leurs auteurs, soit selon leurs détracteurs marxistes). Il inclut d'ailleurs en partie les auteurs marxistes eux-mêmes.

...et où la connaissance peut opposer...

En revanche si on se place sur le terrain de la connaissance, et plus précisément au niveau de la production de connaissances par les sciences sociales, la professionnalisation du populisme moral obéit à de toutes autres règles. Le rapport entre idéologie misérabiliste et idéologie populiste devient plus tendu : le misérabilisme tend à se présenter comme logiquement incompatible avec le populisme. Une fois le peuple découvert par les anthropologues et les sociologues, ou bien ceux-ci décrivent les ressources cachées dont le peuple dispose, ou bien ils analysent la privation dont il est victime. Peu mènent les deux de front. Cette dialectique de l'opposition entre populisme et misérabilisme dans les sciences sociales est fort subtilement analysée par Passeron (Grignon et Passeron, 1989). Le problème, c'est que nous avons ici affaire à un mélange apparemment inextricable d'idéologies scientifiques et de points de vue heuristiques. Deux couples se font face : d'un côté le point de vue des ressources spécifiques du peuple (populisme méthodologique) et l'idéalisation de ces ressources (populisme idéologique) ; de l'autre côté le point de vue des mécanismes de domination (analyse des modes de domination) et la réduction du peuple à l'exploitation dont il est victime (que l'on appellera, en suivant Passeron, du nom fort barbare de domino-centrisme). Le misérabilisme en sciences sociales combine donc, lui aussi, un versant cognitif (analyse des modes de domination, mettant au jour des contraintes structurelles ou systémiques, de type plutôt sociologique) et un versant idéologique (le domino-centrisme, c'est-à-dire la projection de stéréotypes de privation). Inversement, le populisme en sciences sociales combine à la fois un versant heuristique (un « populisme méthodologique » explorant les ressources des dominés, de type plutôt anthropologique), et un versant idéologique, qui oublie les effets intériorisés de la domination (c'est-à-dire fait œuvre d'idéologie populiste, et projette des stéréotypes d'émerveillement).

Comparons la situation telle qu'elle se présente dans les sciences sociales (registre de la connaissance) et telle qu'elle se présente dans le développement (registre de l'action). Alors que les contraintes du développement obligent basistes et avant-gardistes à composer mutuellement, les libertés de la recherche (ou ses contraintes symboliques) permettent au contraire au misérabilisme et au populisme dans les sciences sociales de s'y présenter comme deux entreprises rivales, concurrentes, incompatibles [1]. Si, dans les sciences sociales, l'opposition entre populisme et misérabilisme peut se radicaliser et se perpétuer beaucoup plus que dans le champ du développement, c'est justement parce que ces deux termes sont constitués en idéologies scientifiques se disputant une clientèle intellectuelle sans que ces rhétoriques aient de quelconques effets sur la pratique sociale de ceux dont ils parlent. Dès lors, les chercheurs en sciences sociales, non soumis

1. Je m'aperçois aujourd'hui que Bailey avait déjà souligné de son côté ce contraste entre le « débat » (qui accentue les différences et les antagonismes) et le « compromis » (produit par les négociations inhérentes à toute action) : BAILEY, 1973.

aux contraintes de l'action, peuvent se focaliser exclusivement sur un pôle sans avoir à faire place à l'autre pôle, à la différence des opérateurs de développement. Un sociologue de la domination peut consacrer une vie entière de recherche à ignorer les représentations populaires, comme un anthropologue des savoirs locaux peut aligner publication sur publication sans se soucier jamais des sujétions politiques. On a vu que ni le plus « populiste », ni le plus « misérabiliste » des développeurs ne peuvent se permettre ce luxe : ils doivent nécessairement, eux, passer des compromis avec l'autre position.

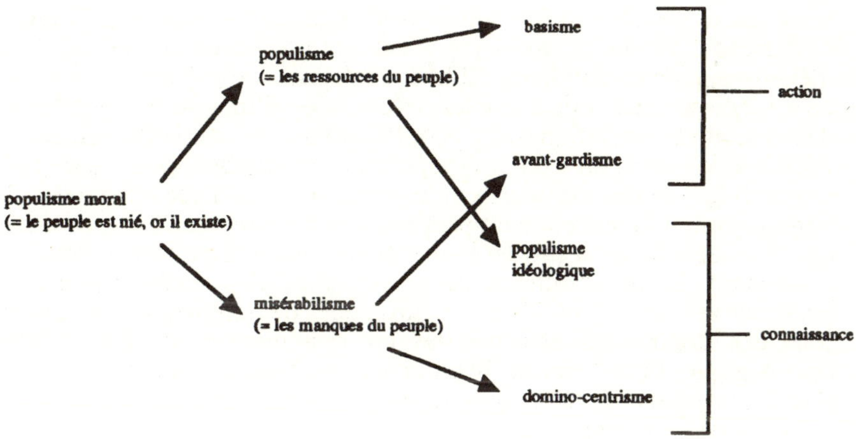

... alors que la méthodologie devrait combiner !

Fondée « en idéologie » du fait des contraintes (ou de l'absence de contraintes) propres au monde de la recherche en sciences sociales, l'antinomie entre les deux pôles n'est, par contre, pas fondée « en méthodologie ». Le paradoxe, en effet, c'est que, du côté des exigences proprement heuristiques (ou méthodologiques), qui fondent la légitimité des sciences sociales, il n'y a aucune contre-indication entre populisme méthodologique et analyses de la domination. Il semblerait même de bon sens de combiner ces deux points de vue heuristiques, et de cumuler une approche s'intéressant aux ressources du peuple à une approche s'intéressant aux effets de structure globale.

Une rupture épistémologique entre le populisme méthodologique et le populisme idéologique, comme entre les analyses de la domination et le domino-centrisme (en tant que forme de l'idéologie misérabiliste dans les sciences sociales) de l'autre, s'impose alors. C'est à ce prix qu'il devient possible de combiner, en bonne rigueur méthodologique, la découverte des représentations et des logiques populaires et la mise en évidence des contraintes qui les régissent.

Mais ce prix n'est pas un droit d'entrée payable une fois pour toutes. Il faut sans cesse mettre la main à la poche. C'est en cela que l'activité critique inhérente à la recherche est irremplaçable, qu'elle s'exerce dans le champ de l'action (politique ou développementaliste) ou dans le champ de la connaissance (socio-anthropologie). Comment, sinon, échapper aux rhétoriques idéologiques qui prolifèrent dès lors que les intellectuels se posent l'incontournable question du « peuple », dont le champ du développement est l'un des sites principaux de notre temps ?

DEUXIÈME PARTIE

PERSPECTIVES DE RECHERCHE

6

Rapports de production et modes d'action économiques

En quoi une analyse en termes de rapports de production peut-elle permettre de comprendre le changement social, ou les pratiques et attitudes populaires face aux actions de développement ? Telle est notre question de départ. Ou encore : quelles sont les limites de l'anthropologie économique « marxiste » ou d'influence marxiste dès lors qu'il s'agit de rendre compte des réactions paysannes face au développement rural ?

Cette question, nombre d'entre nous, qui avons plus ou moins jonglé avec l'articulation des modes de production, nous la sommes posée : que reste-t-il aujourd'hui de ces paradigmes maintenant que la mode intellectuelle en est passée ? Quelle est la valeur opératoire des modèles décrivant l'organisation des rapports socio-économiques fondamentaux en termes de rapports sociaux de production, modèles qui relèvent de la morphologie sociale, et que l'anthropologie économique française a produit dans les années 60-70 ?

Les réponses ne peuvent être, au moins dans un premier temps, que spécifiques, circonscrites, contextualisées : le recours à un « terrain » s'impose donc. La prudence aussi. Je partirai du « modèle » avec lequel j'ai décrit il y a quelques années la structure socio-économique des sociétés songhay-zarma (Niger, Mali) sous la domination coloniale (cf. Olivier de Sardan, 1984). Après un bref rappel de ce modèle, je tenterai de comprendre en quoi il pouvait être explicatif de pratiques paysannes. Puis, je questionnerai ce modèle à la lumière de la réalité contemporaine : peut-on encore aujourd'hui le considérer comme valable ? Peut-il servir à éclairer les comportements des agriculteurs face aux opérations de développement ?

Les sociétés songhay-zarma sous la colonisation : mode de production paysan et rapports de production

La période coloniale a entraîné à de nombreux égards une transformation profonde des rapports de production anciens dans l'ouest du Niger et l'est du Mali. Dissolution des divers rapports « esclavagistes » précoloniaux en milieu songhay-zarma (« captivité familiale », ou domestique, esclavage de traite, domaines d'esclaves de chefferie), dilution des rapports tributaires liés à la sujétion, à la guerre ou à la razzia, réduction du système de production domestique patriarcal au ménage et érosion des rapports aînés/cadets ou maître/captif (en tant que rapports de production internes à l'unité de production), émergence d'inégalités foncières : ces différents traits, qui signifiaient une rupture avec les structures sociales « traditionnelles », étaient déjà manifestes avant la Seconde Guerre mondiale. Un nouveau mode de production était déjà en place, que j'ai appelé à l'époque *mode de production paysan* (expression qu'on pourrait remplacer par tout autre nom par lequel on entendrait désigner la *petite production marchande agricole*). Il se caractérise par la famille nucléaire comme cellule élémentaire de production et de reproduction, une stratégie de reproduction basée sur une combinaison d'autosubsistance et de vente des excédents sur le marché (*subsistance marchande*), et l'existence de ponctions en amont ou en aval du procès de production comme mode de prélèvement d'un « surplus » par les structures étatiques (*exploitation despotique* : travail forcé, impôt) [1]. Par ailleurs, les migrations temporaires jouaient déjà un rôle central dans la reproduction globale avec l'entrée épisodique des migrants dans des rapports de production « urbains » (salariat, économie « informelle », sous-traitance, apprentissage).

Ce modèle, conçu pour rendre compte de données empiriques sur les sociétés songhay-zarma, et qu'on retrouve pour une bonne part dans le Sahel tout entier, évitait toute référence à la théorie de l'« articulation des modes de production », et ceci pour deux raisons. D'une part, il y avait là une méfiance personnelle à l'égard des dangers mécanistes et formalistes du marxisme « structuraliste » [2], d'autant plus forte que mes réticences vis-à-vis du structuralisme proprement anthropologique (Lévi-Strauss) étaient déjà grandes. D'autre part, les rapports de production précoloniaux avaient pour l'essentiel disparu (ou n'existaient plus que sous forme marginale) dans l'ouest du Niger, et on voit mal comment ils auraient pu s'« articuler » avec le mode de production capitaliste. La théorie

---

1. Ici l'expression de « mode de production paysan » n'a pas du tout le même sens que chez Hyden, puisqu'il s'agit là d'une part d'un système économique né de la désintégration des formes « traditionnelles » de production, et que d'autre part ce système est pour une part à base de petite production marchande connectée à l'économie capitaliste englobante.
2. L'inscription pendant un temps dans une mouvance « maoïste » a eu pour moi-même comme pour d'autres chercheurs de ma génération l'effet de mettre plus volontiers l'accent sur les « ressources des masses » (volontarisme populiste souvent qualifié par nos frères ennemis trotskystes de « spontanéisme ») que sur les déterminismes économiques.

de l'« articulation des modes de production » n'est pas en effet sans avoir un certain parfum dualiste (coexistence d'un secteur « traditionnel » et d'un secteur capitaliste) peu compatible avec les données empiriques dont je disposais. A cet égard, le concept fort différent de « combinaison de rapports de production » aurait mieux fait l'affaire, parce qu'il se situe beaucoup plus dans un registre empirique, qu'il admet la coexistence de rapports de production variés, et qu'il ne suppose pas nécessairement la permanence d'un mode de production ancien. C'est une combinaison, non binaire, de rapports de production hérérogènes et « nouveaux » qui définissait en effet le système de production et de reproduction économique des campagnes ouest-nigériennes à la fin de la colonisation et au début de l'indépendance. Les rapports de production de « genre » (homme/femme), caractéristiques du « mode de production paysan », lui-même central, se combinaient en effet à différents rapports de production ruraux « minoritaires » ou « secondaires » (en ce sens que leur présence ou leur absence ne modifiait pas le fonctionnement du mode de production paysan) : métayage, salariat agricole temporaire, prestations tributaires résiduelles. Cet éventail de rapports de production ruraux organisés autour de la production paysanne domestique se combinait à son tour aux divers rapports de production « urbains » dans lesquels entraient provisoirement les migrants. Enfin tout cela s'articulait avec les ponctions de la société englobante, en l'occurrence de l'appareil d'État colonial ou post-colonial, par le biais de l'*exploitation despotique* (ponctions en hommes, en produits et en numéraire), ou du marché (fixation du prix des produits agricoles entraînant un *échange inégal* ; cf. Emmanuel, 1972).

La logique de la subsistance à l'époque coloniale

Que nous dit ce modèle au sujet des comportements paysans sous la colonisation ? Il est un domaine où le lien est évident et débouche sur une analyse en termes d'acteurs et d'action : il s'agit des multiples conflits qui ont opposé l'administration coloniale aux agriculteurs à propos de l'impôt, des réquisitions, du travail forcé, etc. J'avais proposé d'analyser les réactions songhay-zarma face aux prélèvements étatiques comme autant d'expressions d'une *stratégie de la dérobade*. On a mentionné plus haut (cf. chapitre 3) que des comportements analogues avaient été décrits comme plus généralement caractéristiques des paysanneries (*every day peasant resistance*, *evasive reactions* ou *defensive strategies*). Dans le cas nigérien, il s'agissait d'affrontements autour de l'ampleur de la ponction qui était opérée par l'extérieur étatique sur les unités domestiques rurales, que j'ai tenté de décrire dans une perspective d'histoire sociale ou d'anthropologie historique « vue d'en bas ».

Une telle analyse rentre d'une certaine façon dans l'héritage marxiste, qui associe la lutte des classes à la structure des rapports de production et y voit la forme privilégiée, voire exclusive, du rapport entre morphologie sociale et stratégies d'acteurs. Cependant les « résistances paysannes » n'ont pas pris au Niger (ni semble-t-il ailleurs) les formes classiques de l'action collective dûment labellisées par le mouvement ouvrier. Les « affrontements » entre cultivateurs songhay-zarma et appareil d'État colonial n'ont pas non plus correspondu aux médiations habituelles par lesquelles les théoriciens marxistes classiques ont décrit le passage de l'appartenance de classe à la pratique de classe : « conscientisation », organisation, rôle d'une avant-garde... De même que chaque exploitation agricole est isolée face au procès de production et face aux modes de ponction en amont ou en aval, de même les résistances à ces ponctions sont individuelles, éparses, inorganisées. Elles ne visent ni à « changer le système » ni à le réformer, elles cherchent simplement à minimiser la ponction, et ce au moindre coût, c'est-à-dire en minimisant aussi les risques dûs à la répression éventuelle. D'où le recours à la ruse, à la dissimulation, au mensonge, à la fuite, à l'inertie...

Certaines « opérations de développement » (si le mot n'était pas encore employé, la réalité telle qu'elle a été définie au début de cet ouvrage existait déjà) menées par l'appareil d'État colonial se sont ainsi heurtées à des résistances de ce type, soit parce que ces opérations étaient partie intégrante de l'exploitation despotique (cf. la réalisation d'infrastructures par le travail forcé), soit parce qu'elles en utilisaient les méthodes (cf. les greniers de réserve...), soit parce qu'elles étaient mises en œuvre par les mêmes agents de l'administration (cf. les cultures de traite, dans certains cas).

Cependant les stratégies des paysans restaient largement individuelles, et les conflits ne s'exprimaient pas dans des actions collectives. Aucune « coordination » ne régulait les comportements paysans. Aucune « communauté villageoise » ne dictait à ses membres leurs modes d'action économique. Mais cela ne signifiait pas que, sur la base des contraintes définies par les modes ou rapports de production, les stratégies individuelles étaient totalement « libres » ou aléatoires. L'agrégation des stratégies individuelles s'opérait selon des lignes de force nettes. Les paysans ne se concertaient pas pour dissimuler au « commandant » leurs troupeaux, mais la quasi-totalité le faisait, chacun à sa façon. Les jeunes ne se réunissaient pas en assemblées générales pour décider de partir sur la côte, mais la quasi-totalité le faisait, chacun à sa façon. Pourquoi cette convergence des comportements économiques ?

On pouvait penser que, à l'intérieur d'un espace économique global structuré par une combinaison donnée de rapports de production, les modes d'action économique des paysans étaient en nombre limité, et reflétaient plus ou moins une commune « logique » d'action. J'avais nommé celle-ci *logique de la subsistance*. On aurait pu parler aussi bien d'une *logique de la reproduction*. Le terme de « subsistance » peut en effet prêter à confusion. Il ne s'agissait pas de subsistance alimentaire immédiate (théorie des « besoins primaires »...) mais bien de « subsistance » sociale, autrement dit de la satisfaction des *besoins sociaux* d'une famille, de sa reproduction culturellement définie [1]. Il ne s'agissait

1. Les dépenses liées aux échanges sociaux (mariages par exemple), malgré leur caractère souvent ostentatoire, sont donc inclues : ceci est d'ailleurs fort compatible avec ce que Marx entendait par *besoins historiquement déterminés* lorsqu'il tentait de déterminer la « valeur d'usage » de la force de travail.

pas plus d'autosubsistance au niveau de la production agricole : la « logique de la subsistance » telle que je l'entendais n'opposait aucunement l'autoconsommation à la vente des surplus (mil, riz) ou à l'introduction de cultures de traite (arachide). Cette dichotomie, qui tend à faire de l'autosubsistance une vertu de la production paysanne authentique, et des cultures commerciales un signe de la « capture » par le capitalisme, ne correspond ni aux données précoloniales (les échanges marchands y étaient nombreux) ni aux données coloniales (dans l'ouest du Niger l'accroissement des échanges marchands sous la colonisation a porté autant sur les cultures dites de subsistance que sur les cultures dites de rente) [1]. En fait, la vente sur le marché d'excédents vivriers ou du produit de cultures commerciales correspondait pour l'essentiel dans l'ouest du Niger à des stratégies de subsistance (pour acquérir du numéraire indispensable à la reproduction sociale) et se distinguait par là des stratégies spéculatives (commerçants) ou « capitalistes » (accumulation pour l'investissement).

Sans possibilité de peser sur les cours, non concernée par l'agriculture spéculative de plantation, ne disposant à l'époque d'aucun moyen accessible et fiable pour améliorer une production essentiellement à base pluviale, la masse de la paysannerie songhay-zarma n'avait guère d'autres modes d'action économique à sa disposition qu'une combinaison d'autoconsommation et de petite production marchande, en ce qui concerne la production agricole. Celle-ci était elle-même couplée à deux autres modes d'action « non agricoles », la stratégie de la dérobade d'un côté (face aux ponctions) et l'émigration de l'autre. Il faut en effet rappeler que l'émigration temporaire au Ghana des jeunes adultes était massive. Ces migrations saisonnières s'intégraient parfaitement dans la logique de la subsistance, en élargissant le champ d'application de celle-ci au milieu urbain, autrement dit en allant chercher à l'extérieur du monde agricole des ressources complémentaires.

De fait, **la logique de la subsistance était transversale aux différents rapports de production dans lesquels les paysans (qui n'étaient pas que paysans) étaient engagés**. Pour désigner les formes que la logique de la subsistance prenait selon qu'elle s'exprimait à travers tel ou tel rapport de production, on aurait pu parler d'une *subsistance marchande* (la vente des produits agricoles), d'une *subsistance salariale* (la vente de la force de travail) ou d'une *subsistance d'autoconsommation*. Ces trois formes caractérisaient les principaux secteurs où la reproduction familiale était recherchée. Un même acteur paysan « jouait » sa subsistance avec des stratégies combinatoires. La logique de la subsistance s'exerçait donc au sein de rapports de production variés, multiples.

---

1. Il a été montré, en ce qui concerne les cultures commerciales dans les zones de plantations forestières et cotières (café, cacao), que leur montée en puissance sous la colonisation ne s'est pas faite sous l'injonction des colons mais en partie contre eux, et en tout cas pas comme ceux-ci l'entendaient (cf. CHAUVEAU et DOZON, 1985). Ceci étant, l'importance du surplus qui a pu être ici ou là généré par les cultures de rente est évidemment un des facteurs de l'émergence de stratégies d'accumulation dans l'agriculture.

L'analyse des rapports de production devient dans cette perspective une analyse des contraintes qui pèsent sur la logique de subsistance et où celle-ci fraye son chemin. Cette analyse fournit en quelque sorte la liste des solutions possibles, la carte des filières de subsistance disponibles pour un groupe social donné d'une société donnée à un moment donné, et signale les points de passage obligés et probables. Elle marque aussi les lieux d'affrontements possibles, les points sensibles où les intérêts des paysans engagés dans la logique de la subsistance et ceux des groupes sociaux engagés dans d'autres logiques (fonctionnaires coloniaux, agents indigènes de l'administration, entrepreneurs, commerçants, etc.) peuvent s'affronter : le prix des produits, le niveau de la ponction, le montant du salaire...

Le concept de « logique de la subsistance », dans l'acception que je lui avais alors donnée, à partir des matériaux songhay-zarma, se situe dans une certaine tradition d'usage sociologique du terme de « logique », tout en s'en distinguant. En effet, parler de « logique », au sens de logique d'action, c'est mettre l'accent sur l'acteur social et ce qui sous-tend son système d'action. C'est tenter de dynamiser les structures, ou de descendre des structures vers les comportements, ou de jeter un pont entre les deux. Lorsque les types d'action considérés sont d'ordre économique, au moins dans leurs manifestations, c'est à partir des modes d'action économique qu'il convient de rechercher les « logiques » sous-jacentes qui sont à l'œuvre. La « logique de la subsistance », conçue comme facteur commun d'une majorité des comportements économiques des acteurs paysans, permet de sortir du structuralisme économiciste du marxisme classique.

Mais chez les auteurs relevant plus ou moins de l'« économie morale » le terme de » logique » reste associé à celui de « mode de production ». Tel mode de production aurait sa logique d'acteurs, renvoyant au système de normes associé au mode de production en question. La logique de la subsistance ou de la sécurité serait ainsi consubstantielle au mode de production paysan chez Hyden, ou au mode de production « féodal » (ou « clientéliste ») chez Scott (cf. ci-dessus, chapitre 3) [1]. On retombe dans le danger d'une « logique » invoquée comme principe explicatif unique de l'économie paysanne ou « traditionnelle ».

Il m'a semblé que la « logique de la subsistance » devait au contraire être décrochée de tel ou tel mode de production, et de tel ou tel rapport de production. Elle était transversale, à l'œuvre au sein de rapports de production variés. En définitive on peut voir dans la « logique de la subsistance » une sorte de chaînon entre d'une part les divers modes d'action économique entre lesquels se répartissaient les pratiques paysannes individuelles et d'autre part le système de contraintes auquel tous étaient soumis. La « logique de la subsistance » représentait en quelque sorte la cohérence ultime des diverses stratégies développées dans un jeu économique dont les règles étaient définies à la fois par les rapports de production (contraintes structurales), à la fois par les

1. De leur côté et à l'inverse, les tenants de l'individualisme méthodologique tendent à présupposer une logique générale et quasi universelle des acteurs.

systèmes normatifs locaux (contraintes dites « culturelles »), et à la fois par les rapports de force sociaux (contraintes que l'on pourrait appeler « politiques »). On peut en effet penser que la circulation villageoise de l'information et l'existence de réseaux d'interaction canalisent les modes d'action économique individuels dans des limites compatibles à la fois avec les normes des groupes d'appartenance, avec la carte des rapports de production disponibles, et avec l'état des rapports de force associés à ces rapports de production. Ainsi est défini le champ des possibles en un espace-temps donné.

Rapports de production et transformations contemporaines

Peut-on estimer que l'analyse des rapports de production et de la logique de la subsistance menée en référence à la colonisation est devenue obsolète si l'on considère la société contemporaine ? Rien n'est moins sûr. Le « mode de production paysan » régit toujours pour l'essentiel la production agricole en pays songhay-zarma. Nous sommes encore loin de la « fin des paysans » diagnostiquée en Europe. Quelques déplacements se sont certes opérés dans les rapports de production ruraux « secondaires » : érosion des derniers rapports tributaires, développement marginal d'une agriculture capitalistique. Les forces productives se sont dans certains secteurs développées (aménagements hydro-agricole), mais sans bouleversement des rapports de production à la campagne. Les migrations ont changé de zones d'accueil, elles ont conservé leur importance.

Dans un domaine toutefois la situation s'est nettement modifiée : l'exploitation despotique a, pour l'essentiel, pris fin. A cet égard, la coupure n'est pas l'indépendance. Une première coupure intervient en 1945 avec la fin de « l'âge d'or colonial » et la suppression du travail forcé. Une seconde coupure intervient dans les années 1970 avec la rente uranifère et les sécheresses, concourrant à la diminution spectaculaire de l'impôt. Les campagnes ne sont plus pillées.

Mais il est d'autres changements qu'une analyse en termes de rapports de production ne permet pas d'appréhender, parce qu'ils se situent à une autre échelle, et qu'ils surviennent « à l'intérieur » des rapports de production en place. Tel est le cas avec la plupart des innovations qu'ont induites les diverses opérations de développement, soit directement (aménagements), soit indirectement (diffusion de techniques et de matériels), par le « libre jeu du marché » souvent, ou par la modification imperceptible des comportements « individuels »... En effet, les interventions lourdes (digues et irrigation) comme les actions incitatives légères (diffusion de la traction attelée, jardinage de contre-saison) ont pu se couler dans le moule des rapports de production sans les altérer réellement (du moins à l'échelle de temps qui est la nôtre).

Les aménagements hydro-agricoles le long du fleuve Niger (essentiellement orientés vers la riziculture) représentent les plus importantes opérations de développement dans l'ouest du pays. Devenus un incontestable succès après des débuts timides et grâce à une injection massive de fonds, ils ont nettement amélioré le sort des paysans allocataires. Les structures « coopératives » qui ont été mises en place n'ont cependant pas mis en question la prédominance du mode de production paysan. Ces aménagements sont basés sur l'attribution, en principe, d'un lot par famille riveraine, dans un contexte où les rizières préexistantes étaient déjà un bien rare soumis à location et cession, et où des stratégies d'accumulation foncière commençaient à se manifester. Malgré divers excès dus à la corruption et au trafic d'influence permettant à certaines familles ou à des fonctionnaires étrangers de bénéficier de lots plus nombreux, ils ont plutôt conforté le mode de production paysan, en fournissant aux familles nucléaires (les familles élargies avaient déjà disparu en tant qu'unité de production : cf. Olivier de Sardan, 1969) une base complémentaire et sûre de reproduction (de type subsistance marchande car le riz est vendu), grâce à la multiplication des rizières (due à l'aménagement) et à l'accroissement de la productivité (due à l'irrigation).

Ce serait plutôt la dynamique des rapports de production « secondaires » qui aurait été modifiée, avec le développement du salariat temporaire additionnel dans les rizières (alimenté en grande partie par les régions de l'intérieur) et le réaménagement de la division du travail hommes/femmes (du fait de la vente du riz paddy à l'usine pour décorticage industriel à la place de la vente aux femmes pour décorticage manuel), mais sans modification profonde de ces rapports tels qu'ils étaient déjà inscrits dans la structure sociale. Par ailleurs, et pour d'autres raisons, on a assisté au développement d'une émigration permanente (et non plus temporaire) vers la ville (c'est-à-dire une « sortie » définitive des rapports de production ruraux).

Le développement du jardinage, la possibilité d'une seconde récolte de riz, l'utilisation d'intrants et de matériels plus complexes (traction attelée) n'ont rien de contradictoire avec la « logique de la subsistance ». Celle-ci semble en effet régler aujourd'hui encore une grande partie des modes d'action économique paysans. Rien ne permet en l'état actuel des choses de parler d'un développement massif des « entrepreneurs » ruraux ou de capitalisme agraire. Tout au plus peut-on déceler une légère extension des stratégies accumulatives (restées fort minoritaires), mais qui ont en général une origine non agricole (commerce, migrations, fonctionnariat) et s'investissent après coup dans la riziculture. Cette tendance se renforcera-t-elle, et finira-t-elle un jour par menacer la petite production marchande actuellement dominante ? C'est possible, mais nous n'en sommes pas là.

La permanence des flux migratoires dans les zones aménagées permet toutefois de poser une série de questions relatives à cette logique de la subsistance. Pourquoi un accroissement relatif des ressources agricoles ne se traduit-il pas par une réduction significative des départs ?

1. Un premier niveau de réponse ne met pas en doute l'hégémonie de la logique de la subsistance. Il suffit en effet que le travail sur place et la migration vers les villes ne soient pas exclusifs l'un de l'autre et puissent, même en cas d'extension de l'un, continuer à se combiner. Dans la mesure où la force de travail disponible sur les aménagements suffit à la

tâche (y compris grâce au recours au salariat temporaire additionnel), celle qui est en excédent peut continuer à s'écouler vers l'extérieur. On peut également faire l'hypothèse que la diversification des sources de subsistance est une des formes même de la logique de la subsistance. On peut enfin estimer que les gains à l'extérieur (au moins les gains anticipés) sont supérieurs aux gains locaux (le travail sur les aménagements).

2. Un second niveau de réponse oblige à faire intervenir d'autres paramètres. Certaines interprétations des phénomènes migratoires ont, dans le passé, mis unilatéralement l'accent sur les causes « culturelles » des migrations (cf. Rouch, 1956). Il ne faudrait pas commettre l'erreur inverse et n'y voir que l'effet de seuls mécanismes économiques (cf. Painter, 1987). Des phénomènes sociaux complexes sont le produit de facteurs complexes... Les migrations combinent la recherche de numéraire, l'émancipation des cadets, la quête de prestige. On y voit à l'œuvre, imbriquées et en partie indiscernables, aussi bien des moyens de pourvoir aux besoins familiaux ou individuels que des modes de reconnaissance sociale ou l'accès à de nouveaux réseaux de sociabilité... Une analyse des migrations ne peut en aucun cas être mono-causale.

Les migrations ont ceci d'intéressant qu'elles font partie de ces comportements économiques spontanés qui ne sont pas imputables aux interventions extérieures. Les politiques volontaristes des pouvoirs successifs ont au contraire cherché à les freiner. Or ces connexions avec des pays lointains *via* les migrants (comme celles qui se sont faites en d'autres temps *via* les « anciens combattants » et « tirailleurs sénégalais » survivants des guerres européennes ou coloniales) ont souvent permis d'introduire des innovations multiples (et « informelles ») dans les campagnes, hors toute action de développement.

Ceci étant, les « décisions » d'adoption d'innovations extérieures par les producteurs, qu'elles soient introduites par les migrants ou qu'elles soient l'effet d'actions de développement, relèvent de processus que ne peuvent éclairer directement ni l'analyse des rapports de production, ni la mise en évidence de logiques modales transversales à ces rapports de production. Ainsi, dans l'ouest du Niger, les opérations de vulgarisation des charrues et charrettes n'ont longtemps pas eu d'écho, alors que désormais la diffusion s'en étend de façon accélérée : les références à la petite production marchande ou à la logique de la subsistance ne permettent évidemment pas de comprendre de tels phénomènes.

Conclusion

On ne peut demander à ces concepts plus qu'ils ne peuvent donner. Le concept de « rapports de production », on l'a dit, relève d'une analyse de morphologie sociale et ne peut rendre compte de ce qui fait la pratique quotidienne du développement. C'est un indicateur de type « macro » et portant sur un temps « moyen » ou « long » (pour reprendre la célèbre typologie de Braudel). Ses possibilités ont déjà largement été explorées.

Les formes générales d'organisation de la production, ou d'extorsion de sur-travail au sein de la production comme en amont et en aval de celle-ci, sont en nombre limité. Celles qui m'ont semblé pertinentes au Niger occidental se retrouvent largement ailleurs, et de nombreux chercheurs arrivent à des conclusions similaires dans d'autres terrains, au-delà des variantes de vocabulaires ou des subtilités d'analyse. On ne peut dégager qu'un nombre limité de structures, mettons une dizaine de rapports de production fondamentaux environ entre lesquels se répartissent les producteurs africains contemporains. Il suffit de s'appuyer désormais sur cet acquis, sans avoir à le réinventer à chaque fois.

De son côté, le concept de « logique de la subsistance » ou de « logique de la reproduction », offre un caractère plus dynamique que celui de « rapport de production », en ce qu'il entend mettre en valeur la rationalité sous-jacente à tout un ensemble de modes d'action économiques (quels que soient les rapports de production où ils interviennent). Mais il ne peut-être transformé en explication « passe-partout ». Il se situe lui même à un niveau relativement élevé d'abstraction, puisqu'il entend marquer une cohérence économique d'ordre général, commune à des comportements concrets fort divers. Mais il est une difficulté supplémentaire : la « logique de la subsistance » n'est sans doute pas la seule logique d'action *proprement économique* qui sous-tende les comportements de la majorité de la paysannerie face aux actions de développement. Des logiques de type « spéculatif » ou « capitalistique », même si elles sont au départ circonscrites avant tout à des groupes sociaux différents, peuvent parfaitement se développer plus largement, ne serait-ce qu'à titre épisodique. Même si un petit paysan se situe le plus souvent dans la seule logique de la reproduction, il peut cumuler parfois cette logique de la reproduction et une logique de l'accumulation. Cette dernière n'est donc pas exclusivement le monopole de « grandes familles » de fonctionnaires-aristocrates-propriétaires fonciers, même si c'est au sein de telles « grandes familles » que la logique de l'accumulation se déploie le plus majestueusement et le plus efficacement. Ceci a été souligné, à travers une autre terminologie, par Yung et Zaslavski (1992), lorsqu'ils analysent les comportements productifs des agro-pasteurs sahéliens comme une combinaison de *stratégies défensives* (liées à la protection contre les risques, à leur minimisation, à leur « contournement ») et de *stratégies offensives* (correspondant à des objectifs de croissance et d'accumulation). Les stratégies défensives en question correspondent à ce que j'ai appelé « logique de la subsistance ». Localisées plus particulièrement chez les petits producteurs, elles ne sont pas incompatibles, selon les contextes climatiques ou économiques, avec la mise en œuvre, parfois, de « stratégies offensives » relevant d'une « logique de l'investissement ».

La « logique de la subsistance » peut donc se combiner à d'autres logiques d'action économique, comme, il faut le rappeler, à des logiques d'action non économique, au sein de rapports de production variés. Nous sommes loin, on le voit, de l'équation « un mode de production = un mode d'action économique ».

7

Projets et logiques

Autour d'un dispositif de développement quelconque se confrontent de multiples logiques et stratégies, du côté des agents du dispositif comme du côté des populations dites « cibles ». Je prendrai ici comme « type-idéal » d'un dispositif de développement le « projet de développement », qui est sans doute de nos jours la structure d'intervention la répandue et la plus visible. Mais il y a eu, il y a et il y aura d'autres types de dispositifs. Le jeu « normal » des services techniques de l'État, la circulation de conseillers agricoles ou de représentants de commerce, l'existence d'une animation rurale ou l'action de services sociaux, la réalisation d'infrastructures publiques ou privées, le lancement de campagnes de communication, la mise en place d'un réseau bancaire, voilà autant d'exemples de dispositifs d'intervention distincts de la forme aujourd'hui classique du « projet » et qui constituent cependant des dispositifs de développement. Ceci étant, quel que soit le type de dispositif ou le mode d'intervention ou d'« assistance », une action de développement est toujours l'occasion d'une interaction entre des acteurs sociaux relevant de mondes différents (du type développeurs/développés), dont les comportements sont sous-tendus par des logiques multiples. A cet égard, ce qui sera dit ici des « projets » peut être sans peine extrapolé aux autres types de dispositifs de développement, une fois admis le principe que chaque dispositif a évidemment ses modes d'organisation propres et ses pesanteurs spécifiques. Dans tous les cas, les acteurs sociaux concernés ont, face aux ressources, opportunités et contraintes que constituent un dispositif (ici appréhendé sous la forme d'une « organisation-projet ») et ses interactions avec son environnement, des comportements variés, contrastés, parfois contradictoires, qui renvoient non seulement à des options individuelles mais aussi à des intérêts différents, à des normes d'évaluation différentes, à des positions « objectives » différentes.

Je garderai ici le terme de « logique » employé précédemment, tout en élargissant quelque peu son champ d'application. Il va s'agir de repérer, autour des interactions entre un projet et une population, un certain nombre de niveaux de cohérences permettant de rendre compte de l'existence de types de comportements apparentés (et de différences entre ces types). On constate en effet que, au-delà d'une infinie variété potentielle des actions et réactions individuelles, on a affaire à un nombre relativement fini de comportements, que je tenterai de ramener eux-mêmes à l'expression de quelques « logiques », ou de quelques « stratégies ». Il serait vain de vouloir proposer des définitions formalisées opposant « stratégies » et « logiques » : ces deux termes sont souvent utilisés de façon équivalente. La définition proposée par exemple par Yung et Zaslavski pour le terme de « stratégie » correspond assez bien à ce que j'appelle ici « logique » : « Par stratégies des producteurs agricoles on entendra l'art d'acteurs pour lesquels le processus agricole et pastoral de production occupe une place centrale dans le « mode de vie » et qui font concourir des moyens agricoles, mais non exclusivement tels, pour atteindre des objectifs de maintien, croissance et reproduction de leur unité de production familiale, dans un contexte de plus en plus fortement marqué par l'incertitude » (Yung et Zaslavski, 1992 : 24). De ce point de vue, on pourrait même forger l'expression de « logiques stratégiques » pour typologiser ces différents « arts » des acteurs, par opposition aux « logiques représentationnelles », qui classeraient, elles, diverses façons de concevoir.

On peut évidemment être inquiet de l'excès de « flou » que permettent des termes comme « logique » ou « stratégie ». Tantôt en effet on parlera de logique de la subsistance ou de stratégie de la reproduction, en évoquant ainsi ce qui unifie une vaste gamme de comportements, ramenés à un objectif économique ultime des acteurs. Tantôt on parlera de logique de la sécurité ou de stratégie de minimisation des risques (cf. ci-dessous), en englobant cette fois une autre gamme de comportements, plus ou moins sous-ensemble du précédent : la gestion des risques et de la sécurité est une des façons d'assurer la reproduction et la subsistance. Tantôt on parlera de logique de l'assistance ou de stratégie assistancialiste, pour désigner encore une autre gamme de comportements (cf. également ci-dessous), qui recoupent les précédents : ils peuvent servir à la sécurité, mais pas seulement. Cet usage à géométrie variable des termes de « logique » ou de « stratégie » ne doit cependant pas trop effrayer. S'ils ne peuvent être stabilisés à un seul niveau d'utilisation, c'est tout simplement que les comportements des acteurs se situent eux-mêmes à des niveaux de cohérence multiples, variés, imbriqués. Parler de logique d'acteur en général ou de stratégie tout court est inutile, stérile et parfois absurde [1]. Une logique ou une stratégie doit toujours être

1. C'est sans doute là une des raisons, parmi d'autres, du dialogue de sourds entre la sociologie de Bourdieu d'un côté, et la sociologie des organisations de l'autre, qui, l'une et l'autre, parlent abondamment de logiques ou de stratégies, mais « en général ». P. Bourdieu, par exemple, ne définit jamais les termes de « logique » ou de « stratégie », mais l'une et l'autre sont en fait toujours associées chez lui, directement ou indirectement, au concept d'habitus, qui, en insistant sur les « processus de conditonnement » (Bourdieu, 1992 : 105), s'oppose aux diverses théories du choix rationnel ou au « rationalisme méthodologique » (Friedberg, 1993 : 54). On a donc d'un côté une sociologie qui insiste sur le caractère immanent, inconscient, incorporé, inculqué des logiques pratiques, et de l'autre une sociologie qui insiste sur l'aspect délibéré, explicite, calculé, conscient des logiques d'action. Je

spécifiée pour faire sens sociologique. Sous cette condition de qualification impérative, qui seule permet de définir à quel niveau de recherche de cohérence des pratiques on se situe, la mise en évidence de logiques et de stratégies gigognes ou en tuilages ne fait que refléter la complexité et la diversité même des pratiques sociales.

Le contexte de l'interaction

Revenons aux interactions entre un dispositif d'intervention et une population, sous la forme particulière de l'impact d'un projet de développement. Avant toute chose, on doit prendre en compte le fait que les interactions « projet-milieu » s'opèrent dans un *contexte* (écologique, économique, institutionnel, politique) qui influe très largement sur les effets de cette interaction. Développeurs et développés rentrent en relation dans un environnement indépendant d'eux qui pèse beaucoup sur leurs relations. Tout projet de développement rural sera ainsi confronté à de multiples facteurs qu'il ne maîtrise pas et dont il dépend pour partie : aléas climatiques, systèmes des prix, structures d'approvisionnement et de commercialisation, autres interventions sur le même milieu (projets concurrents, ponctions fiscales, mesures administratives), « opportunités » extérieures au système productif local (migrations, scolarisation...). Or les réactions paysannes à un projet sont largement influencées par ces facteurs « extérieurs », que toute analyse doit prendre en compte.

De plus, tout projet intervient aujourd'hui dans un milieu qui a déjà subi de nombreuses interventions précédentes et en a gardé trace [1], bien que « la tendance naturelle dans un projet (soit) toujours de considérer que l'histoire démarre avec le projet, de sous-estimer systématiquement tout ce qui s'est fait auparavant et de surestimer l'impact du projet » (Gentil et Dufumier, 1984 : 25). Les sociétés paysannes ont toutes une histoire de l'économie de traite (précoloniale), de « la mise en valeur » (coloniale) et du « développement ». Elles ont aussi une histoire de l'animation rurale, de la vulgarisation agricole, des coopératives, du parti unique, des micro-projets, des macro-projets, des groupements de producteurs, de l'arrivée des ONG, de la création des associations de ressortissants, etc. Cette histoire est aussi tissée de récits de corruption, de clientélisme, de despotisme et d'incurie bureaucratique, quatre données de base omniprésentes dans les relations à long terme des paysanneries africaines avec l'extérieur étatique ou para-étatique. A cet égard les « projets », qui se veulent en rupture avec les modes d'intervention de l'État et entendent en partie se substituer à lui ou le court-circuiter, en reproduisent souvent à leur insu le fonctionnement,

---

n'entrerai pas ici dans ce débat : « logique » évoquera donc simplement les diverses lignes de cohérences que l'observateur déduit à partir d'une observation empirique d'ensembles de pratiques particulières différentielles, sans préjuger d'une théorie sociologique du sujet, ni d'une théorie de la rationalité ou d'une théorie de l'habitus.

1. Cf. un exemple in CREHAN et VON OPPEN (1988 : 118-122).

avec quelques effets pervers en supplément (cf. Daane et Mongbo, 1991 : 65 ; Tidjani Alou, 1994).

Partout, en tout cas, on peut mettre à jour une histoire locale particulière, que l'on pourrait appeler une *histoire locale des contacts avec l'interventionnisme politico-économique*, qui structure nécessairement au moins en partie les comportements présents.

Contexte synchronique et contexte diachronique ne doivent donc être en aucun cas ni ignorés ni sous-estimés.

Les niveaux de cohérence des projets

Tout projet invoque une cohérence qui lui est propre et qui le légitime, souvent par opposition à des projets antérieurs ou voisins, la configuration développementiste étant un univers fortement concurrentiel. Mais cette nécessaire prétention à la cohérence, qui est une des pré-conditions du financement, et qui s'exprime dans une rhétorique particulière (le « langage-projet » : cf. chapitre 9) est toujours mise à mal, non seulement par l'interaction entre le projet et les populations-cibles (cf. ci-dessous), mais aussi par les diverses instances qui concourent au projet lui-même. Je prendrai ici à titre d'exemple le projet de développement rural de type classique, qui reste plus ou moins dominant (même s'il n'est plus aussi hégémonique qu'avant et s'il a subi quelques aménagements), qui tient sa cohérence d'un modèle productif issu de la recherche agronomique, et se fonde sur une rationalité technique clairement affirmée [1]. Dans cette perspective, inspirée tant de la « révolution verte » en Inde que des expériences européennes, il s'agit d'importer au sein de la paysannerie africaine un modèle de production intensif, qui suppose, au-delà de ce qui se présente comme une opération de vulgarisation et d'encadrement, une transformation profonde de la « culture technique » des paysans. Les critères qui ont présidé à la mise au point du modèle sont ceux qui règlent la recherche en agronomie tropicale : mise au point de variétés et de techniques à haut rendement à l'hectare, adaptées aux données climatiques moyennes, et considérées comme facilement « vulgarisables », c'est-à-dire classées comme « simples » en regard de la culture technique de la paysannerie occidentale prise comme référence.

Mais cette rationalité technique est confrontée, à l'intérieur même de la configuration développementiste, et donc avant même toute interaction avec les populations locales, à d'autres registres de cohérence.

1. Pour une analyse critique générale de ce modèle dominant cf. entre autres Richards, 1985. Pour des analyses critiques de terrain, menées à propos de cas précis selon une orientation identique à la nôtre, cf. Yung, 1985 ; Pontié et Ruf, 1985. Ce modèle a également été critiqué de l'intérieur de la recherche agronomique, et diverses tentatives ont été faites pour développer des stratégies de recherche et de développement agro-pastoral alternatives (cf. recherche-système, recherche-développement), maximisant par exemple les dynamiques paysannes ou s'appuyant sur des variétés locales.

En effet le modèle technique issu de la recherche agronomique est toujours mis au service d'objectifs de production étroitement liés à des considérations stratégiques de politiques nationales (balance des paiements, accumulation étatique, ajustement structurel, etc.) qui donnent leur orientation générale aux projets. A la cohérence technique se superpose donc, sans rapport direct avec celle-ci (sans congruence nécessaire), et à un niveau différent, une cohérence au moins nominale de politique économique ou de planification nationale. Cependant cette cohérence affichée est parfois en contradiction avec le fonctionnement « réel » des administrations et services de l'État. Aussi les projets de ce type sont-ils presque toujours dépourvus d'au moins une partie des moyens de leur action (on est ici renvoyé à ce qui a été dit plus haut du contexte). La non-maîtrise de la commercialisation ici, la situation catastrophique des coopératives là, la corruption partout, autant d'exemples qui montrent à quel point les logiques d'action de certains rouages de l'appareil d'État ou de l'économie nationale, échappant totalement au contrôle du projet, peuvent contrecarrer sa politique.

Un troisième niveau de cohérence, lui aussi indépendant des deux premiers, renvoie au rôle des financiers et des bailleurs de fonds. Leur poids se manifeste indirectement, tant à travers le choix des modèles techniques « agro » que par le truchement de la politique économique nationale et des projets retenus par celle-ci. De plus, ils exigent, dans un contexte de dégradation accélérée des administrations locales, un droit de regard croissant, garant de la rigueur financière et comptable sur laquelle une bonne part de leurs normes d'évaluation d'un projet est construite.

Dernier niveau de cohérence, là encore autonome, la structure propre du projet, autrement dit le projet comme institution, appareil, organisation. On sait qu'un projet a aussi sa propre « logique d'organisation », qui a sa pesanteur, ses dysfonctionnements, son « économie informelle », fort éloignés de son organigramme officiel. La pyramide hiérarchique, la collecte et la circulation de l'information, les capacités d'adaptation ou d'autocorrection constituent ainsi des paramètres de première grandeur. A ce niveau, la « culture professionnelle » des agents de développement et les normes qui président à leur formation et à leur carrière doivent être constitués en objets d'investigation socio-anthropologique (cf. Koné, 1994). Plus généralement, c'est le projet comme organisation et système d'interactions entre salariés et agents qui contribue inévitablement à biaiser de diverses manières le projet tel qu'il se présente « sur le papier ». Il suffit d'évoquer ici à titre d'exemple la profonde contradiction entre la notion même de projet, qui se veut provisoire et entend donner aux populations aidées les moyens de prendre le relais et de se passer de lui aussi vite que possible, et le projet comme organisation et système de ressources dont les agents entendent au contraire prolonger au maximum l'existence (cf. Berche, 1994 ; Koné, 1994).

Autrement dit, tout projet de développement, quel qu'il soit, et c'est aussi vrai des projets de santé ou de développement institutionnel que de développement rural, renvoie, au-delà de la cohérence unique qu'il affiche nécessairement (c'est le projet « papier »), à plusieurs niveaux de cohérence en partie contradictoires :

(a) la cohérence interne du modèle technique,
(b) la congruence du projet avec la politique économique nationale,
(c) la conformité du projet avec les normes des bailleurs de fond,
(d) la dynamique propre de l'organisation-projet [1].

Un projet, même abstraction faite de ses contacts avec la population, est ainsi déjà un ensemble en partie in-cohérent, car doté de cohérences disparates. La rationalité technique et argumentative, en sa splendide cohérence, autour de laquelle un projet est en général conçu, est donc déjà sérieusement mise à mal avant même qu'il ne se déploie sur le terrain.

Les réactions paysannes

Les réactions des diverses catégories de producteurs vont évidemment contribuer plus encore à « désarticuler » le projet. C'est le phénomène déjà évoqué plus haut des « dérives », comme formes inéluctables de contact avec le « réel ». Gardons le cas du projet standard classique de développement rural. Peut-on dégager, à travers les dérives courantes qui s'opèrent, quelques leçons qui montreraient ne serait-ce que l'existence de logiques nécessairement différentes chez les « développeurs » et chez les « développés » [2] ? Essayons-le sur deux exemples.

1. La rationalité agronomique dominante (celle des instituts de recherche, pour faire vite) ne prend que rarement et partiellement en compte dans le processus de recherche l'ensemble des systèmes de contrainte « non techniques » auxquels sont soumis les producteurs. Bien souvent, les réactions de ceux-ci relèvent de rationalités proprement économiques, qui intègrent, à la différence de ce que font les chercheurs de station, les données de l'environnement économique et écologique : prendre comme référence une année de faible pluviométrie plutôt qu'une année moyenne, minimiser les intrants lorsqu'on a des ressources

---

1. D'autres considérations relevant d'enjeux plus directement politiques et en général non dits interviennent aussi. Une des raisons de l'adoption du « projet Maradi », après un long désaccord entre la Banque mondiale et les autorités nigériennes sur le contenu de ce projet, fut le coup d'État militaire et le fait que ceux qui prirent le pouvoir « se montrèrent beaucoup plus sensibles aux conceptions de la Banque mondiale... surtout parce qu'elles tournaient le dos à une stratégie de développement qui faisait la part belle à l'animation rurale, tenue en suspicion par les nouveaux maîtres du pays à cause de la connotation « politique » de son action » (RAYNAUT, 1989 : 31).
2. SAUTTER (1978 : 242) avait déjà évoqué les « dérives » des « actions programmées » en Afrique rurale tropicale comme le produit d'une logique des « aménagés » différente de la logique des « aménageurs », laquelle est celle de l'agriculture productiviste moderne occidentale.

monétaires très limitées, éviter les façons culturales exigeant une main-d'œuvre qui fait défaut au moment où celle-ci est sollicitée par de nombreuses tâches, préserver ou acquérir un accès aux terres et élargir un patrimoine foncier, tout cela obéit à une logique économique familière à tous les paysans et petits producteurs indépendants du monde...

2. Le « point de vue » des planificateurs et économistes nationaux, soucieux d'accroître le PIB, de réduire la dépendance envers l'étranger, d'accroître les rentrées en devises, d'obtenir des crédits de la Banque mondiale (selon les cas, les régions, les époques) ne peut en aucun cas être celui du paysan chef d'exploitation (ni celui du cadet, ou de l'épouse) qui cherchent à assurer leur subsistance et leur reproduction (si possible élargie...). Les critères qui règlent les calculs ou l'activité professionnelle des uns et des autres sont sans commune mesure, comme les risques qu'ils prennent respectivement : le responsable d'un projet qui échoue n'est en général pas pénalisé dans sa carrière professionnelle alors que le paysan « joue » sa sécurité à chaque récolte...

Plus généralement, en matière de développement rural, les comportements paysans face aux propositions d'un projet renvoient souvent, au-delà de la diversité des situations locales, à quelques constantes désormais classiques. On retrouvera ainsi régulièrement les logiques ou stratégies suivantes, plus ou moins actualisées selon les contextes, les situations locales, les groupes sociaux :

— Maximisation de la productivité du travail et non de la productivité à l'hectare (qui règle, elle, la plus grande part de la recherche agronomique).
— Tentatives d'accaparement foncier ou de « marquage » des terres à l'occasion des aménagements.
— Primat à l'extensif, quand cela est possible (c'est-à-dire en particulier quand il existe encore des terres relativement disponibles), aux dépens de l'intensification prônée par les projets. Ceci est lié en grande partie aux deux éléments précédents.
— Minimisation des risques climatiques. D'où une méfiance fréquente face aux semences sélectionnées qui sont plus performantes en années moyennes, mais plus fragiles en mauvaises années.
— Minimisation des risques dus aux « dysfonctionnements » des circuits officiels de maintenance, de commercialisation, d'approvisionnement en intrants. D'où un recours préférentiel aux réseaux « traditionnels » ou « informels » (commerçants locaux, artisans locaux).
— Révision annuelle des choix culturaux, et en particulier du rapport « cultures vivrières/cultures d'exportation », ce rapport relevant non seulement d'une stratégie d'autosubsistance mais aussi de la rentabilité comparée des deux types de cultures en tant que cultures spéculatives (le vivrier étant aussi une culture de rapport).

— Contrôle du recrutement de la force de travail (stratégies familiales ou « ethniques » d'approvisionnement en main-d'œuvre).
— Modes d'accumulation et d'utilisation d'un éventuel surplus liés à des normes ostentatoires ou à des stratégies clientélistes.
— Utilisation de ressources extra-agricoles (migrations...).
— Investissements extra-agricoles (scolarisation des enfants).
— Appropriation personnelle des matériels et ressources collectives.
— Usage de crédits obtenus à d'autres fins que celles annoncées.

On pourrait sans doute allonger encore beaucoup cette liste. Mais on peut aussi tenter de réduire cette énumération en y dégageant quelques « types » de comportement, ou quelques grandes alternatives.

Par exemple une série de « choix », d'ordre plus ou moins dichotomiques, s'offrent aux paysans africains contemporains : sécurité/risque ; intensif/extensif ; production agro-pastorale/ressources non agricoles ; consolidation du patrimoine/investissement, redistribution (investissements clientélistes)/épargne (investissement productif). Or les décisions opérées par les paysans à chacun de ces niveaux de choix semblent pour beaucoup liés à des variables contextuelles, à la différence des solutions standards et techniquement fondées préconisées le plus souvent par les services techniques et opérateurs de développement. On peut tenter d'identifier certaines de ces variables contextuelles : plus ou moins grande crise écologique, plus ou moins grande vénalité des fonctionnaires, plus ou moins grande fiabilité des circuits de commercialisation, plus ou moins grandes opportunités extra-agricoles, plus ou moins grande tension foncière, etc.

D'autres typologies sont possibles, comme celle, évoquée plus haut, de Yung et Zaslavski (1992), qui proposent de distinguer, de façon plus dynamique, entre « stratégies offensives », « stratégies de contournement » et « stratégies défensives », dans une tentative de bilan des réactions paysannes à partir d'un corpus de projets de développement au Sahel.

Rappelons ici que ces récurrences de comportements similaires dans des situations variées ne relèvent pas d'une concertation entre les intéressés. Les logiques paysannes s'expriment à travers l'émiettement des comportements économiques individuels. Il ne s'agit pas d'une réaction « collective » (au sens de délibérée, concertée) de la paysannerie concernée (celle-ci n'existe pas comme agent collectif, en tant que « niveau de décision » pertinent), mais d'effets d'agrégation ou de composition (les mêmes causes — telle ou telle logique sociale — produisant éventuellement les mêmes effets, à l'échelle de telle ou telle série d'acteurs pertinents, femmes, aînés, cadets, immigrés, métayers, etc.). La convergence de comportements d'acteurs atomisés ne peut être assimilée indûment à l'action d'un acteur collectif, et c'est bien pour cela qu'on peut parler de « logiques d'acteurs ». On peut d'ailleurs tenter de faire encore un pas de plus dans l'abstraction, et ramener cette variété empiriquement constatée de comportements récurrents à la mise en œuvre de quelques « principes » de base. Ceux-ci débordent largement le cadre du développement rural, puisqu'ils semblent régler de nombreux comportements dans d'autres domaines.

Deux principes

Deux principes très généraux semblent pouvoir être dégagés à partir de l'infinie variété des comportements concrets des populations face aux opérations de développement en tous genres : le principe de sélection et le principe de détournement.

Principe de sélection

Tout « message technique », tout projet de développement, toute intervention sont des *package*s, des ensembles de mesures coordonnées et prétendant à la cohérence. Aucun ensemble proposé n'est jamais adopté « en bloc » par ses destinataires : il est toujours plus ou moins désarticulé par la sélection que ceux-ci opèrent en son sein.

Ni le rejet total ni l'adoption totale ne sont la règle. Le processus habituel est celui de l'adoption sélective. Certains thèmes « marchent », d'autres ne « marchent » pas. La cohérence technique des projets agronomiques sous forme de « paquets techniques » est donc ainsi quasi systématiquement désarticulée, ce qui entraîne éventuellement un certain nombre « d'effets pervers », qui neutralisent l'efficacité des améliorations proposées ou sont même franchement négatifs (cf. par exemple Yung, 1985). Quant aux opérations de développement dites « intégrées », qui associent des paquets techniques à d'autres « volets » (formation, gestion, alphabétisation, animation féminine, etc.), au nom d'une cohérence « horizontale », ils sont encore plus soumis à ce processus d'adoption sélective, qui est d'autant plus en contradiction avec leur propre idéologie de l'indispensable complémentarité des modes d'intervention (dont on pourrait à la limite penser qu'elle propose une vision aussi « totalitaire » qu'inefficace du développement).

Ce principe est aussi valable en santé publique. Cela n'étonnera sans doute pas les médecins occidentaux eux-mêmes, qui savent que leurs patients ne respectent jamais à la lettre leurs ordonnances, et en usent sélectivement (tant en ce qui concerne les médicaments que les posologies) selon des « lignes de plus forte pente » qui renvoient aux traditions familiales, aux sous-cultures et réseaux fréquentés, aux contraintes de type financier ou relatives au rythme de vie, etc.

Principe de « détournement »

Les raisons qui font que telles ou telles mesures proposées par les agents de développement sont adoptées par les utilisateurs potentiels sont le plus souvent différentes de celles invoquées par les experts. Autrement dit, les paysans utilisent les opportunités fournies par un programme pour les mettre au service de leurs propres objectifs.

Utiliser des crédits destinés à l'achat de bœufs tracteurs, dans un programme de développement de traction attelée, pour en fait faire du lait et de l'embouche ; adhérer à un programme de maraîchage en coopérative que propose une ONG en vue d'assurer l'autosuffisance alimentaire, et en utiliser les bénéfices pour acheter un minibus pour faire venir des touristes régulièrement au village ; gérer une pharmacie villageoise en distribuant préférentiellement les médicaments aux alliés, parents, proches et notables : les exemples peuvent être alignés à l'infini.

Adoption sélective comme détournement peuvent être considérés comme les formes de l'« appropriation » d'un projet par ses destinataires. Le paradoxe est que cette appropriation, souhaitée en son principe par tout opérateur du développement, prend des formes qui se retournent bien souvent contre les objectifs et méthodes des projets...

Au-delà de ces deux « principes » très généraux, on peut tenter de dégager quelques logiques plus spécifiques qui se retrouvent dans une grande variété de situations concrètes. Je n'en citerai que trois parmi bien d'autres.

Trois logiques parmi d'autres

La recherche de la sécurité

La minimisation des risques est au cœur de nombreuses stratégies paysannes. La méfiance face aux semences à hauts rendements proposées par les services agricoles (plus productives en année moyenne, qui sert de base aux calculs agronomiques, mais plus risquées que les semences locales en année à fort déficit pluviométrique) en est un exemple, comme le refus d'adopter de nouvelles cultures lorsque la commercialisation risque d'en être hasardeuse, ou le choix de privilégier la reproduction des troupeaux plutôt que la commercialisation de la viande...

« Ce qui a fait ses preuves » — et en agriculture les pratiques paysannes locales sont le plus souvent le produit d'une longue adaptation à un milieu, adaptation qui a largement fait ses preuves sur le long terme [1] —, est très rationnellement préféré au risque. Or les propositions des agents de développement agricoles correspondent fréquemment pour les paysans à d'importantes prises de risques (risques que ne prennent pas, eux, les agents de développement, qui sont des salariés...), et l'expérience des dernières décennies a beaucoup trop souvent confirmé le danger de ces risques... [2]

1. D'où les problèmes qui surgissent lorsque, comme souvent aujourd'hui en Afrique, un brutal déséquilibre est créé (démographique et/ou écologique) qui rend inopérantes les solutions « traditionnellement » adaptées au milieu, comme la culture sur brûlis ou les cultures pluviales extensives (cf. RAYNAUT, 1986, 1989).
2. La mise en évidence de la logique de la sécurité ne date pas d'aujourd'hui. L'ouvrage de Scott (*The moral economy of the peasantry*, SCOTT, 1976) n'accorde-t-

On pourrait même élargir le propos et estimer que le comportement « routinier » est en général générateur de sécurité, tant pour la paysannerie (compte tenu d'un mode de production dominant fondé sur l'exploitation familiale et sur une combinaison autoconsommation/échange marchand) que pour les agents de développement (appartenant souvent à des organisations bureaucratiques peu adaptatives), qui proposent souvent — aux autres — les innovations de façon... routinière !

En ce qui concerne les problèmes spécifiques liés à la santé, la situation est plus complexe, bien qu'en dernière analyse elle soit du même ordre : l'expérience paysanne sait bien que les itinéraires thérapeutiques « traditionnels » sont fortement incertains et aléatoires, beaucoup plus encore que les pratiques agricoles. Mais si leur efficacité est loin d'être garantie, ils fonctionnent aussi comme des systèmes de sens (les modes d'interprétation de la maladie) qui, eux, ont fait leurs preuves, parce qu'ils permettent de rendre compte des formes de la souffrance, des vicissitudes de la condition individuelle, de l'échec éventuel des thérapies. Autrement dit, les « représentations populaires sur la santé » définissent à la fois des itinéraires thérapeutiques considérés comme « efficaces » (ceci dans un registre éminemment pragmatique) et des argumentaires permettant de rendre compte des échecs ou des succès (ceci dans un registre essentiellement sémiologique). Ceci permet d'expliquer la situation paradoxale de la médecine occidentale dans les campagnes africaines : très demandée comme itinéraire thérapeutique (bien que souvent hors de portée des populations rurales), elle ne constitue pas encore un « système de sens » alternatif aux systèmes de sens « traditionnels » (qui se situent pour une part dans un registre de l'« imputation », à connotations « magico-religieuses », peuplé de génies et de sorciers, et pour une autre part dans un univers plus prosaïque de la « nomination » ; cf. Olivier de Sardan, 1994). La médecine occidentale a souvent fait la preuve aux yeux des populations de son efficacité thérapeutique relative plus grande, bien que, évidemment, elle soit loin d'avoir une réelle prise sur l'incertitude ou de dominer les risques. Elle bénéficie en outre de la valorisation des savoirs et techniques occidentaux. Mais elle n'est pas adoptée comme système d'interprétation crédible (du moins dans les milieux populaires), et laisse le haut du pavé aux modes d'interprétation dominants dans les cultures locales (encore que ceux-ci évoluent, mais sur un rythme propre). Ceci n'est pas en soi spécifique à l'Afrique : dans les pays occidentaux aussi la perception et l'usage généralisés des avantages de la médecine expérimentale ne suffisent pas à construire un système de sens cohérent, et les attitudes de type « magico-religieux » au sens large face aux pratiques médicales — officielles ou non — restent la règle commune : on sait le rôle de la « rumeur » sur l'efficacité de telle ou telle thérapeutique ou de tel ou tel thérapeute.

---

il pas une place centrale au *safety first principle*, et ne peut-on pas remonter jusqu'à 1924 et Chayanov pour en chercher l'origine (cf. CHAYANOV, 1966) ? Ce thème du risque a été repris récemment comme « entrée » pour des analyses empiriques pluridisciplinaire (ELDIN et MILLEVILLE, 1989). La limitation des risques commune aux pratiques paysannes ne doit pas pour autant être confondue avec le refus de toute prise de risque.

En fin de compte, il apparaît que la superposition, en Afrique, du recours à des systèmes de sens « magico-religieux » et d'une forte « demande » à l'égard de la médecine occidentale, loin d'être le signe d'une « arriération » culturelle ou d'une « ignorance », correspond à une stratégie de recherche de la sécurité parfaitement rationnelle : il s'agit de combiner la quête empirique de l'efficacité thérapeutique tous azimuths (en s'adressant aussi bien à la thérapie occidentale qu'aux thérapies locales, plus ou moins « traditionnelles »), et le besoin d'une sécurité symbolique (garantie essentiellement par les systèmes de sens associés aux thérapies locales).

L'« assistancialisme »

La notion d'autosuffisance ou de *self-reliance* (le fait de compter sur ses propres forces) est souvent centrale dans les récents projets de développement (notons au passage qu'elle est moins nouvelle qu'il y paraît : certains programmes économiques locaux des débuts de la colonisation partaient en fait du même principe, avec d'autres mots [1]). On suppose *a priori* qu'elle est partagée par les populations, et qu'elle va dans le sens de leurs intérêts (alors qu'il s'agit d'un point de vue idéologique et moral, sans doute fort estimable, mais qu'on ne peut impunément prêter ou imposer aux autres).

En fait, rien n'est plus répandu que la stratégie inverse, que l'on peut qualifier d'« assistancialisme », car elle préfère maximiser les aides extérieures. Tenter de bénéficier le plus possible des avantages financiers ou matériels qu'offre un projet en donnant le minimum en contrepartie n'a rien de surprenant. Que les paysans renâclent à rembourser les prêts accordés et préfèrent les considérer comme des subventions ne devrait étonner personne. L'agent de développement local en fait bien autant, lorsqu'il tente de récupérer à son usage personnel la mobylette du projet qui l'emploie. Et l'expert, avec ses per-diem, ou le coopérant, avec ses avantages financiers, ne font pas autrement. Et que pouvons-nous dire, nous autres chercheurs en sociologie ou ethnologie, qui passons notre temps à chercher des subventions extérieures ?

Certes, on pourrait argumenter que ces exemples ne sont pas de même nature. Pour les uns (experts, coopérants, chercheurs), la quête de subventions ou l'obtention de per-diem relèverait de procédures légitimes, et serait conformes aux règles du jeu (quoi qu'on pense de la moralité du jeu en question). Pour les autres (paysans, agents de projets), il s'agirait au contraire d'un non-respect des règles du jeu, et de pratiques illégitimes. Cette objection est à prendre en compte : il est vrai en effet que les paysans ont sans doute accepté officiellement de rembourser ultérieurement leurs emprunts et que les agents de projets savent qu'il leur est demandé de distinguer le matériel du projet et leurs biens propres. Le problème est qu'il y a en l'occurrence deux niveaux de règles : des règles légitimes, édictées par les institutions (en l'occurrence les institutions de développement) ; et des règles pratiques, qui dictent la

1. Cf. CHAUVEAU, 1992, 1994.

conduite des acteurs. Parfois règles légitimes et règles pratiques coïncident : c'est ici le cas pour les experts, les coopérants et les chercheurs. Parfois elles ne coïncident pas : c'est le cas ici pour les paysans et les agents de projets, qui « jouent » avec des règles pratiques différentes de celles qu'ils ont apparemment acceptées, ces dernières n'étant en général pas légitimes à leurs yeux et leur étant imposées. La socio-anthropologie du changement social et du développement, qui s'intéresse aux pratiques autant qu'aux légitimités, sera donc amenée à mettre dans une même catégorie (ici relevant d'un principe « assistancialiste ») des comportements relevant de règles pratiques analogues, bien que dotés de légitimités différentes quant à leur rapport aux règles officielles [1].

Face aux stratégies « assistancialistes », l'agent de santé ne sera pas trop dépaysé : la « demande médicale » qui s'adresse à lui est bien souvent une demande d'être « pris en charge », et non une demande d'aider le demandeur à se prendre lui-même en charge... Les tentatives faites pour « responsabiliser » les populations rurales face aux problèmes de santé, pour assurer une sorte d'« autosuffisance sanitaire » au niveau villageois, ne vont donc pas nécessairement dans le sens de la « demande » des intéressés, qui voudraient — assez légitimement — être « assistés ». Le paradoxe, c'est que le système de santé occidental s'est pour sa part largement bâti sur une socialisation des risques qui aboutit bel et bien à une « prise en charge » aux antipodes de cette stratégie de « responsabilisation ». Celle-ci semble donc paradoxalement prêchée en fait à ceux qui sont exclus, en Afrique, de toute sécurité sociale (laquelle est pour l'essentiel réservée à la minorité urbaine des seuls salariés).

L'accaparement

Les opérations de développement sont bien souvent « appropriées » autrement que le souhaiteraient leurs maîtres d'œuvre, en ce sens que des groupes particuliers dans les populations cibles s'en servent à leur profit (= se les approprient), pour accroître leurs privilèges ou simplement en acquérir. Autrement dit toute action de développement peut être vue comme une mise à la disposition d'une population divisée en groupes, factions et réseaux d'un certain nombre de facilités, avantages et opportunités : il s'agit donc d'un enjeu, et certaines personnes ou certains groupes sont mieux préparés ou mieux armés que d'autres pour en tirer parti.

Les exemples sont innombrables, où les mieux lotis ou les plus influents des paysans destinataires utilisent la mise en place d'un projet pour agrandir leur patrimoine foncier ou le valoriser, augmenter leur audience politique ou leur réseau de clientèle, accumuler capital, revenus,

1. Une belle démonstration empirique de la distinction entre normes officielles et normes pratiques est proposée par KINTZ (1987). Il est vrai qu'il n'y est guère question de développement, puisqu'elle décrit comment, en milieu peul « de brousse », l'adultère (ici comme ailleurs réprouvé par les normes officielles) est pratiqué (ici comme ailleurs et plutôt plus qu'ailleurs) en respectant certaines normes de bienséance.

ressources ou prestige. Étant posées les inégalités constitutives des sociétés rurales africaines (même si ces inégalités sont plus fortes dans d'autres parties du Tiers monde), on ne s'étonnera pas de ce qu'une opération de développement constitue un enjeu qui bénéficie de préférence à ceux qui ont les meilleures cartes au départ. Mais il faut reconnaître que le cas inverse existe parfois, qui voit un groupe défavorisé (par exemple femmes, ou jeunes) accaparer à son avantage un projet non conçu spécifiquement pour lui et s'en servir pour améliorer sa position relative. De nombreux projets s'adressent explicitement à des groupes défavorisés avec pour objectif de renforcer leurs ressources ou leur pouvoir de négociation ou de décision (cf. en anglais la notion de *empowerment*). Mais évidemment le paradoxe est que ces projets sont en général eux aussi « détournés » et accaparés, soit par un groupe particulier au sein des « défavorisés », soit par des acteurs « favorisés ».

Le développement en matière de santé n'échappe pas à la règle de l'accaparement : présidents de coopératives, animateurs ruraux ou « pharmaciens » villageois qui utilisent la distribution locale de médicaments comme une ressource dans leur politique clientéliste, groupes de matrones qui profitent de la formation sanitaire pour dévaloriser leurs concurrentes, carte de construction de dispensaires établie sur critères politiques, soins vétérinaires monopolisés par certains propriétaires de troupeaux...

Logiques stratégiques et logiques représentationnelles

D'autres logiques pourraient sans doute être encore dégagées, où l'on verrait les pratiques des « développés » diverger des intentions, objectifs, et présupposés des initiateurs et opérateurs des projets de développement. C'est le cas lorsque le choix par les paysans de stratégies économiques en partie non agricoles (scolarisation, migrations) s'oppose aux désirs des développeurs de fixer la population rurale à la terre. C'est le cas lorsque des stratégies villageoises de drainage de la main-d'œuvre ou de constitution de patrimoines fonciers contrastent avec les politiques de mise en commun ou de nivellement des moyens de production préconisées par certains projets. C'est le cas lorsque la mobilisation de « réseaux » fondés sur des modes de relations sociales variés (parenté, clientélisme, voisinage, affinité...) se heurte à la vision « égalitariste-individualiste » de nombre d'opérateurs de développement. C'est le cas lorsque de multiples formes populaires d'accumulation, d'investissement, d'épargne et de consommation s'éloignent des comportements économiques standards définis par les experts.

Ces diverses logiques sont toutes d'ordre « stratégique », en ce qu'elles sont au principe de systèmes d'action explicites des acteurs paysans, à la jonction de l'économique et du politique. C'est bien pour cela que les significations des termes de « logique » et de « stratégie » sont quasi équivalentes. Mais il n'y a pas que des logiques « stratégiques » qui se confrontent autour des opérations de développement. Interviennent aussi des logiques d'ordre symbolique ou cognitif, de nature plus implicite. Les malentendus et incompréhensions entre institutions de développement et populations relèvent pour une part d'un registre de « conceptions latentes » ou de « représentations sous-jacentes ». Il ne s'agit pas là de « visions globales du monde » respectivement cohérentes qui s'affronteraient mais de « blocs culturels particuliers » ou de « configurations spécifiques de représentations » qui seraient en décalage. Ce que le culturalisme suppose de systématicité dans les représentations propres à une culture et d'incommunicabilité entre deux cultures est étranger à la perspective ici défendue. Plus simplement et plus prosaïquement, certaines notions évidentes pour les « développeurs » ne sont pas partagées par les développés. J'entends évidemment par là des notions qui jouent un rôle direct ou indirect important quant à la conception ou la mise en œuvre d'une action de développement : peu importe au fond les différences de « conception du monde » (ou de religion, ou de bienséance, ou de philosophie...) dès lors qu'elles ne sont pas au principe de comportements divergents autour d'actions de développement (et elles sont loin de l'être toujours). Il y a par contre certains *malentendus notionnels* qui interviennent directement dans les interactions entre intervenants et populations.

M.L. Mathieu fournit quelques exemples de tels « malentendus notionnels » à propos de projets de développement en zone touarègue du Mali. Elle montre bien que la notion d'espace tel qu'il est vécu et représenté par les nomades n'a pas grand-chose à voir avec la vision de l'espace qu'ont les promoteurs des projets, vision qu'ils mettent en œuvre sans même y réfléchir, parce que pour eux « elle va de soi ». Et pourtant c'est un certain mode d'appropriation de l'espace par les éleveurs qui permet d'expliquer divers « échecs » des projets. Il en est de même pour le rapport au temps, bien sûr, et aussi pour d'autres ensembles sémiologiques, tels que « richesse/pauvreté », « besoin », « alimentation », « participation », « contrepartie » ou « eau » (Mathieu, 1994 : 265-337). Des différences profondes se jouent autour de ces conceptions entre agents des projets et populations, différences qui sont loin d'être marginales pour expliquer les « dérives » des projets. Les logiques « représentationnelles » prennent ainsi place à côté des logiques « stratégiques ».

On peut déduire de tout cela trois conclusions.

1. Toute « résistance » à une innovation a ses raisons et sa cohérence, qu'elle soit d'ordre « stratégique » ou « représentationnel ». Il ne s'agit pas de mythifier les comportements populaires, ni de prétendre que ces « résistances » sont toujours inévitables ou ont toujours des effets positifs, loin de là. Mais elles sont « normales », c'est-à-dire qu'elles peuvent s'expliquer, se comprendre. Seule cette explication « de l'intérieur », cette compréhension « de l'intérieur » (c'est-à-dire du point de vue des utilisateurs), peut fournir le moyen de surmonter ces « résistances ». Le critère d'une bonne compréhension-explication « de l'intérieur » consiste au fond à être capable de dire : « Moi aussi, à leur place, je ferais de même, et voici pourquoi ! » La maîtrise de ce type de

compréhension-explication devrait être un objectif central de toute institution de développement. Mais de telles compréhensions-explications ne peuvent surgir « spontanément » et ne relèvent pas de l'intuition, sous peine de retomber dans les stéréotypes. Il faut les « chercher » par l'enquête, et par une enquête appropriée, autrement dit l'enquête socio-anthropologique.

2. Toute innovation réussie (adoptée) est le produit d'une *négociation invisible* et d'un compromis de fait entre les divers groupes d'opérateurs de développement et les divers groupes d'agents sociaux locaux, et non le signe d'un triomphe de la logique technico-scientifique et économique des concepteurs.

3. Tout projet subit une « dérive », c'est à dire un écart entre ce qui est prévu et ce qui se passe, qui est la manifestation de son « appropriation » par les acteurs concernés (cf. conclusion).

8

Savoirs populaires et savoirs technico-scientifiques

Autour des actions de développement deux mondes entrent en contact. On pourrait parler de deux cultures, deux univers de significations, deux systèmes de sens, comme on voudra… Mettons que **deux configurations de représentations contrastées se confrontent**. D'un côté, il y a la configuration de représentations des « destinataires », à savoir les « populations-cibles » (si l'on emploie un langage technocratique), ou les « communautés paysannes » (si l'on emploie un langage idéaliste). De l'autre côté, il y a la configuration de représentations des institutions de développement et de leurs opérateurs. C'est autour de tentatives de transferts de savoir-faire que ces deux ensembles de savoirs et de significations entrent en relation : le développement consiste en effet à tenter de transférer certains savoir-faire associés aux systèmes de sens propres aux opérateurs de développement vers des populations dotées de systèmes de sens différents. On a vu déjà l'intérêt de la métaphore de la « greffe » : un savoir-faire « prend » difficilement dans un système de sens qui lui est étranger, et selon des mécanismes fort peu prévisibles a priori.

Mais il n'est guère satisfaisant, si l'on se place du point de vue d'opérateurs de développement soucieux de réussir la meilleure greffe possible (sans rejets ni traumatismes), de se cantonner purement et simplement au constat d'un affrontement entre deux systèmes de connaissances et de sens en général. Il y a à l'évidence des domaines symboliques qui ne sont pas directement pertinents dans une problématique de développement, et bien des études ethnologiques ont assez légitimement déçu les (rares) opérateurs du développement qui les lisaient dans la mesure où elles s'attachaient à des subtilités du registre magico-religieux ou à des systèmes de représentation ésotériques ne permettant guère de comprendre les réactions paysannes face à l'introduction de la traction attelée…

Quelles que soient les interactions multiples, dans une culture donnée, entre les différents domaines de savoirs et les différentes normes d'interprétation, et aussi fructueux que soit l'a priori méthodologique selon lequel une culture est un tout qu'on ne peut découper en rondelles (ce que dans le jargon des sciences sociales on peut appeler le « holisme méthodologique » : cf. chapitre 2), on est cependant en droit de distinguer « opérationnellement » certains domaines, certains ensembles, plus pertinents relativement à un problème donné. Considérons par exemple une « culture » particulière, celle des professionnels du développement, qui doit être familière à certains lecteur de ces lignes : il ne semble pas indispensable de tenir compte de l'ensemble de cette « culture » pour comprendre les logiques de tel ou tel projet de développement que ces professionnels mettent en œuvre. On peut semble-t-il « faire l'impasse » sur les préférences artistiques ou les options métaphysiques des agronomes du CIRAD quand on tente d'analyser les tenants et aboutissants d'un programme d'irrigation qu'ils proposent (bien que l'étude de ces préférences et de ces options puisse être fort intéressante pour le sociologue, et qu'elle permette sans doute d'établir quelques liens, fort lointains et nettement indirects mais cependant réels, avec le problème considéré...). Et l'on serait mieux inspiré pour comprendre la culture et la pratique professionnelles des agents du CIRAD de s'intéresser au système mandarinal de la recherche, aux procédures de reconnaissance professionnelle en agronomie, aux modes corporatistes de légitimation, aux avantages matériels liés à l'expatriation, etc.

De même, si l'on veut connaître les raisons de l'échec d'une campagne de vaccination, un inventaire exhaustif préalable du patrimoine culturel des villages considérés paraît irréaliste et il est par contre plus raisonnable de privilégier certaines domaines qui semblent pertinents et d'en négliger d'autres qui le semblent moins. Les procédures thérapeutiques locales, ou les rapports entre hommes et génies, qui sont, sur un problème de vaccination, à prendre en compte en première ligne, seront sans doute fort peu concernés s'il est question des difficultés d'une coopérative d'approvisionnement en intrants agricoles...

Une action soucieuse de compréhension (et donc de recherche) doit faire des choix quant à ce qui doit être prioritairement compris. Si l'on se refuse la commodité d'une position d'ethnologue « intégriste » de la culture comme totalité (position par ailleurs admissible en termes de logique de recherche pure), comment dès lors déterminer les domaines pertinents et ceux qui ne le sont pas ?

Aussi arbitraire et réducteur que cela puisse paraître, je ne retiendrai ici qu'un aspect de la confrontation entre le système de sens d'un projet de développement et le système de sens des populations rurales auxquelles ce projet s'adresse : cet aspect, c'est la confrontation entre des savoirs techniques (issus d'un système de savoirs technico-scientifiques cosmopolite et d'origine occidentale) et des « savoirs populaires » (techniques et non techniques).

Les savoirs techniques populaires

Il s'agit de « découper » au sein de la culture populaire considérée des domaines a priori plus pertinents dès lors qu'il est question de développement, autrement dit de transferts de savoirs technico-scientifiques. L'une des solutions est de considérer l'équivalent dans la culture locale de ce que sont les savoirs technico-scientifiques dans la culture des professions du développement, autrement dit d'étudier les savoirs techniques populaires. Les facettes du savoir d'une population villageoise quelconque sont infinies et sans frontières, que ce savoir soit social, politique, religieux, etc. Mais on peut malgré tout, et tant bien que mal, circonscrire des savoirs populaires techniques, appliqués à des domaines précis. Dans le champ du développement rural, trois grands domaines sont ainsi concernés : les savoirs populaires techniques en matière d'agriculture, d'élevage et d'environnement ; les savoirs populaires techniques en matière de santé humaine et animale ; les savoirs populaires techniques en matière de gestion et d'économie. Certes, la notion de « savoirs populaires techniques » est pour une part arbitraire, et correspond au point de vue d'un analyste extérieur : les cultures africaines rurales ne font pas nécessairement une nette distinction entre des savoirs « techniques » et des savoirs « non techniques », et, quand elles le font, n'y mettent pas nécessairement les mêmes contenus... Mais cette notion est utile pour deux raisons. Tout d'abord, elle a l'avantage de souligner que de nombreux savoirs populaires locaux ont une base ou une visée empirique (ils correspondent à ce que Max Weber appelle la « rationalité en finalité »...). En second lieu, elle permet de différencier ces savoirs pratico-empiriques des savoirs sociaux plus diffus, plus larges, plus spéculatifs (à condition de ne jamais oublier que cette différenciation est relative et mouvante...).

En termes de développement, le postulat de départ est simple, et irrécusable : les savoir-faire que les messages techniques diffusés par les agents de développement tentent d'importer dans la paysannerie n'arrivent pas en terrain vierge. Il ne s'agit pas d'amener le savoir là où règne l'ignorance, comme les discours des agents de développement le disent trop souvent (en raison entre autres de la formation qu'ils ont reçue). Les paysans auxquels on s'adresse ont déjà des compétences et des savoir-faire dans tous les domaines concernés par le développement, ces savoir-faire et ces compétences reposant sur des savoirs et des systèmes de sens complexes et évolutifs. Si l'on admet l'hypothèse que les savoir-faire et les compétences que les agents de développement ont pour mission d'introduire sont préférables (parce que plus efficaces, plus rentables, plus productifs, etc.) que les savoir-faire et compétences en place [1], il semble de bon sens de s'intéresser néanmoins à ces derniers pour comprendre comment le processus de transfert peut s'opérer au mieux. On voit mal comment l'introduction de nouvelles techniques agro-pastorales pourrait faire l'économie d'une prise en considération des techniques agro-pastorales « déjà-là », autrement dit des savoirs agronomiques, botaniques, écologiques et pédologiques paysans sur

1. Cette hypothèse n'est pas toujours vérifiée : mais ceci est un autre débat.

lesquels reposent ces techniques, et des contraintes auxquelles elles font face. Il est d'autant plus surprenant de constater à quel point les savoirs techniques populaires restent peu connus de l'ensemble des opérateurs de développement, et en particulier des agents de développement de terrain qui se partagent, à leur égard, entre l'ignorance et le mépris.

Pourtant la prise en compte des savoirs populaires n'a rien de particulièrement nouveau aujourd'hui. Depuis les années 1970, Paulo Freire a servi de référence à tous ceux qui proclament vouloir s'appuyer sur les savoirs populaires pour instaurer un développement de type alternatif (développement participatif, *development from below*) que nombre d'ONG entendent incarner [1]. On peut remonter plus haut dans le temps, et retrouver les traces chez certains administrateurs coloniaux, avant même la Seconde Guerre mondiale, d'une volonté de favoriser une « mise en valeur » (expression de l'époque pour désigner ce qui aujourd'hui s'appelle le développement) qui soit fondée sur les technologies et compétences locales. Du côté des ethnologues, l'étude des savoirs populaires a été au programme dès le début de ce siècle, dès les premiers travaux de terrain, mais c'est surtout après les années 60 qu'un programme d'investigation systématique a été mis en œuvre aux États-Unis autour de la notion d'« ethnoscience ». Un colloque international s'est tenu en 1978, qui avait (déjà !) pour titre : *Indigenous knowledge systems and development* (Brokensha, Warren et Werner, 1980)...

Tout cela n'a pas été sans produire des changements d'attitude, en particulier du côté de certaines ONG ou du côté de la recherche-développement agronomique (étude des systèmes de production locaux), changements d'attitude qui se manifestent par une tendance contemporaine à la réhabilitation de ces savoirs techniques populaires.

Peut-être n'est-il pas inutile de préciser certaines propriétés dont ceux-ci sont dotés.

Les savoirs techniques populaires : quelques propriétés

1. Les savoirs populaires techniques constituent des stocks de connaissances pragmatiques, opérationnelles pour les producteurs ruraux, qui couvrent tous les domaines de la pratique sociale : de la gestion à la pédologie, de la climatologie à la santé, etc. Il n'est aucun domaine où, quand une opération de développement veut diffuser un nouveau savoir technico-scientifique, il n'existe déjà un savoir technique populaire en place, qui règle les pratiques concernées. Dans certains cas, c'est presque évident : on sait par exemple à quel point les éleveurs peuls sont des spécialistes « pointus » (cf. Kintz, 1991). Mais si, dans le monde du

1. Et pourtant, paradoxalement, Freire (FREIRE, 1980) est souvent fort dépréciatif envers les savoirs populaires. Ceux-ci, tronqués, erronés, mystifiés, sont pour lui le reflet des conditions de domination extrême dont le peuple est victime : cf. BROWN, 1994, qui montre par exemple l'ambiguïté des références à Freire chez Chambers. Il y a chez Freire une attitude plus misérabiliste que populiste (cf. chapitre 5).

développement, on leur accorde volontiers une compétence technique, on sera souvent plus réticent à leur reconnaître un savoir économique : n'y a-t-il pas d'innombrables écrits sur les attitudes « anti-économiques » des Peuls refusant par sentimentalité de vendre leur cheptel ou le vendant au mauvais moment ? Or là aussi les analyses socio-anthropologiques montrent que ces comportements souvent stigmatisés sont au contraire parfaitement « rationnels » économiquement du point de vue des éleveurs (cf. Bierschenk et Foster, 1991) et témoignent d'une compétence proprement économique. Comment un quelconque projet d'appui à l'élevage peut ignorer de telles données ?

On peut étendre ce type de postulat pour n'importe quel domaine, y compris là où on ne s'y attend pas *a priori.* C'est cela, le « populisme méthodologique ». Ainsi, un projet sur l'espacement des naissances en milieu sahélien musulman ne peut croire qu'il avance en terrain vierge, et même hostile, sous prétexte qu'il intervient dans un monde où l'on accorderait une valeur centrale à la procréation. En fait, les jeunes filles non mariées ont depuis toujours recours à des pratiques « cachées » en matière d'avortement et de contraception, pratiques certes dangereuses pour les premières, peu efficaces pour les secondes (charmes et talismans pour « nouer le ventre »), mais qui témoignent d'une culture (au moins souterraine) déjà là en ce domaine, alors même que la morale publique ne parlerait que de virginité avant le mariage, et de procréation après.

Les rationalités qui sous-tendent les savoirs techniques populaires sont donc très variables. Certaines sont d'ordre plus « techniques », d'autres sont d'ordre plus « magico-religieux ». Mais toutes relèvent d'une **démarche populaire fondamentalement pragmatique.** En matière d'agriculture, le caractère « technique » des rationalités paysannes a depuis longtemps été mis en évidence : beaucoup de systèmes de production locaux se sont ainsi révélés être des modèles d'adaptation aux contraintes du milieu (cf. *Maîtrise de l'espace agraire et développement en Afrique tropicale*, 1979).

2. Les savoirs populaires techniques sont en même temps des ensembles de sens, qui permettent d'interpréter les pratiques, de les rendre signifiantes. C'est donc en grande partie par leur intermédiaire et selon leurs normes que les savoirs technico-scientifiques extérieurs proposés sont évalués et interprétés par les populations. Les savoirs paysans relatifs aux processus de germination du mil, comme la classification des variétés de mil que ces paysans opèrent en fonction de critères gustatifs très précis, sont deux systèmes de connaissances qui servent aussi à évaluer les semences proposées par les services agricoles et à se « faire une idée » sur leur intérêt éventuel... **Cet aspect évaluatif et normatif des savoirs populaires**, moins souvent souligné que le précédent, n'en est pas moins important.

3. Les savoirs populaires techniques sont variables, multiples, hétérogènes, et inégalement répartis, selon le sexe, l'âge, le statut, le milieu social proche, la trajectoire personnelle : un savoir technique populaire standard partagé par tous serait une fiction. Il existe des savoirs communs, assez largement partagés et des savoirs spécialisés, parfois monopolisés (cf. Dupré, 1991 ; pour un exemple détaillé sur les savoirs techniques féminins mossi, cf. Maïzi, 1991, 1993). Toutes les nuances

existent entre un « sens commun » ou un savoir routinier maîtrisé à peu près par toute une population villageoise, des savoirs symboliques et techniques propres à un sexe, une « caste » ou à un groupe professionnel, et des savoirs individuels acquis au fil des pérégrinations. De même le rapport des savoirs techniques populaires à l'argent est extrêmement variable : certains savoirs ont une valeur marchande et sont fortement « commercialisés », d'autres sont « gratuits » ou indissociables de liens personnels. Un colporteur itinérant de « médicaments », un marabout-guérisseur de renom, une grand-mère adepte d'un culte de possession représentent trois types de savoirs thérapeutiques dont les modes de « rétribution/gratification » et les rapports avec les demandeurs de soin sont sans commune mesure.

Aussi peut-on proposer de distinguer au minimum entre *savoirs populaires communs* et *savoirs populaires spécialisés*, tout en sachant les inconvénients du caractère sommaire d'une telle distinction. En effet certains savoirs populaires non spécialisés ne sont pour autant pas communs (les savoirs concernant l'accouchement ou les maladies infantiles seront par exemple surtout détenus par les vieilles femmes). D'autre part, il y a, à l'évidence, spécialiste et spécialiste. Entre ce qui fait surtout figure d'un « don » hérité permettant de soigner les « démangeaisons » et les connaissances sophistiquées et pour une bonne part ritualisées d'un prêtre des génies, il y a un fossé. Et comment classer ces « savants paysans » (Colonna, 1987), ces érudits islamiques qui parsèment les campagnes et auxquels on recourt pour de nombreuses affections ?

4. Les savoirs populaires techniques se transforment, évoluent, et ne sont donc pas seulement « traditionnels » : ils incorporent de nombreux acquis des contacts antérieurs tant avec les producteurs voisins qu'avec les savoirs technico-scientifiques. Loin d'être statiques, ils offrent une tendance permanente au syncrétisme. Contre l'idée fort répandue que savoirs populaires = tradition = routine, on a souvent souligné l'« innovativité » des savoirs populaires, en particulier en matière agronomique, que ce soit sous forme d'emprunt ou d'expérimentation endogène (cf. Richards, 1985 ; cf. ci-dessus, chapitre 4). Mais le dynamisme des savoirs populaires ne concerne pas seulement l'environnement « naturel », il porte aussi sur l'environnement social. Un paysan n'a pas seulement un savoir-faire par rapport à la nature, il a aussi un « savoir-faire » par rapport aux pouvoirs politiques locaux, et il a acquis au fil des années un « savoir-faire » par rapport aux institutions de développement et aux « projets » qui interviennent autour de lui (comment tirer parti d'un système de crédit, comment se comporter dans une réunion de coopérative, comment ruser avec un sociologue, etc.)

5. Mais les savoirs techniques populaires ne font pas nécessairement « système », et sont loin d'être toujours sous-tendus par une « théorie » indigène intégratrice. Largement fondés sur l'expérience personnelle, ils sont souvent agglutinatifs et flexibles, sans prétention explicative à longue ou moyenne portée. Parfois même ils se refusent en quelque sorte à tenter d'en savoir plus (cf. Last, 1981). Les approches anthropologiques, en quête de « systèmes de savoirs », risquent en conséquence en permanence de « sur-systématiser » les savoirs populaires. La recherche

en ce domaine supposerait cependant qu'on s'intéresse aussi à ce que les gens ne savent pas ou ne classent pas (c'est-à-dire pour une bonne part à ce qui ne les intéresse pas), ou aux savoirs locaux en miettes [1].

Savoirs techniques populaires et savoirs technico-scientifiques

En quoi ces savoirs techniques populaires diffèrent-ils alors des savoirs technico-scientifiques ? Une rapide comparaison, limitée à ce qui concerne notre propos, peut se faire selon trois points de vue.

1. Les savoirs populaires techniques sont localisés, contextualisés, empiriques, là où les savoirs technico-scientifiques sont standardisés, uniformisés, formalisés. Par exemple, un agriculteur de mil sahélien a une connaissance beaucoup plus pointue du micro-écosystème local (et de lui seul) qu'un agronome universitaire, lequel par contre peut interpréter « au pas de course » des situations locales très variées en les rattachant à des « types » généraux. Le paysan transmet son savoir par la pratique, *in situ*, et dans le cadre de relations personnelles, alors que l'agronome peut faire un exposé savant devant un auditoire anonyme dans n'importe quelle école d'agriculture africaine…

2. Les rapports entre ces deux types de savoirs ne sont pas symétriques. Les savoirs populaires techniques sont mis en œuvre par les producteurs et acteurs sociaux eux-mêmes, « en bout de chaîne », alors que les savoirs technico-scientifiques sont diffusés par des agents qui ne les utiliseront pas eux-mêmes. Les savoirs populaires techniques sont « en place » et devront être modifiés, alors que les savoirs technico-scientifiques sont introduits de l'extérieur et ne subiront guère de rétro-action. Les savoirs populaires techniques se renvoient les uns aux autres au niveau local (il y a des correspondances entre le savoir écologique d'un paysan et son savoir thérapeutique) et sont inclus dans un même système de sens (ou une même culture), alors que les savoirs technico-scientifiques arrivent sous forme de *packages* et « messages », en pièces détachées et désarticulées : leur cohérence est située à l'extérieur (culture technico-scientifique cosmopolite), et les destinataires ne disposent pas sur place du système de sens (la grille d'interprétation) qui constitue l'environnement symbolique « naturel » de ces savoirs, à savoir la culture technico-scientifique standard, alimentée en particulier en Europe par un siècle et demi de scolarité généralisée, et qui est très généralement absente des campagnes africaines. De ce fait, tel ou tel savoir technico-scientifique particulier, diffusé par bribes dans le cadre d'une quelconque opération de développement, ne peut être adopté (quand il l'est) que par une procédure paradoxale, selon laquelle il modifie nécessairement la configuration des savoirs techniques populaires tout en étant nécessairement interprété (« accueilli », » approprié ») par cette configuration même (cf. chapitre 4).

---

1. « Just as there is no theology in Dogon religion, there is no systematization of Dogon ethno-science » (VAN BEEK, 1993 : 58).

3. L'opposition entre les savoirs techniques populaires et les savoirs technico-scientifiques n'est pas une opposition entre une « rationalité occidentale » et une « rationalité traditionnelle ». Tant en milieu rural africain qu'en Europe industrielle coexistent en effet plusieurs systèmes de savoirs, de sens et d'interprétation. Les savoirs populaires techniques et les savoirs technico-scientifiques sont seulement deux systèmes possibles, dans une gamme variable de savoirs et de logiques interprétatives où chacun puise selon les circonstances. En Afrique comme en France cohabitent, à côté de savoirs techniques empiriques, ou de savoirs technico-scientifiques, des savoirs sociaux, des savoirs magiques, etc. Certes le paysan africain combine un savoir écologique empirique (= savoir technique populaire) et des représentations du rôle des génies et des ancêtres en matière de fertilité (= savoir magico-religieux). Mais le technocrate occidental féru de recherche opérationnelle (= savoir technico-scientifique) consulte aussi son horoscope ou prie dans une Église (= savoir magico-religieux). Il existe pourtant une différence de taille. Les savoirs technico-scientifiques (issus de la science expérimentale) **n'incorporent pas en tant que tels** des savoirs magico-religieux (si des aspects magico-religieux s'y introduisent, et ils le font, au cœur même des laboratoires occidentaux, c'est en quelque sorte en contrebande). La démarche technico-scientifique s'édifie au contraire (au moins en son principe) contre la démarche magico-religieuse (expérimentation *versus* croyance). Autrement dit le technicien formé dans une culture technico-scientifique est censé mettre « entre parenthèses » ses convictions religieuses ou ses attitudes magiques quand il opère dans le temps et l'espace de l'acte ou de la réflexion technique, et les ré-endosser à d'autres moments et en d'autres lieux (il va ensuite à la messe ou consulter un homéopathe) [1]. Par contre, les savoirs techniques populaires, eux, peuvent parfaitement s'entrelacer et se combiner de façon indiscernable et en toute légitimité avec des savoirs magico-religieux, dans des pratiques où l'on ne pourra faire le partage entre les deux. Que l'on pense en particulier au problème fort classique de l'« acte magique », auquel les acteurs sociaux ont recours le plus souvent dans le cadre de préoccupations fort pragmatiques, et qui a souvent été interprété, pour cette raison et quelques autres, comme relevant de la « technique » plus que de la religion.

Peut-être faut-il ici apporter trois précisions. La première, c'est que les savoirs technico-scientifiques, bien que s'édifiant contre les savoirs magico-religieux et selon des procédures totalement distinctes, ne sont pas sans susciter des attitudes d'ordre « religieux » en ce qu'elles relèvent de la « croyance » (la foi dans un médecin hospitalier, au niveau individuel ; le scientisme en tant qu'idéologie : en voilà deux exemples).

1. Je laisse donc ici de côté le problème des attitudes « non scientifiques » réintroduites subrepticement par les chercheurs eux-mêmes dans les procédures scientifiques. Il nous ferait déboucher sur des problèmes plus généraux tels que la mesure dans laquelle les énoncés scientifiques sont aussi ou surtout des constructions sociales ou culturelles. On trouvera dans Lloyd (LLOYD, 1993) des notations particulièrement intéressantes sur les conditions d'émergence de la science en Grèce et le contexte polémique et politique qui a facilité cette émergence.

La seconde, c'est que, bien sûr, les savoirs techniques populaires ne sont pas spécifiques à l'Afrique et sont largement en vigueur en France à côté des savoirs technico-scientifiques. De plus, le fait que des acteurs exercent leur action dans le cadre d'un savoir technique populaire ou d'un savoir technico-scientifique n'est en rien incompatible avec le fait qu'ils recourent, pour interpréter ces actions ou les légitimer, à d'autres systèmes de références (magique, religieux, politique, familial, etc.). La troisième, c'est que bien sûr savoirs techniques populaires et savoirs technico-scientifiques interagissent et produisent des phénomènes d'hybridation [1].

C'est pour cette raison que la compréhension et l'analyse des savoirs techniques populaires ne suffisent pas à rendre compte, loin de là, des modalités de la ré-interprétation des messages technico-scientifiques par leurs destinataires paysans. On a vu ainsi que certains savoirs techniques populaires sont indissociables de conceptions « non-techniques » : on ne peut séparer les « savoirs populaires de gestion » des normes sociales qui exigent l'ostentation et la redistribution, pas plus qu'on ne peut séparer les « savoirs populaires thérapeutiques » des représentations sociales qui définissent les modes d'intervention des génies dans la vie des individus. Il serait absurde de nier l'existence de logiques interprétatives essentiellement « technico-empiriques » dans certains domaines particuliers de savoirs populaires (cf. par exemple et assez généralement les connaissances paysannes relatives aux sols, aux plantes, aux animaux, au corps) et de systématiquement tout rabattre sur des valeurs religieuses ultimes et des cosmogonies fondatrices. Mais il serait tout aussi absurde de nier la profonde interférence de logiques sociales ou magico-religieuses dans d'autres domaines particuliers de savoir (cf. par exemple les normes de bienséance et les valeurs ostentatoires s'il s'agit de gestion ou les cultes d'affliction et les rapports aux ancêtres s'il s'agit de thérapeutique).

D'autre part, on ne doit pas oublier que ce ne sont pas les savoirs technico-scientifiques en tant que tels qui arrivent aux paysans (à la manière dont ces savoirs sont enseignés au fil des années par le système scolaire). Ce sont des morceaux épars, des bribes de savoirs technico-scientifiques « déstructurés » qui leur parviennent, sous la forme des messages diffusés par les agents de développement, et non pas la culture technico-scientifique en tant que telle, en sa systématicité.

---

1. En insistant comme il a été fait ici sur la dynamique des représentations et des savoirs techniques populaires, dynamique à la fois endogène et réactive (du fait du contact avec les savoirs technico-scientifiques), nous répondons de fait aux objections qu'adresse N. Long à la dichotomie « savoir scientifique »/« savoir local ou indigène ». Il lui reproche en effet de sous-estimer la créativité des agriculteurs, leurs capacités d'expérimentation, leur facilité à absorber et réinterpréter les techniques et idées venues de l'extérieur (LONG, 1992 : 273-274). En fait rien n'empêche de garder la distinction malgré tout bien utile « savoirs techniques populaires »/« savoirs technico-scientifiques » sans tomber dans de tels travers, et tout en admettant avec Long que « the encounter between different configurations of knowledge involves a transformation or translation of existing knowledges and a « fusion of horizons » (i.e. the joint creation of knowledge) » (LONG, 1992 : 274).

D'un autre coté, les savoirs techniques populaires relèvent bien évidemment de la culture locale. Mais les dissoudre dans la notion plus large de « culture », c'est risquer d'en gommer l'« opérationnalité », l'« économicité », la « modernité », de les réduire à une survivance (parfois « blocage », parfois « folklore »), ou de ne leur accorder qu'une légitimité d'ordre traditionnelle ou culturelle, concédée par un Occident ou des « élites » nationales en mal d'authenticité. Le terme « culture » peut cependant être parfois employé à propos des savoirs populaires dans une toute autre acception et pour de fort bonnes raisons : c'est le cas de Last, qui, pour ne pas laisser supposer qu'il existerait un savoir thérapeutique traditionnel systématique, une théorie médicale indigène, préfère parler de « culture médicale locale », laquelle est fondamentalement syncrétique voire hétéroclite (Last, 1981).

Domaines de savoirs et dispositifs

Il est également nécessaire d'opérer des distinctions entre les divers savoirs techniques populaires en fonction des domaines dans lesquels ils s'appliquent. On a déjà souligné le fait que la ligne de partage entre un savoir technique populaire et un savoir magico-religieux est plus ou moins difficile à établir selon qu'il s'agit de santé ou d'agriculture, par exemple. Peut-être convient-il de développer ici ce dernier point.

En matière d'élevage et d'agriculture, les pratiques productives sont bien évidemment accompagnées d'actes magico-religieux visant à assurer de bonnes récoltes ou à se protéger contre les déprédations. Rites propitiatoires, libations aux ancêtres, invocations aux génies, prières adressées à Dieu le Père ou à Allah, sacrifices, rogations ou charmes, partout les aléas de la production agro-pastorales semblent appeler des recours à la sur-nature, à l'au-delà ou à l'invisible. Mais analytiquement il reste possible de séparer le temps des rites du temps des sarclages. Savoirs magico-religieux et savoirs populaires pédologiques, agronomiques ou climatologiques se combinent, se complètent, s'imbriquent mais se distinguent.

En matière de santé, le temps des rite et le temps des soins se confondent bien souvent. Toute pratique thérapeutique peut avoir un aspect magico-religieux qui sera indissociable et indiscernable de sa composante « technique ». On ne doit pas en déduire pour autant que tout acte thérapeutique « indigène » met nécessairement en branle génies, Tout-Puissant, ancêtres ou sorciers. Nombre de pratiques populaires relèvent d'un savoir « prosaïque », non pas aux yeux de l'observateur extérieur, qui est en général mal placé pour décider ce qui est magico-religieux et ce qui ne l'est pas, mais aux yeux des intéressés eux-mêmes. Il y a en effet une distinction entre ce qui est « magico-religieux » et ce qui ne l'est pas, qui est opérée dans toute culture mais dont les critères et la frontière varient évidemment d'une culture à l'autre. Il y a autrement dit des définitions « émiques », autochtones, de ce qui est magique et de ce qui ne l'est pas. En matière de santé, on aura ainsi des pans entiers de savoirs techniques populaires relevant clairement de la phyto-thérapie, des « remèdes de grand-mère », ou de savoirs spécialisés, qui n'incorporent pas en eux-mêmes des opérations de type magico-religieux (cf. Olivier de Sardan, 1994). D'autres séries de représentations et de pratiques thérapeutiques, par contre, impliquent des agents surnaturels (ou humains dotés de pouvoirs surnaturels) : en ce cas on ne peut d'aucune façon faire la part du « technique » et du « magico-religieux ».

A cette différence entre savoirs populaires en matière agro-pastorale et savoirs populaires en matière de santé s'en ajoutent d'autres, dont beaucoup ont pour fondement la plus grande « expérimentabilité » des savoirs populaires agro-pastoraux : les effets des pratiques humaines sont plus facilement déchiffrables, et donc stabilisables, sur la croissance des plantes que sur la guérison des hommes. En matière thérapeutique, il est particulièrement difficile de savoir, lorsqu'il y a amélioration d'un état morbide, s'il s'agit d'une guérison ou d'une rémission, et si on doit imputer l'efficacité apparente d'un acte thérapeutique à ce qu'il agit sur le symptôme ressenti ou sur la pathologie elle-même. Plus généralement, l'existence d'« effets placebo » particulièrement nombreux et complexes, comme l'action en quelque sorte « naturelle » des défenses de l'organisme ou l'évolution « normale » de certaines affections brouillent sans cesse les pistes et enlèvent une bonne part de base expérimentale solide aux savoirs et représentations populaires relatifs à la santé, qui sont, beaucoup plus que dans d'autres domaines, enclins à sur-valoriser les recours thérapeutiques et médications de tous ordres et à les créditer d'une efficacité que la recherche expérimentale démentirait souvent. Autrement dit, les rémissions ou guérisons perçues sont imputées assez systématiquement par les patients aux « traitements » alors même que d'un point de vue bio-médical elles peuvent relever soit de processus de défense indépendants, soit de cycles pathologiques prévisibles, soit de mécanismes d'ordre psycho-somatique.

L'angoisse devant la maladie et la mort, la faible maîtrise des sociétés rurales africaines face à de telles menaces, l'opacité de nombreuses pathologies (même pour la médecine occidentale clinique, et *a fortiori* là où les méthodes de diagnostic de celle-ci font défaut), tout cela achève de brosser un tableau qui diffère considérablement de celui où prennent place les savoirs agro-pastoraux. Sols et plantes sont peu sensibles à l'effet placebo, et connaissent peu l'angoisse.

Ainsi s'explique sans doute la standardisation relative des savoirs agro-pastoraux dans une zone écologico-culturelle donnée (les agriculteurs d'un même village partagent *grosso modo* un même ensemble de savoirs pédologiques, botaniques, agronomiques, météorologiques, au-delà d'inévitables variations des compétences individuelles), qui contraste avec une beaucoup plus grande dispersion et hétérogénéité des savoirs thérapeutiques : les « remèdes de grand-mère », ou « savoirs populaires communs, » malgré diverses récurrences et analogies, sont loin d'être identiques d'une famille à l'autre, et les discours comme les pratiques des multiples variétés de « guérisseurs », ou « savoirs populaires spécialisés », ont une forte propension à l'idiosyncrasie (chaque compétence personnelle est aussi un savoir spécifique).

En fait les savoirs populaires se distinguent entre eux pour une bonne part en raison de la nature même de leurs référents empiriques. Autrement dit ils sont soumis, selon les domaines auxquels ils s'appliquent, à des systèmes de contraintes distincts, qui induisent des configurations de représentations dont les logiques, les assemblages et les contenus diffèrent. Par exemple, à l'intérieur même du monde des maladies, le contraste est grand entre des troubles visibles, simples, monosémiques (comme les maladies oculaires), et des troubles diffus, complexes, polysémiques (comme les maladies internes ; cf. Jaffré, 1993). La richesse sémantique des représentations y afférant et le caractère plus ou moins expérimental des savoirs populaires correspondant sont évidemment affectés par de telles variables « objectives ».

On peut alors parler à ce propos de « **dispositifs** » externes, différents selon les domaines de la pratique sociale considérée, qui influent sur la configuration des savoirs techniques populaires, et en particulier sur leur plus ou moins grande autonomie à l'égard du magico-religieux.

Ce terme de « dispositif », bien sûr emprunté à Foucault, a été utilisé (cf. Jaffré et Olivier de Sardan, sous presse) pour désigner ce que Jaffré a appellé parfois « la base matérielle » des maladies (en une métaphore faisant allusion au rapport infrastructure/superstructure du marxisme ; cf. Jaffré, 1993), c'est-à-dire un ensemble de facteurs en quelque sorte « objectifs », indépendants des représentations que s'en font les acteurs sociaux mais influant sur celles-ci, tels que la prévalence d'une maladie, l'existence ou non de thérapeutiques efficaces, et l'expression clinique de la maladie (son « phénoménal », c'est-à-dire les propriétés visibles de son système de symptômes). On peut étendre l'analyse au-delà du seul domaine de la santé. La production de mil pluvial, par exemple, ou l'élevage transhumant reposent sur des « dispositifs » chaque fois spécifiques d'ordre écologique, biologique, climatologique, entre autres, qui agissent comme des contraintes sur les savoirs techniques populaires respectifs concernés, et donc influent sur leur configuration interne, leur plus ou moins grande « expérimentabilité », leur plus ou moins grande « empiricité », leur plus ou moins grande « symbolicité », et même leur plus ou moins grande efficacité, si tant est que celle-ci puisse être mesurée.

9

Médiations et courtages

Les interactions entre la configuration développementiste et les populations africaines ne s'effectuent pas dans une sorte de face-à-face théâtral et global. Elles se font par diverticules, relais, réseaux, passerelles, capillarités, interfaces. Il s'agit là de processus fondamentalement médiatisés, c'est-à-dire passant par des médiations multiples, emboitées, tuilées, enchevêtrées. Mais pour une médiation il faut des médiateurs.

Dès la colonisation on a repéré le rôle pivot que jouaient certains intermédiaires. *L'étrange destin de Wangrin*, ce roman superbe d'Hampaté Bâ à base documentaire, ne met-il pas en scène les manœuvres d'un célèbre interprète appointé de la colonisation ?

A chaque époque, à chaque contexte, des figures spécifiques de médiateurs se dessinent. Dans l'ère du développement où nous sommes aujourd'hui, deux types de médiateurs semblent plus particulièrement jouer un rôle central : les agents de développement de terrain et les courtiers. Je les examinerai successivement.

Une autre façon d'aborder le problème, à laquelle sera consacrée la fin de ce chapitre, consiste à s'attacher non plus aux acteurs de la médiation, mais à ce processus particulier de médiation qu'est l'usage, en certaines circonstances rituelles, d'un langage particulier, le « langage-développement », qui semble être devenu un prérequis pour quiconque entend jouer un rôle sur la scène de la médiation.

Les agents de développement

Le développement sous sa forme opérationnelle (que ce soit par l'activité ordinaire des services techniques ou par le biais en général privilégié de « projets ») transite inéluctablement par des agents de développement de terrain, qui constituent l'interface incontournable entre un « projet » et ses « destinataires ». Le nom de ces agents de développement varie selon leurs domaines d'intervention et leurs compétences (et parfois aussi selon les modes, ou les doctrines) : agents de santé primaire, infirmiers, sages-femmes, en ce qui concerne le secteur sanitaire ; encadreurs, vulgarisateurs, conseillers agricoles, animateurs ruraux, en ce qui concerne le développement rural à base agricole ; on pourrait évoquer aussi les agents d'alphabétisation, les assistantes sociales, les éducateurs, les agents d'élevage, les auxiliaires vétérinaires... Tous ces agents « de terrain », au-delà de leurs compétences techniques fort différentes, offrent quelques caractéristiques communes. C'est par eux que les institutions de développement, qui sont leurs employeurs, passent pour s'adresser « en bout de chaîne » aux destinataires du développement. Ce sont eux qui doivent faire passer le « message technique » aux « populations-cibles » ou qui sont chargés, de façon plus générale et plus vague, de « sensibiliser » ou de « conscientiser » les « communautés villageoises ». C'est en grande partie à leur niveau et par leur intermédiaire que le monde des « développés » et celui des « développeurs » entrent en interaction. Ceci est vrai aussi bien des opérations de développement « lourdes » gérées par des institutions publiques et/ou internationales que des projets « légers » initiés par des ONG.

On sait en fait peu de choses de ces agents de développement bien que la position qu'ils occupent soit centrale à plus d'un titre (on peut considérer en effet qu'elle est à la fois un révélateur des difficultés rencontrées par la mise en œuvre d'opérations de développement, et un lieu stratégique pour remédier à un certain nombre de ces difficultés). Dans l'immense littérature consacrée au développement, ils font figure de tache blanche, en ce que leurs pratiques « réelles », leurs difficultés « réelles », leur insertion « réelle » dans le milieu rural n'ont guère fait l'objet d'investigations sérieuses, à de rares exceptions près [1]. Certes on ne manque pas d'écrits normatifs à leur sujet, consacrés à décrire la « mission » de ces agents, ou à vanter les mérites de telle ou telle méthode d'animation dont ils sont censés être les fidèles et actifs exécutants. Mais ces écrits nous informent plus sur les idéologies de leurs auteurs ou l'autopromotion des institutions qui les emploient que sur la façon dont les agents de développement mettent en œuvre tous ces bons conseils et sur la nature pratique de leurs relations avec les paysans... Tout se passe comme si ces agents de développement devaient être « transparents », réalisant enfin ce vieux fantasme organisationnel de la « courroie de transmission ». Tout prouve pourtant le contraire. Nombre d'acteurs du développement en sont d'ailleurs conscients : il suffit d'écouter les propos *off the record*, les conversations privées ou les « discussions de bistrot » pour que soient évoqués, enfin, des agents de développement « réels », avec leurs stratégies personnelles, leurs échecs, et toutes les contradictions auxquelles leur position les expose... Mais toute cette portion pourtant fort significative de la réalité sociale semble refoulée hors du champ de ce qui peut se dire publiquement (et de ce qu'il est légitime de connaître, d'enquêter ou d'« évaluer »).

1. La récente thèse de Koné a le mérite de s'atteler à la tâche pour la première fois de façon socio-anthropologique (KONÉ, 1994).

Parenthèse sur la corruption

Il est vrai que, dans un monde aussi bardé d'interdits moraux, symboliques et idéologiques que celui du « développement », bien d'autres domaines sont ainsi repoussés aux marges du savoir et assignés au non-dit public, aussi déterminants soient-ils pour rendre compte du succès ou de l'échec de projets de développement. On pense à la corruption, par exemple, mécanisme de régulation sociale pourtant fort important. Or, même et surtout si l'on veut contribuer à la faire disparaître, il faut en comprendre le fonctionnement, autrement dit la considérer comme un objet de connaissance et non comme un thème de dénonciation morale. Dégager les bases de ce qu'on pourrait appeler « l'économie morale de la corruption » dans l'Afrique contemporaine, c'est tenter de mettre à jour les normes pratiques, les valeurs et les légitimations qui sous-tendent de façon en quelque sorte « positive » les diverses formes de corruption. Que l'on pense à la lutte symbolique permanente que les acteurs sociaux mènent pour tenter de définir la frontière entre corruption légitime (souvent celle dont ils bénéficient) et corruption illégitime (souvent celle dont ils sont victimes), ou aux innombrables mécanismes de compensation, de rétribution, de redistribution et de solidarité dans lesquels la corruption est à ce point enchâssée qu'elle en devient indiscernable...

Mais la corruption a plus particulièrement partie liée avec les processus de médiation. Les intermédiaires sont parmi les principaux vecteurs de l'économie morale de la corruption. Le pouvoir est bien sûr l'autre grand foyer de la corruption, dans la mesure où il est réglé par une vision « néo-patrimoniale » confondant bien public et bien privé, propriété de la couronne et propriété du roi (cf. Médard, 1981, 1991 ; Bayart, 1989). Mais on pourrait aussi considérer qu'une partie des fonctions du pouvoir consiste à jouer les intermédiaires ou à s'assurer le monopole de certaines médiations. Quoi qu'il en soit corruption, entremise et courtage forment un même ensemble de pratiques et de représentations. N'est-il pas particulièrement difficile de tracer une ligne de démarcation entre la « commission » (la rétribution considérée comme légitime d'un courtage) et le « pot-de-vin » (sa rétribution considérée comme illégitime) ?

Les agents de développement sont évidemment eux aussi des acteurs éminents de l'économie morale de la corruption (cf. Koné, 1994 ; Berche, 1994), de par leurs fonctions mêmes qui sont centrées sur la médiation.

Les agents de développement comme « médiateurs » entre savoirs

Les types de médiations qu'assure l'agent de développement sont multiples. Nous nous intéresserons ici à l'une d'entre elle, la plus abstraite, celle qu'il assure entre savoirs. Je poserai comme hypothèse centrale que l'agent de développement a une double fonction de « porte-parole » des savoirs technico-scientifiques et de médiateur entre ces savoirs technico-scientifiques et les savoirs populaires. Ce double rôle n'est pas sans relever de l'« injonction contradictoire » (*double bind* : cf.

Bateson, 1980) : d'un côté l'agent de développement doit prôner les savoirs technico-scientifiques contre les savoirs populaires, de l'autre il doit les « marier » l'un à l'autre... Cette contradiction « réelle » est masquée dans la mesure où les institutions de développement n'assignent officiellement à l'agent de développement qu'un seul de ces deux rôles. Elles le considèrent d'abord et avant tout comme un porte-parole des savoirs technico-scientifiques, et le forment à cet effet. On ne lui apprend pas à être un médiateur entre différents savoirs, on lui demande de jouer diverses figures du pédagogue, et d'apporter la lumière à ceux qui sont dans l'ombre. Il doit être selon les cas et parfois simultanément le « vulgarisateur », le missionnaire, le propagandiste, l'« animateur », le technicien, le « relais » ou l'« encadreur »... Et pourtant ce rôle oublié ou occulté de « médiateur » semble fort approprié à sa fonction réelle, si l'on se rappelle que c'est l'agent de développement qui doit opérer la « greffe » d'un message technique (issu du discours scientifique cosmopolite) dans un système de significations propre à une population rurale particulière. Qu'on ne se méprenne pas : les agents de développement, comme ceux qui les emploient, ne sont pas nécessairement conscients de ce rôle de médiateur, dans la mesure où c'est justement leur rôle de porte-parole qui est toujours mis en avant, et ce d'autant plus que ce rôle est toujours défini et légitimé par une « compétence technique » (dans le champ du savoir technico-scientifique). C'est d'ailleurs à l'acquisition de cette compétence que leur formation est presque totalement consacrée, aussi insatisfaisant que puisse apparaître souvent le contenu de cette formation. Il ne saurait être question de nier, bien au contraire, la nécessité d'une vraie compétence technique. C'est d'ailleurs celle-ci qui donne à l'agent de développement sa légitimité sur le terrain, ou qui devrait la lui donner, tant cette compétence est parfois incertaine, ce que les populations ne sont pas sans percevoir. Mais il s'agit de constater la nécessité tout aussi impérieuse d'une autre compétence, qui, elle, ne leur est pas fournie. Dans la quasi-totalité des cas, les agents de développement n'ont pas appris à être des médiateurs entre deux systèmes de savoirs, en particulier parce que leur compétence technique a été bâtie sur une dénégation et un rejet des savoirs populaires. Or la capacité à connaître et comprendre les savoirs populaires est au centre de la fonction de médiateur qui doit aussi être la leur...

Si on n'a pas « appris » aux agents de développement à être des médiateurs, cela ne signifie en rien qu'un tel rôle n'existe pas, ou qu'il ne soit pas indispensable : cela signifie simplement qu'il est mal ou très mal rempli, bien qu'il soit en quelque sorte « incorporé », « enchâssé », dans la position objective de l'agent de développement sur le terrain. Ne disposant pas des compétences nécessaires à la médiation entre savoirs, les agents de développement assurent cette médiation de façon inappropriée ou unilatérale. Mais de toute façon médiation il y aura, dans de bonnes ou de mauvaises conditions, avec ses malentendus et ses glissements ou détournements de sens, et les bribes de discours technico-scientifique passant par l'intermédiaire du vulgarisateur ou de l'infirmier seront inéluctablement réinterprétées par le paysan à l'intérieur de son propre système de savoirs et de sens.

Nombre d'agents de développement ont peu à peu acquis malgré tout en ce domaine une compétence « spontanée » et sur le tas, et sont devenus d'habiles médiateurs ; mais il faut reconnaître : (a) qu'une telle compétence n'est guère reconnue par leurs institutions d'appartenance ; (b) qu'elle est loin d'être généralisée ; (c) qu'elle gagnerait à être incorporée dans la formation initiale ou continue des agents de développement...

Pour mieux appréhender le contenu de ce rôle de médiateur, on peut partir d'un de ses aspects les plus simples, celui qui concerne la langue. Les agents de développement sont des médiateurs en ce qu'ils sont d'abord des « interprètes ».

Langue, alphabétisation, communication

Admettons pour un temps de nous situer dans le schéma classique de la « transmission » d'un message technique (aussi inapproprié soit-il pour comprendre ce qui se passe dans une « greffe ») : pour transmettre il faut traduire. La traduction au sens trivial du terme, le passage d'une langue naturelle à une autre, est la première étape du développement rural en Afrique. Les « développeurs » parlent en français, en anglais ; les « développés » parlent en bambara, en fon, en haoussa... Cette apparemment « simple » question est loin d'avoir été prise au sérieux comme il conviendrait par les institutions de développement toujours prêtes à considérer que l'usage officiel du français (en ce qui concerne l'Afrique dite francophone) permet d'oublier l'existence des langues dites nationales parlées par la totalité du monde rural, et à faire comme si les opérations de développement n'avaient pas à se soucier de la situation linguistique réelle. Ce problème n'étant pas pris en compte, les agents de développement doivent le plus souvent improviser la traduction des « messages » et gérer par leurs propres moyens les rapports linguistiques avec les populations (à supposer qu'ils parlent la langue locale, ce qui est loin d'être toujours le cas !)

L'alphabétisation dans les langues nationales (dans les langues maternelles, devrait-on dire) a posé en partie ce problème. Mais elle ne peut constituer une panacée. Trop souvent elle se borne en effet à adopter le schéma de la « transmission des messages », de haut en bas, exprimant dans une langue paysanne largement revue et corrigée par les intellectuels urbains (le « langage-développement » : cf. ci-dessous) le savoir technico-scientifique sous sa forme la plus standardisée, triste, scolaire. D'autres difficultés, dont les services d'alphabétisation ne sont pas il est vrai responsables, handicapent le travail de ces derniers : le désir fréquent au sein des populations rurales que l'enseignement se fasse dans la langue officielle et par le système scolaire officiel (cf. Ouédraogo, 1988), ou l'absence d'un véritable « environnement lettré » (journaux, livres, signalétique) dans les langues maternelles...

Aussi, au-delà du problème particulier de l'alphabétisation, c'est bien celui de la communication dans les langues locales qui est posé, et cette communication est d'abord et avant tout orale. Même d'ailleurs là où l'écrit règne apparemment en maître, au cœur même des sociétés industrielles, rappelons à quel point les réseaux personnels et les discussions interindividuelles (les relations orales rapprochées) contribuent, tout autant que les médias et supports écrits, à structurer les attitudes populaires face à l'innovation et au changement technique (cf. Katz et Lazarsfeld, 1955 ; Rogers, 1983). Et en tout cas l'essentiel de la communication en milieu rural africain, si elle passe inévitablement par les langues maternelles, s'accomplit actuellement sous forme orale (y compris lorsqu'elle passe par les médias, radio et télévision).

Le fait que certains projets de développement « intégrés » aient une composante « alphabétisation » (ce dont en principe on ne peut que se féliciter) ne représente donc pas nécessairement une prise en compte de la communication « réelle » dans les langues maternelles : la traduction écrite en baoulé ou en tamasheq d'un « message technique » émis en français n'est en rien un gage de bonne communication.

Mais surtout il faut aller au-delà d'une acception simpliste de la « traduction ». Car il ne s'agit pas seulement de trouver le mot peul ou wolof qui rendrait le mieux compte de « engrais », « diarrhée », ou « investissement » : la traduction au sens plein n'est pas un simple exercice de recherche du mot équivalent d'une langue naturelle à une autre, c'est aussi la mise en rapport de champs sémantiques différents, de différentes façons de découper ou penser la réalité (pour des exemples cf. Jaffré, 1991 ; Bouju, 1991). Une vision « lexicale » de la traduction n'a de ce point de vue guère de sens, et la problématique de la socio-anthropologie en ce domaine relève plus de la sémiologie que de la linguistique. Quel que soit le média, qu'il existe ou pas une communauté linguistique entre l'agent de développement et le « développé », le problème de la transmission d'un « message technique » aboutit toujours à cette fameuse confrontation de deux systèmes de sens, au cœur de laquelle l'agent de développement se trouve placé. On a déjà évoqué les travaux de Darré, qui a montré comment en France les discours des conseillers agricoles (version française de l'agent de développement) étaient réinterprétés par les éleveurs selon une logique cohérente mais fort différente de la logique technico-scientifique (cf. Darré, 1985). Et pourtant non seulement ces éleveurs parlaient la même langue que les institutions de développement, mais encore étaient-ils alphabétisés et avaient-ils été tous scolarisés de nombreuses années…

La conclusion est claire : un agent de développement ne peut jouer son rôle de « porte-parole » du savoir technico-scientifique (plus exactement de bribes de celui-ci) sans assumer aussi son rôle de médiateur. Il ne peut rien transmettre sans traduire, et la « qualité » de sa « traduction » sera fonction de sa plus ou moins grande maîtrise des deux « langues ».

Mais son rôle de médiateur a d'autres facettes.

Médiation et négociation

Ce ne sont pas en effet simplement des savoirs qui se confrontent autour d'une opération de développement, ce sont aussi des comportements, des pratiques, des intérêts, en un mot des acteurs sociaux en chair et en os, avec leurs logiques et leurs stratégies respectives, multiples, diversifiées, ambiguës, fluctuantes. Les savoirs sont des ressources pour l'action : autrement dit les compétences techniques et sociales des divers partenaires (du côté des institutions de développement comme du côté des sociétés paysannes) sont mises en œuvre à travers des pratiques et des comportements. Ces pratiques et ces comportements ne sont pas seulement techniques, ils ne sont pas simplement une « application » de savoirs populaires techniques. Ils relèvent aussi d'évaluations sociales, de logiques différentes, de tactiques et de stratégies. Les agents de développement se situent au lieu de rencontre de ces tactiques et de ces stratégies. Là aussi ils ont à assumer une fonction de médiation à laquelle ils sont peu ou pas préparés : comprendre les logiques d'action des uns et des autres, connaître les diverses forces en présence dans un village, analyser les capacités de tel ou tel groupe à tirer parti d'un projet ou à le détourner, apprécier les enjeux politiques, économiques et symboliques locaux... Tout cela aussi demande une écoute et un savoir-faire. La mise en œuvre locale d'un projet de développement peut être assimilée à un vaste processus de « négociation informelle », au cœur duquel se trouve l'agent de développement, qui doit gérer nécessairement (bien ou mal, consciemment ou pas, avec maîtrise ou sans) les rapports de force, les coups fourrés et les compromis.

A cet égard, les agents de développement ont à assumer une triple fonction, tâche quasiment irréalisable où s'accumulent les contradictions et les ambiguïtés :

— la défense de leurs propres intérêts personnels,
— la défense des intérêts de leur institution,
— la médiation entre les divers intérêts des autres acteurs et des factions locales.

A travers cette « mission impossible » l'agent de développement de terrain apparaît comme un acteur assez particulier de l'arène locale que constitue tout projet de développement (cf. chapitre 10)

Les courtiers [1]

Tout processus social qui met en rapport des groupes localisés ou des acteurs « d'en bas » avec des formes englobantes (la ville, l'État ou le marché en sont les plus évidentes) implique le recours à des « passeurs », des *go-between*, des médiateurs, qui jouent évidemment un rôle stratégique. On l'a vu, les faits sociaux de développement n'échappent pas à cette règle, bien au contraire. Mais il est une forme particulière

1. Cette partie est issue d'une collaboration étroite avec Thomas Bierschenk et lui doit beaucoup. Elle intègre divers éléments d'un programme de recherche en cours sur ce thème ainsi que certaines réflexions à partir d'un atelier qui a regroupé les chercheurs participant à ce programme.

d'intermédiation qui peut avec profit être analysée comme du « courtage », dans la mesure où les flux d'aide au développement peuvent être assimilés à une rente.

De la rente du développement

Parmi les pays du Sud, les pays africains sont, dans la conjoncture actuelle, ceux qui dépendent le plus de l'aide extérieure, proportionnellement à leurs ressources propres. Cette donnée économique est bien connue, mais elle a des implications proprement sociologiques moins visibles, liées aux modes de circulation et de redistribution de cette « rente du développement ». En effet, toute perspective normative ou morale mise à part, il s'agit bien là d'une « rente », même si cette rente opère dans un contexte de misère et se fonde, à la différence des rentes minières, sur la mobilisation de ressources externes. Dire par exemple que l'État africain est un État assisté est une façon de dire que c'est un État rentier. Mais, et c'est une des facettes de la « crise de l'État en Afrique », les États africains contemporains ne sont pas ou plus en mesure de drainer ou de contrôler une partie significative des flux Nord-Sud, du fait de la méfiance qu'ont désormais à leur égard les bailleurs de fond. La « rente du développement » transite donc pour beaucoup par des réseaux d'intermédiaires nationaux, qui ne se confondent pas avec les appareils administratifs et politiques classiques. L'importance croissante des ONG comme opérateurs de développement en témoigne, de même que la place prise par le système des « projets », y compris dans les coopérations bilatérales et multilatérales. De ce fait les interlocuteurs locaux prennent de plus en plus d'importance.

Les courtiers locaux du développement

Par « courtiers locaux du développement », on entendra les acteurs sociaux implantés dans une arène locale qui servent d'intermédiaires pour drainer (vers l'espace social correspondant à cette arène) des ressources extérieures relevant de ce que l'on appelle communément « l'aide au développement ». Si l'on prend le « projet de développement » comme la forme quasi idéal-typique de l'opération de développement, quel qu'en soit l'opérateur, les courtiers représentent les porteurs sociaux locaux de projets, ceux qui constituent l'interface entre les destinataires du projet et les institutions de développement, ceux qui sont censés représenter la population locale (ou en exprimer les « besoins ») vis-à-vis des structures d'appui et de financement extérieures [1].

1. Boissevain avait souligné le rôle des « courtiers » comme « manipulateurs sociaux », c'est-à-dire constituant un type particulier d'« entrepreneurs ». « A broker is a professional manipulator of people and information who brings about communication for profit » (BOISSEVAIN, 1974 : 148). Les courtiers ne contrôlent pas eux-mêmes les « ressources » (terres, emplois, subventions, crédits, savoirs

Les courtiers du développement ne tombent pas du ciel. Ils sont le produit d'histoires locales, et fonctionnent à l'intérieur de réseaux. Quels processus sociaux constituent certains acteurs africains en courtiers du développement ? Les recherches en ce domaine seront bienvenues [1]. La mobilisation ou la captation de ressources extérieures par les courtiers du développement, au profit de groupes ou collectivités au nom desquels ils entendent agir et pour lesquels ils se positionnent comme mandataires, ne peut évidemment se réduire aux motivations affichées, qui relèvent de diverses rhétoriques du bien public, de l'intérêt collectif, du dévouement aux autres, du militantisme développementiste... Il s'agit aussi de pouvoir ou d'influence, si ce n'est d'intérêts plus matériels. Les courtiers tentent donc, au-delà des idéologies qu'ils revendiquent, de renforcer leur position dans l'arène locale (et parfois dans l'arène nationale). Un lien s'établit alors entre le courtage en développement et les systèmes clientélistes souvent signalés (bien que peu étudiés empiriquement). Mais l'influence des courtiers n'est pas seulement due à leur contrôle plus ou moins étendu et plus ou moins direct des modes d'affectation ou de redistribution des ressources que l'aide au développement permet de drainer vers le village, le quartier, la région ; il dépend aussi de leur capacité de négociation et de partenariat avec les opérateurs du Nord, et donc de leur insertion personnelle dans des réseaux Nord-Sud plus ou moins institutionnalisés. Une condition de cette insertion semble être leur compétence rhétorique, c'est-à-dire leur capacité à s'exprimer dans un langage approprié aux attentes des institutions de développement et des bailleurs de fond. Il s'agit d'un savoir-faire évolutif, qui doit leur permettre de s'adapter aux nouvelles « modes » du développement, qui surgissent régulièrement (*besoins fondamentaux*, *sustainable development*, *autopromotion*, etc.). La « localisation » croissante des projets (le fait que de plus en plus les circuits étatiques verticaux classiques soient court-circuités au profit d'une aide arrivant « directement » aux destinataires) aboutit paradoxalement à multiplier le nombre des courtiers locaux (« à la base », à l'échelle du village ou du quartier), tout en impulsant l'« internationalisation » de ces courtiers (reliés désormais directement et régulièrement à des partenaires européens ou nord-américains).

Une typologie des courtiers en fonction de leurs réseaux

Un premier inventaire des types de courtiers fait apparaître quatre grandes catégories de réseaux de courtage :

spécialisés, etc.), mais ils détiennent les contacts stratégiques avec ceux qui contrôlent ces ressources. « A broker's capital consists of his personal network of relations with people » (*id.* : 158).

1. Cf. d'ores et déjà les articles particulièrement éclairants de Blundo (BLUNDO, 1991, 1994).

— *Les réseaux « confessionnels »*

L'appartenance à une Église, une secte, une confrérie, permet la mobilisation de contacts sociaux extérieurs à la communauté locale et aux appartenances lignagères et familiales. Il s'agit sans doute, avec les entreprises missionnaires d'antan et les organisations caritatives d'aujourd'hui, des premières formes de courtage décentralisé, qui restent de loin les plus importantes. Elles ne font d'ailleurs que prospérer. Le thème particulièrement intéressant de « religion et développement » peut ainsi être abordé non pas par le biais classique des « idéologies religieuses » mais par celui des espaces sociaux que tissent les institutions religieuses, et la position d'intermédiaires que certains occupent en leur sein. Confréries islamiques, Église catholique, Églises et sectes protestantes, mouvements syncrétiques, sont autant de réseaux par lesquelles des courtiers inscrits dans ces institutions respectives mobilisent de l'aide au développement.

— *Les « cadres » originaires d'une localité*

Les « associations de ressortissants », regroupant des cadres (fonctionnaires, universitaires, immigrés, commerçants) issus d'une même région, d'un même bourg, d'un même village, se sont multipliées en Afrique ces dernières années, et impulsent des projets de développement de plus en plus nombreux, en s'appuyant sur leurs compétences professionnelles, comme sur leurs relations sociales ou politiques acquises en ville ou à l'extérieur. Par là ils gardent ou retrouvent non seulement un lien avec leur origine sociale, mais aussi ils prennent pied dans l'arène politique locale.

— *Les mouvements culturels/ethniques*

Souvent animés eux aussi par des fonctionnaires ou des intellectuels, ces mouvements tentent à la fois de faire bénéficier les populations dont ils se réclament d'une plus grande part de la rente de développement, au nom en général d'inégalités dont ils s'estiment victimes dans la répartition « ethnique » de cette rente, et d'obtenir pour leurs dirigeants un meilleur accès aux positions politiques nationales. Si l'ethnicité a fait l'objet d'innombrables travaux, les mouvements ethniques, largement réactivés ou suscités par le contexte actuel de la démocratisation, ont peu fait l'objet d'études de terrain quant à leurs rapports avec le développement : les aborder sous l'angle des processus de médiation entre populations et État, de captation/redistribution des flux d'aide, de renforcement des positions politiques et des capacités clientélistes, en un mot, du point de vue du courtage en développement, semble une perspective particulièrement riche (que l'on pense au problème touareg vu sous cet angle...).

— *Les « leaders paysans »*

Cette expression, employée par de nombreuses ONG et agences de développement, entend désigner les partenaires issus du milieu agricole que l'on tente de former et avec lesquels on entend traiter, autrement dit ceux que les institutions du Nord tentent d'ériger en position de « courtiers aux pieds nus »... Certains ont ainsi acquis un savoir-faire important qui leur permet de traiter directement avec les bailleurs de fond. L'ajustement structurel, d'autre part, renvoie de plus en plus de scolarisés vers les campagnes, qui eux aussi, avec ce « retour à la terre », cherchent à occuper la position d'interlocuteurs paysans des institutions de développement. Les structures dites « collectives » (coopératives, groupements paysans, associations villageoises de développement) constituent un des lieux d'émergence de ces leaders paysans (et d'affrontements éventuels avec les notables locaux).

Ces catégories ne sont pas nécessairement exclusives entre elles, pas plus qu'elles n'excluent d'autres formes de courtage local. Mais elles semblent être les plus significatives, et les plus intéressantes en termes de recherche comparative.

Courtiers ou courtage ?

Les courtiers ne sont pas nécessairement des « professionnels ». Aussi doit-on parler d'une « fonction de courtage », qui peut être assurée par des individus ayant des rôles sociaux par ailleurs variés, et parfois plus déterminants pour leur position sociale ou du point de vue de leur stratégie individuelle que d'être courtiers. Plutôt que par un individu particulier, la fonction de courtage peut aussi être assurée par un collectif, une association, une institution (cf. une Église, une organisation paysanne), ou plus exactement par les dirigeants d'une association ou d'une institution, compte tenu de ce que dans un collectif quelconque les animateurs ou les responsables jouent souvent un rôle éminent qui transforme les simples membres en faire-valoir.

En fait les inconvénients de l'expression de « courtier » (qui laisse entendre une excessive personnalisation ou spécialisation) ne sont que l'autre face de ses avantages : la fonction de courtage n'est pas abstraite, elle s'incarne dans des acteurs sociaux déterminés, même s'ils sont diffus, en réseaux, à temps partiel. Ces acteurs sociaux, il convient d'en analyser les itinéraires, les biographies, et d'en dégager les caractéristiques. Comment devient-on courtier, c'est-à-dire comment en vient-on à assurer une fonction de courtage ? Quelles compétences sont nécessaires ? Quelle « formation » (voyages, militantisme, études...) y prépare ? Comment peut-on être en quelque sorte « éligible » à cette fonction ? S'y professionnalise-t-on, et dans quelles conditions ?

Aussi vaut-il mieux naviguer entre « courtier » et « courtage » en fonction des besoins. Nombre de données empiriques intéressantes se situent d'ailleurs à la jonction des deux notions, comme tout ce qui concerne les « chaînes de courtage » ou « réseaux de courtiers ».

L'insertion des courtiers dans l'arène politique locale

On peut estimer que quatre grands cas de figure se présentent :

— le courtier est extérieur à l'arène politique locale, et veut y prendre place. Sa fonction de courtage se corrèle à une stratégie d'implantation ;

— le courtier est un acteur dominé ou marginalisé de l'arène politique locale. Sa fonction de courtage est au service d'une stratégie d'ascension interne ;

— le courtier est un acteur dominant ou central de l'arène politique locale. Sa fonction de courtage est au service d'une stratégie de consolidation ;

— le courtier entend « sortir » de l'arène politique locale. Sa fonction de courtage relève d'une stratégie d'ascension externe.

Mais dans tous les cas, le courtage s'insère dans une situation générale de polycentrisme, qui caractérise toute arène politique locale. Il n'y a jamais, ou presque jamais, une situation de domination exclusive d'un seul pouvoir. On a affaire à une coexistence de divers centres de pouvoir, d'importance et d'aire de compétence différentes, plus ou moins articulés, hiérarchisés ou concurrents, et relevant souvent de sédimentations historiques successives. La fonction de courtage peut donc constituer une ressource parfois complémentaire, parfois centrale, pour soit constituer un nouveau centre de pouvoir local, soit en renforcer ou en acquérir un déjà existant.

Les relations entre courtiers locaux en développement et médiateurs traditionnels

Nombre des pouvoirs locaux de type traditionnel, chefs de lignage, chefs de village, chefs de cantons, « notables », avaient et ont encore parfois une fonction de médiation [1]. La colonisation, on le sait, a ainsi recouru, tant pour son administration que pour sa « mise en valeur » (ancêtre du développement) à ces intermédiaires indigènes qu'elle n'hésitait pas à introniser dans des fonctions de représentation politique traditionnelle ou pseudo-traditionnelle. Si ces médiateurs ont en leur temps bénéficié (et bénéficient parfois encore) de diverses rentes de position (redevances, prébendes ou détournements), ils sont souvent à l'écart de la rente de développement. En particulier, à la différence des courtiers en développement, ils ne maîtrisent pas encore les discours propres au monde du développement. Les rapports entre médiateurs politiques classiques et courtiers en développement ne sont pas simples : ils traversent en effet des appartenances familiales, sociales ou ethniques, et se superposent avec de multiples conflits ou alliances locales. Ne peut-on pas cependant déterminer l'apparition d'une sorte de « compromis historique » entre les médiateurs traditionnels gérant les rapports entre

1. Dans un tout autre contexte, la sociologie rurale française a souligné le rôle de médiation des notables entre la société locale et la société englobante (MENDRAS, 1976).

État et acteurs locaux, et les courtiers en développement, gérant les rapports entre institutions de développement et acteurs locaux ?

On a depuis longtemps identifié l'existence de formes « néo-patrimoniales » en Afrique. Mais l'émergence des courtiers en développement ne suscite-t-elle pas de nouveaux rapports de patronage, basés sur la capacité du courtier à orienter ou redistribuer les flux de l'aide vers tel ou tel, alimentant ainsi des relations d'allégeance ? Doit-on y voir la résurgence de formes plus anciennes de clientélisme (par exemple réactivation de liens de dépendance personnels récurrents entre deux familles) ? Les « règles du jeu » développementistes permettent-elles l'émergence de modes d'affiliation inédits (liés au caractère nouveau des ressources mobilisées par les courtiers : relations avec les bailleurs de fond, capital scolaire minimum, insertion dans des réseaux extérieurs) ?

Quoi qu'il en soit, dans les phénomènes de médiation modernes liés au développement, la capacité d'entremise entre la configuration développementiste et les populations concernées fait intervenir un facteur très particulier (faut-il dire une ressource, faut-il dire une contrainte ?) qui est le langage.

Le langage-développement

La ligne directrice de notre argumentation sera la suivante. Les univers langagiers des populations « à développer » (que j'évoquerai désormais sous l'appellation de « langage local ») et l'univers langagier des institutions de développement (ce que j'appellerai le « langage-développement ») ne communiquent le plus souvent pas. Là où ces univers entrent en contact, au niveau des projets de développement, le langage-développement, sous la forme particulière d'un langage-projet, sert essentiellement à la reproduction des projets sans pénétrer le langage local. Dans de telles conditions, la multiplication actuelle de courtiers en développement issus des pays du Sud, maîtrisant plus ou moins à la fois le langage local et le langage-développement, doit-elle être interprétée comme un début d'« appropriation » du langage-développement par les populations locales ?

Deux univers langagiers radicalement différents

Notre point de départ, maintes fois vérifié sur le terrain, est que le langage-développement est consubstantiel aux agences, institutions et opérateurs de développement, c'est-à-dire à la « configuration développementiste », mais qu'il ne pénètre pas les langages locaux. Bien évidemment toutes les langues africaines peuvent exprimer le changement (cf. Peel, 1978), ne serait-ce que parce que le changement était déjà une donnée des sociétés précoloniales. Si le langage-développement reste en quelque sorte devant la porte des langages locaux, ce n'est pas pour des raisons linguistiques, mais c'est tout simplement parce que les locuteurs des langages locaux (les « développés ») n'appartiennent pas à la configuration développementiste et n'ont rien à faire de son langage. Les « développés » n'ont pas les mêmes références culturelles et professionnelles, et sont soumis à de toutes autres contraintes que les « développeurs ». C'est le paradoxe du langage-développement que d'être censé s'adresser aux développés alors qu'il ne concerne que les développeurs.

Certes le langage-développement connaît de nombreux dialectes. Il est lui-même hétérogène, et traversé de différences, de variantes et même de contradictions. Clivages synchroniques entre « écoles », entre idéologies, entre institutions. Clivages diachroniques entre « modes », dont tout un chacun reconnaît la succession au fil des décennies, si ce n'est des années. Ces clivages ne peuvent être négligés, d'autant qu'ils sont souvent amplifiés ou « durcis » par les affrontements rhétoriques ou la compétition sur un même « marché ». Mais on a déjà noté que, sur le plan diachronique, les nouveautés d'aujourd'hui en matière de développement se construisaient sur l'oubli de ce qui avait été fait hier ou avant-hier d'analogue, ou que, sur le plan synchronique, l'affrontement entre conceptions opposées du développement s'édifiait sur un fond commun de méta-représentations partagées (paradigme altruiste et paradigme modernisateur), constituant donc un méta-langage (cf. ci-dessus chapitre 3).

On peut certes analyser le langage-développement en soi. On peut par exemple s'intéresser à ses différents parlers, et mettre en valeur ce qui les distingue ou les oppose. C'est une opération banale qui correspond à ce que les diverses composantes de la configuration développementiste font elles-mêmes sans cesse pour affirmer chacune sa spécificité plus ou moins contre les autres composantes.

Mais il est sans doute plus fructueux, et c'est une démarche qui relève plus de l'anthropologie, de s'intéresser aux interactions éventuelles entre le langage-développement et les langages locaux. Que se passe-t-il lorsque le langage-développement entre en contact avec un langage local ?

Le langage-projet

La forme concrète, sur le terrain, que prend le langage-développement quand il devient opérationnel et incarné dans une institution au contact de populations locales, est ce qu'on pourrait appeler le « langage-projet ». La forme devenue privilégiée de l'action développementiste est le « projet ». Chaque projet est un sous-produit spécifique et particulier de la configuration développementiste, un microcosme, qui peut être analysé comme une « organisation », mais aussi comme un système langagier. De même que chaque organisation a son propre langage, chaque projet a son langage-projet, qui est un produit spécifique et particulier du langage-développement ou de tel ou tel de ses dialectes. Le langage-projet est un « parler » du langage-développement. Il est utilisé dans un certain nombre d'occasions caractéristiques : dans les documents écrits propres au projet, lors des réunions de l'« organisation-projet », au cours des sessions de formations de ses agents, mais aussi dans les contacts entre les cadres du projet et d'autres acteurs de la configuration développementiste (fonctionnaires nationaux, experts ou évaluateurs étrangers). Mais le langage-projet est aussi censé communiquer avec le langage local, et ceci d'autant plus que sa thématique participationniste est accentuée (en effet, si tout projet a nécessairement un objectif participationniste quant à ses rapports avec la population locale, qui s'exprime dans sa rhétorique, certains projets mettent plus en avant que d'autres cette dimension, dans les mots ou dans les faits).

L'analyse qui a été faite (cf. Maman Sani, 1994) d'un projet de « gestion de terroirs » à Torodi au Niger, projet à l'idéologie très « participationniste », est à cet égard éclairante. D'un côté le langage-projet y est très développé tant à l'intérieur de l'organisation-projet que dans ses contacts avec l'extérieur. Sessions de formation des agents, évaluations internes permanentes, réunions locales, évaluations externes incessantes, visites de membres d'autres projets (au nom du caractère expérimental du projet) : dans toutes ces occasions on parle le langage-projet, organisé autour de mots-clés, *autopromotion, négociation entre partenaires, besoins des populations, planification villageoise, appropriation, protection des ressources, responsabilisation, concertation, appui,* etc. Ce langage-projet est même quasi formalisé dans une série de panneaux illustrés, déployés tout autour de la salle de réunion du projet, qui retracent la « démarche gestion de terroirs » et mettent en valeur sa dimension participative. Le « tour » commenté de ces panneaux est un exercice obligatoire dès qu'il y a un visiteur. Et l'on y apprend comment chaque village met au point un projet populaire de développement à partir d'une identification des besoins collectifs et d'une mobilisation de tous quant à la recherche de solutions...

Mais d'un autre côté, la « pénétration » de ce langage-projet dans la population locale (c'est-à-dire dans les villages concernés par le projet) est à peu près nulle. L'enquête ethnographique a montré ainsi que la très grande majorité des paysans et paysannes ne parle jamais le langage-projet, et, pour tout dire, ne s'en soucie aucunement. Le seul terme communément employé est le terme de « projet » lui-même, devenu *porze* en zarma (la langue véhiculaire locale), terme qui est d'ailleurs largement répandu dans tout le pays, comme les projets eux-mêmes. *Porze*, ici comme ailleurs, évoque directement un flux de ressources momentanées distribuées sous conditions par les Blancs. Il y a eu des projets avant, il y en aura après, les projets passent, mais tout projet est bon à prendre. La spécificité du projet de Torodi, cette stratégie « participationniste » qu'il revendique, et qui marque son langage-projet, est de surcroit perçue négativement par les villageois comme une diminution du flux d'aide des projets antérieurs : « Le projet précédent était comme un étranger qui avait offert une canne à un vieillard fatigué pour lui permettre de se relever. Le projet actuel est comme un étranger qui ne tend pas la canne mais la jette par terre pour demander au vieillard de faire un effort pour la reprendre » (cf. Maman Sani, 1994 : 14). Dans chaque village, on ne trouve au maximum que trois ou quatre paysans capables de parler (en langue locale, c'est-à-dire en zarma) quelques bribes du langage-projet. Mais ils ne le font jamais qu'en présence de visiteurs (considérés *a priori* comme autant de bailleurs de fond potentiels).

Ceci n'est évidemment pas un problème proprement linguistique, relevant de difficultés de traduction. L'incorporation populaire dans la langue zarma de mots français et anglais (par le Ghana ou le Nigeria), de façon essentiellement pragmatique et « informelle », est un phénomène courant, massif. Mais le langage-développement n'a pas suivi cette voie « par en bas », *porze* étant un des rares termes dans ce cas. Le langage-développement est cependant très largement diffusé et connu sous une autre forme, entièrement « zarmaïsée », par le biais des émissions de radio en langues locales. Celles-ci ont depuis longtemps produit des néologismes zarma (inventés par les animateurs et journalistes) visant à traduire des expressions françaises, en général pour rendre compte de la politique nationale et internationale. Le « développement » étant une thématique centrale des discours officiels et publics relayés par la radio depuis trente ans, le langage-développement a ainsi été peu à peu intégralement « mis en mots zarma » par ce biais (ainsi « développement » est traduit à la radio par *jine koyyan*, « aller de l'avant »). Mais ce langage-là n'est tout simplement jamais utilisé en situation quotidienne. Personne dans les campagnes ou en ville ne parle normalement ainsi. Les seules occurences de ce langage sont d'ordre officiel : outre la radio, il s'agira de discours publics en langues locales d'hommes politiques ou de cadres. Il s'agira aussi, comme à Torodi, de réunions organisées par des agents de terrain. Un projet constitue donc en quelque sorte la plus petite échelle où est parlé le langage-développement, le dernier niveau du discours public s'adressant au peuple. Même les projets de type ONG qui entendent se démarquer au maximum des projets étatiques, même les projets qui se veulent alternatifs et ultra-participationniste retombent, *volens nolens*, dès lors qu'ils s'adressent collectivement aux paysans en leur langue, dans le langage officiel standard. Le langage-projet à Torodi est parlé sous sa version zarma par les agents du projet (appelé « animateurs ») en des contextes quasi officiels. Il reprend toutes les expressions du langage-développement créé par la radio, avec tout au plus quelques variantes, en insistant sur ce qu'il considère comme sa spécificité ou son identité [1]. Le rôle des animateurs est ici central. Ils parlent le français du Niger, ils parlent le langage-projet sous sa forme française standard, ils sont capables de le traduire de façon routinière en zarma, et donc de le parler sous sa forme « zarmaïsée » standard, ils parlent enfin le zarma courant. Mais, et c'est ceci qui est le plus significatif, les animateurs du projet en question n'utilisent pas pour autant le langage-projet dans leurs interactions quotidiennes (pratiques, techniques, pragmatiques, phatiques) avec les paysans, loin de là. Ils l'éviteraient plutôt — pas forcément de façon consciente, mais en raison de son manque total de

1. « Maîtrise du développement local » devient ainsi *mate kan aran ga hini ga koynda aran kwara jina*, littéralement « comment vous pouvez amener votre village vers l'avant », et « diagnostic participatif et concerté » devient *aran ma ceeci waafakey bey kulu ma kaandey nga gaakasina*, littéralement « vous devez chercher un accord entre vous et que chacun amène son aide » (source : MAMAN SANI, 1994).

pertinence. Ils le parlent par contre « en réunion », devant les villageois convoqués, en général lors de visites de cadres ou d'« étrangers ». C'est aussi dans de telles occasions que les très rares paysans capables de reproduire au moins en partie ce langage se risquent parfois à le parler à leur tour.

Un tel constat place évidemment le langage-projet dans la catégorie plus générale des « langues de bois ». Mais le langage-projet joue pourtant un rôle central, non pas dans les rapports du projet avec les populations, mais dans les formes de reproduction du projet lui-même.

On peut en effet proposer un petit « modèle » pour rendre compte du fonctionnement du projet de Torodi, et de tous ceux du même type. Tout se passe comme si l'on avait trois sphères intersécantes définissant le projet. L'une est l'organisation-projet (son personnel, ses bureaux, sa logistique, ses flux financiers) : on constate en l'occurrence qu'elle est sur-dimensionnée et très coûteuse par rapport à l'*output* vers les populations locales. Tout repose en fait en bout de chaîne sur la présence sur le terrain de six animateurs en tout et pour tout, qui ne font guère que ce qu'on attendrait des services techniques de l'État à la campagne si ceux-ci fonctionnaient normalement. Une seconde sphère est le langage-projet, omniprésent, qui tourne lui aussi sur lui-même, avec encore moins d'impact sur les populations locales que l'organisation-projet elle-même. La troisième sphère est faite d'évaluations. Celles-ci étaient incessantes, et c'est là, évidemment, que se joue la reproduction du projet : son financement, sa prolongation, sa transformation, son extension, sa survie...

Le langage-projet ne joue aucun rôle fonctionnel dans les rapports entre l'organisation-projet et la population locale concernée. Il n'a autrement dit aucun impact « populaire » et ne pénètre pas le langage local. Par contre le langage-projet est indispensable à la reproduction du projet et à la perpétuation des flux de financement : c'est lui qui définit à l'intention des bailleurs de fond la « personnalité » du projet, et fournit au moins une partie des critères des évaluations permanentes auxquelles le projet est confronté. Il est également une des composantes de l'identité professionnelle des cadres du projet, qui affirment en l'utilisant régulièrement leur position propre dans la configuration développementiste locale, et légitiment grâce à lui leur compétence et leur utilité sociale.

Langage et courtage

Dans le cas évoqué ici, le courtage intervient peu. Le projet de Torodi est en effet un projet « officiel » (relevant de la lourde mécanique de la coopération française), et plutôt parachuté de façon volontariste sur la zone. Les médiateurs potentiels entre langage-développement et langage local, les animateurs de terrain, n'utilisent guère le langage-projet avec les paysans, et, du côté de l'organisation-projet, ne sont que des agents d'exécution de peu de poids. Mais la situation est différente si l'on considère d'autres projets relevant de la même idéologie, autrement dit ayant un langage-projet identique, mais passant par d'autres canaux institutionnels, en particulier les ONG. En effet la multiplication des projets de type ONG fait intervenir de plus en plus de partenaires africains issus de la « société civile ». C'est la multiplication des courtiers décrite plus haut.

Ces courtiers sont censés parler le langage local (car ils revendiquent d'être « liés au terrain », d'en connaître les besoins, d'en partager les aspirations...), mais ils doivent aussi maîtriser le langage-développement (car c'est la condition de toute communication avec les bailleurs de fonds). Plus exactement il faut qu'ils parlent le dialecte spécifique du langage-développement que parlent leurs interlocuteurs du Nord, dialecte qui débouchera, si l'affaire se fait, sur un langage-projet. Nous sommes loin des anciens « notables » qui étaient les interlocuteurs du pouvoir colonial autrefois. Le courtage en développement est une nouvelle fonction. Ce type particulier de compétence linguistique qu'est la capacité à parler le langage-développement en est un pré-requis.

Comme on l'a vu avec le projet de Torodi, c'est par le biais du langage-développement que se reproduisent les projets, ceux des ONG comme ceux des coopérations bilatérales ou des organismes internationaux. Mais c'est aussi ainsi que se montent les projets, et qu'ils se localisent.

Dans des pays comme le Sénégal, ou encore le Mali ou le Burkina Faso, où la densité d'ONG au mètre carré est remarquable, les interlocuteurs nationaux des ONG du Nord, de plus en plus organisés en ONG du Sud (c'est-à-dire en officines de courtage remplaçant les courtiers individuels) se multiplient. Avec eux le langage-développement s'étend. Désormais il n'est plus seulement parlé à la radio ou à la télévision, dans les discours politiques, ou dans les réunions d'agents de terrain, il est aussi parlé par cette nouvelle catégorie sociale en expansion rapide que sont les courtiers.

La composition sociale de cette catégorie est bien sûr hétérogène, rappelons-le : on y trouve des fonctionnaires urbains « originaires » du village, souvent responsables d'« associations de ressortissants », comme d'anciens scolarisés-chômeurs retournés au monde rural, des émigrés revenus au pays, ou même des paysans locaux plus ou moins autodidactes. La maîtrise du langage-développement est pour eux un ticket d'accès à un réseau international, à une insertion dans la configuration développementiste qui permettra de drainer fonds et projets. On peut voir ainsi, dans tel ou tel colloque, atelier ou séminaire tenu à Genève, Montréal ou Berlin, des jeunes ruraux africains montrer leur compétence en langage-développement.

Peut-on penser que cette extension des locuteurs du langage-développement en Afrique même, par l'accroissement du courtage local, peut aboutir à son implantation progressive dans les milieux populaires, ruraux ou urbains ? Autrement dit, va-t-on avoir un phénomène de tâche d'huile, à partir des courtiers mais les débordant progressivement ? On ne peut répondre hâtivement à une telle question, d'autant que la diversité des situations locales et nationales rend difficile voire impossible une réponse unique. La multiplication d'associations paysannes, par exemple, dont les dirigeants peuvent manier avec une certaine aisance le langage-développement, est-elle un bon indicateur d'une « popularisation » ou d'une « appropriation populaire » du langage-développement, c'est-à-dire d'une certaine pénétration du langage-développement au sein du langage populaire (cf. Jacob et Lavigne Delville, 1994 ; Lavigne Delville, 1994) ? Ou bien s'agit-il seulement d'un nouvel instrument de courtage en développement, dans lequel le langage-projet n'a d'autre fonction que de permettre à de « nouvelles élites rurales » de rejoindre la configuration développementiste tout en drainant des fonds d'aide ? Les deux dynamiques sont possibles.

D'autre part, un nouveau langage professionnel peut-il se mettre en place localement, plus ou moins véhiculé par le langage-développement ? Le langage-développement en effet peut inclure parfois des composantes en quelque sorte techniques ou fonctionnelles, dont la maîtrise peut être l'indicateur d'une certaine professionnalisation. Le vocabulaire nécessaire pour monter un dossier de crédit rural, ou celui qui est associé au fonctionnement d'une coopérative (bureau, assemblée générale, commissaires aux comptes, rapport d'activité, ristournes), en sont des exemples.

Enfin il faut aussi prendre acte de la différence entre les zones où les organisations paysannes gèrent un surplus dégagé localement (zones cotonnières par exemple) et celles où la stratégie assistancialiste reste hégémonique. Quels en sont les impacts sur le langage-développement, et, plus généralement, sur le courtage ?

10

Arènes et groupes stratégiques

Le développement local comme arène politique

Le développement est clairement un lieu d'affrontement « politique », mais dans un tout autre sens que celui que l'on donne habituellement à cette expression. Je n'entends en effet faire allusion ni à la politique nationale ni à la politique internationale, espaces où circulent politiciens et hauts fonctionnaires, et pour lesquels le développement est soit un argument rhétorique, soit un enjeu de politique économique.

Je me situe à un autre niveau, celui par exemple d'une opération de développement rural, qui met en rapport direct ou indirect une série d'acteurs relevant de catégories variées : paysans de statuts divers, jeunes sans emploi, femmes, notables ruraux, agents de développement de terrain, représentants locaux de l'administration, membres d'ONG, experts de passage, assistants techniques européens, etc. Ces acteurs développent tous autour d'un projet de développement donné des stratégies personnelles et professionnelles, menées selon des critères multiples : renforcer le patrimoine foncier pour certains, obtenir de l'essence et un véhicule pour d'autres, et ainsi à l'avenant : améliorer une position institutionnelle, obtenir un meilleur contrat, accroître un réseau de clientèle, se rendre indispensable, gagner plus d'argent, surveiller le voisin ou le rival, faire plaisir à ses relations, rester dans son coin et éviter tout risque, etc.

Tout projet de développement (et plus généralement tout dispositif de développement) apparaît ainsi comme un enjeu où chacun joue avec des cartes différentes et des règles différentes. On peut dire aussi que c'est un système de ressources et d'opportunités que chacun tente de s'approprier à sa manière.

Si l'on reprend la terminologie de Crozier et Friedberg, la mise en œuvre d'un projet de développement pourrait être considérée comme la confrontation de plusieurs « structures d'action collective », ou « systèmes d'action organisée », le « projet » proprement dit, en tant qu'« organisation », étant une « structure d'action collective » particulière confrontée à d'autres. Toute structure d'action collective est dans la perspective de la sociologie des organisations un système de pouvoir, car le pouvoir est « une dimension fondamentale et inéluctable de toute relation sociale » (Crozier et Friedberg, 1977 : 27). Le pouvoir, toujours dans cette optique, suppose l'autonomie relative d'acteurs dotés de ressources de pouvoir inégales et déséquilibrées, mais jamais ou presque totalement démunis, les moins favorisés ayant au moins « la capacité, non pas théorique mais réelle, de ne pas faire ce qu'on attend d'eux ou de le faire différemment » (Friedberg, 1993 : 251). Mon éclectisme impénitent me fera tenter de conjuguer cette acception relationnelle du pouvoir, d'extension générale, avec une acception plus substantialiste, d'application plus restreinte. Il y a aussi du « pouvoir institué », concentré, non diffus, qui peut se convertir entre d'autres formes de « capital » (social ou économique), selon la perspective développée par Bourdieu, à laquelle l'Afrique pourrait fournir de nombreuses illustrations empiriques. Accéder à une position de pouvoir grâce à un réseau de relations, s'enrichir personnellement grâce à la détention de cette position de pouvoir, distribuer une partie des richesses ainsi acquises pour accroître en retour son réseau de relations, tout ceci y fait partie du paysage quotidien.

Le concept d'« arène » [1] met en jeu ces deux acceptions de « pouvoir ». Dans une arène, des groupes stratégiques hétérogènes s'affrontent, mus par des intérêts (matériels ou symboliques) plus ou moins compatibles, les acteurs étant tous dotés de pouvoirs relationnels plus ou moins inégalement distribués. Mais on y trouve aussi des centres locaux de pouvoirs, des positions particulières de pouvoir institué : un émir, un chef de canton, un sous-préfet, un imam, un chef de confrérie, sont détenteurs de pouvoirs spécifiques, liés à leur fonction et reconnus comme tels.

Toute intervention extérieure se trouve donc confrontée à ces deux « espèces » de pouvoirs, celui de chacun, et celui de quelques-uns, dont les enchevêtrements définissent en quelque sorte l'arène locale.

Le produit de cet « affrontement » plus ou moins feutré, de cette « négociation » plus ou moins informelle (Arce, 1993 ; Mongbo, 1994), c'est ce que devient une opération de développement en pratique, c'est-à-dire quelque chose d'imprévisible. Rappelons-le encore : la « dérive » inéluctable entre une opération de développement « sur le papier » et une opération de développement « sur le terrain » n'est rien d'autre que le produit de l'« appropriation » différentielle de cette opération par les différents acteurs concernés, c'est-à-dire la capacité de certains individus ou groupes sociaux à infléchir le projet à leur profit, directement ou indirectement.

Or partout les acteurs concernés disposent de plus ou moins de « ressources » pour agir sur la mise en œuvre d'un projet (ne serait-ce qu'en s'en désintéressant ou en le dénigrant). Certains en ont plus que

---

1. Il a été déjà employé en science politique, mais dans une acception plus large (cf. KASFIR, 1976). Ce sont sans doute Bierschenk (BIERSCHENK, 1988) et Crehan et von Oppen (CREHAN et VON OPPEN, 1988), qui ont le plus clairement exprimé la perspective du projet de développement comme « arène ». Ces derniers le caractérisent en outre comme un « événement social » (*social event*).

d'autres : ils disposent de plus d'argent, ou de plus de terres, ou de plus de main-d'œuvre, ou de plus de compétence technique, ou de plus d'énergie, ou de plus de relations, ou de plus de protections, etc. Mais cette inégalité face à un projet n'est pas, on le voit, monofactorielle : il n'y a jamais un seul critère qui définisse les inégalités. Il est vrai que certains cumulent les désavantages, et sont donc presque dès le départ marginalisés. Mais il est rare que les destinataires d'un projet n'aient aucune marge de manœuvre. Par exemple, la résistance passive à un projet, ou le refus d'y participer, ou les multiples usages de la rumeur, sont autant de formes plus ou moins « invisibles » (de l'extérieur, ou pour des experts pressés...) par lesquelles les plus démunis peuvent agir.

L'usage que font les acteurs visibles ou invisibles de leurs capacités respectives (actives ou passives, d'action ou de nuisance, cachées ou publiques), face aux opportunités offertes par un projet, c'est cela même qui dessine une micro-politique du développement. Si l'on peut parler de « politique » c'est qu'il s'agit bien d'une confrontation et d'une lutte d'influence entre l'ensemble des acteurs sociaux impliqués (du côté des opérateurs de développement comme du côté des populations cibles), autour des avantages et inconvénients relatifs (directs et indirects, matériels et immatériels) que toute action de développement procure.

Une telle optique oblige à s'interroger sur les stratégies des diverses catégories d'acteurs, elle oblige à rechercher la diversité des codes sociaux et normes de comportement qui servent de références à ces stratégies (du côté des « développeurs » comme du côté des « développés ») : les critères par lesquels des jeunes en quête d'émancipation face à leurs aînés règlent leurs comportements face à un projet de développement local ne sont pas les mêmes que ceux d'un chef de village qui tente d'élargir sa clientèle sociale, sans parler de ceux d'assistants techniques européens cherchant à justifier leur affectation.

De plus, non seulement les codes varient d'un ensemble social à un autre, mais encore les acteurs d'un même ensemble social recourent volontiers à des systèmes de normes et de légitimité différents selon les contextes et leurs propres intérêts. Il est rare d'avoir affaire à une seule règle du jeu et une seule instance d'arbitrage, reconnues par tous, y compris, et peut-être même surtout, du côté des villageois. La multiplicité des centres de pouvoir, la diversité des critères d'évaluation possibles, l'empilement des formes de « droit », tout cela « ouvre » considérablement les marges de manœuvres des uns et des autres. Les problèmes fonciers en sont la meilleure illustration. En matière d'aménagements hydro-agricoles, « dans presque tous les cas étudiés, on observe après quelques années l'émergence de pratiques foncières « métissées » (Le Roy, 1987), ambivalentes et « opportunistes ». Les exploitants jouent en effet en même temps sur les réglementations modernes (qui constituent la règle du jeu officielle et en partie réelle des pratiques foncières) et sur les relations à la fois sociales et foncières traditionnelles, toujours vivaces, qui déterminent des règles du jeu tout aussi réelles » (Mathieu, 1990 : 16). Plus généralement la multiplicité des instances alternatives mobilisées pour régler les conflits fonciers est souvent impressionnante : représentants de l'administration, pouvoirs coutumiers, juges coraniques, tribunaux, police, partis politiques (cf. Lund, 1995).

On a même pu émettre l'hypothèse, plus largement encore, que la négociation permanente autour des pouvoirs, des règles, des prérogatives et des compétences était une caractéristique majeure de l'Afrique rurale contemporaine (Berry, 1994) [1].

Conflit, arène, groupe stratégique

Trois mots clés résument le point de vue adopté dans ce chapitre : **conflit, arène, groupe stratégique**.

Certains croient qu'un village est une communauté unie par la tradition, cimentée par le consensus, organisée par une « vision du monde » partagée, et régie par une culture commune. La position ici adoptée est évidemment inverse : un village est une arène, traversée de conflits, où se confrontent divers « groupes stratégiques ».

Conflit

Les premiers travaux en anthropologie africaniste qui aient systématiquement abordé la réalité sociale par le biais des conflits sont ceux de l'école de Manchester, dont la figure emblématique est sans nul doute Gluckman, avec un titre d'ouvrage significatif : *Custom and conflict in Africa* (Gluckman, 1956). Mais l'usage par Gluckman de la notion de conflit renvoie au moins à trois niveaux différents d'analyse qu'il est utile de désagréger.

D'une part, un constat empirique : toutes les sociétés sont traversées de conflits. Le conflit est donc un élément inhérent à toute vie sociale.

D'autre part, une analyse structurelle : les conflits renvoient à des différences de positions. Les sociétés, aussi petites soient-elles, et aussi dépourvues soient-elles de formes institutionnalisées de « gouvernement », sont divisées et clivées. Ces divisions et ces clivages sont entretenus par des « coutumes », c'est-à-dire des normes, des règles morales, des conventions (on pourrait aussi dire des codes culturels). Les conflits expriment donc des intérêts liés à des positions sociales différentes et sont culturellement structurés.

Enfin, un postulat fonctionnaliste : les conflits, qui semblent vouer les sociétés à l'émiettement ou à l'anarchie, concourent au contraire à la reproduction sociale et au renforcement de la cohésion sociale. Ils permettent de maintenir le lien social, en servant d'expression canalisée aux tensions internes (soupape de sécurité), et en mettant en œuvre des procédures ritualisées de leur résolution.

Le constat empirique est évidemment toujours valable.

1. « Berry argues that negotiability of rules and relationships is one of the fundamental characteristics of African societies. The apparently fixed titles, prerogatives and rules are constantly the objects of negotiation and reinterpretation. Indeed the cases presented above seem to confirm her statement » (Lund, 1995 : 19).

Le postulat fonctionnaliste pose problème. Non seulement le paradigme fonctionnaliste (à l'époque dominant dans l'anthropologie anglaise) est aujourd'hui hors d'usage, mais encore il apparaît que les conflits peuvent aussi bien mener à la désagrégation d'un ensemble social qu'à sa reproduction.

Quant à l'analyse structurelle, elle mérite quelques aménagements (en suivant d'ailleurs les traces d'élèves de Gluckman : cf. Turner, 1957). S'il est vrai que bien souvent les conflits renvoient à des positions différentes dans la structure sociale, il convient de rappeler l'existence d'une « marge de manœuvre » pour les individus. L'émergence, la gestion et l'issue des conflits sont loin d'être régulés à l'avance. Un conflit entre personnes ou entre groupes n'est pas seulement l'expression d'intérêts « objectifs » opposés, c'est aussi l'effet de stratégies personnelles et de phénomènes idiosyncratiques. L'analyse structurelle doit être complétée par une analyse stratégique.

Mais ici nous privilégions avant tout la dimension heuristique du repérage et de l'étude des conflits : les conflits sont en effet un des meilleurs « fils directeurs » qui soient pour « pénétrer » une société, en révéler tant la structure que les normes ou les codes, ou mettre en évidence les stratégies et les logiques des acteurs ou des groupes [1]. Postuler l'existence d'un consensus est une hypothèse de recherche beaucoup moins productive que de postuler l'existence de conflits. Ne serait-ce que parce que l'analyse des conflits permet aussi de mettre en évidence les moyens de prévention ou de résolution des conflits. Il est clair que les consensus, et plus généralement les compromis, tissent tout autant la trame de la quotidienneté sociale que les conflits. Mais, en termes de dispositif de recherche, les conflits sont des indicateurs précieux du fonctionnement d'une société locale, même s'ils ne sont pas les seuls, et l'on aurait d'autant plus tort de se priver d'y recourir en socio-anthropologie du développement qu'ils constituent de surcroît des indicateurs du changement social particulièrement pertinents.

Identifier les conflits, c'est aussi un moyen d'aller au-delà de la façade consensuelle et de la mise en scène en direction de l'extérieur que les acteurs d'une société locale proposent souvent à l'intervenant ou au chercheur extérieur.

Il ne faut donc voir, dans notre approche d'une société par ses conflits, ni la recherche du conflit pour le conflit, ni la volonté de privilégier les conflits sur toute autre forme de sociabilité ou de promouvoir une vision agonistique systématique des sociétés, ni le refus de prendre en compte les codes communs ou les représentations partagées. Notre hypothèse n'est qu'une hypothèse méthodologique, bien souvent vérifiée, selon laquelle le repérage et l'analyse des conflits sont des pistes de recherche fructueuses, qui font gagner du temps, et qui évitent certains des pièges que les sociétés ou les idéologies tendent aux chercheurs.

---

1. Cf. par exemple Elwert (ELWERT, 1984), à propos des Ayizo du Bénin.

Arène et champ

C'est peut-être dans le contexte des analyses de Bailey que le terme, fréquemment utilisé dans la littérature anglo-saxonne, est le plus significatif, bien qu'il ne soit jamais explicitement défini (Bailey, 1969). Bailey voit la vie politique, nationale comme locale, en termes de « jeu », où se confrontent et s'affrontent les acteurs sociaux, autour de leaders et de factions. L'arène est, au fond, l'espace social où prennent place ces confrontations et affrontements.

La notion d'arène peut utilement être rapprochée de notions voisines, celle anglo-saxonne de *social field* (espace transversal où coexistent des institutions et des rôles multiples), ou celle de *champ*, largement utilisée par Bourdieu. Chez Bourdieu, *champ* reste, comme toujours chez cet auteur, un « concept ouvert », susceptible de variations et rétif à une définition univoque. C'est un « marché » (au sens métaphorique) où les acteurs dotés de « capitaux » divers (capital économique, symbolique, social...) sont en concurrence. C'est un certain type de structure sociale, autonomisée, avec ses institutions, ses agents spécialisés, sa hiérarchie de positions et son langage, structure qui est de plus intériorisée par les agents à travers un « habitus » qui génère leurs pratiques. C'est un espace de jeu et d'enjeux relevant d'un rapport de forces entre groupes sociaux. Mais dans tous les cas *champ* est d'un usage très « macro » [1] et reste fondamentalement d'ordre structural, même si l'image du « jeu » et les références à l'habitus introduisent une dimension stratégique et entendent prendre en compte les « prises de position » des agents. Un champ est avant tout « une configuration de relations objectives entre des positions » (Bourdieu, 1992 : 72), un « système de relations indépendant des populations que définissent ces relations » (*id.* : 82), qui n'est en aucun cas de l'ordre de l'interaction. En ce sens, il serait logique de parler, à propos de la configuration développementiste, d'un « champ du développement », pour décrire ces institutions spécifiques, ce langage particulier, ce marché inégalement structuré et inégalement concurrentiel où se confrontent des idéologies, des salaires, des compétences, des institutions, des symboles, etc. Un cas typique de constitution progressive d'un champ, au sens de Bourdieu, dans le domaine qui nous intéresse, est celui de la santé : l'autonomisation progressive du champ médical en Afrique, sous l'effet de l'appareil de santé publique mis en place sous la colonisation, tranche avec l'indétermination relative entre « thérapeutique », « religion », « pouvoir » et « magie » qui caractérisait les sociétés précoloniales (cf. Fassin, 1992).

Par contre « arène » est une notion d'ordre plus interactionniste, et aussi plus « politique » (au sens qu'a ce terme pour la sociologie des organisations). Elle évoque à la fois une échelle plus restreinte et une plus

1. Le premier article de Bourdieu analysant un champ portait sur le champ intellectuel. Il y insistait sur l'émergence d'« instances spécifiques de sélection et de consécration (...) placées en situation de concurrence pour la légitimité » (BOURDIEU, 1966 : 866) comme conditions de l'autonomisation d'un champ. D'autres exemples de champs régulièrement invoqués sont le champ religieux (BOURDIEU, 1971), ou le champ artistique (Cf. également ACCARDO et CORCUFF, 1986, textes choisis de BOURDIEU, et BOURDIEU, 1992 : 71-89).

claire conscience des affrontements chez les acteurs eux-mêmes. Une arène, au sens où nous l'entendons, est un lieu de confrontations concrètes d'acteurs sociaux en interaction autours d'enjeux communs. Elle relève d'un espace « local ». Un projet de développement est une arène. Le pouvoir villageois est une arène. Une coopérative est une arène. Arène a un contenu descriptif plus fort que champ.

Groupe stratégique

C'est vers Evers (Evers et Schiel, 1988) que nous nous sommes cette fois tournés à la suite de Bierschenk pour emprunter le concept de groupe stratégique. Chez ce sociologue allemand, il s'agit de proposer une alternative à la catégorie de « classe sociale », trop figée, trop mécanique, trop économique, trop dépendante d'une analyse marxiste en termes de « rapports de production ». Les groupes stratégiques apparaissent ainsi comme des agrégats sociaux plus empiriques, à géométrie variable, qui défendent des intérêts communs, en particulier par le biais de l'action sociale et politique.

Cette perspective plus pragmatique, qui au lieu de définir *a priori* les critères de constitution de groupes sociaux les déduit de l'analyse des formes d'action, semble intéressante. Mais pour Evers, les groupes stratégiques restent au même niveau « macro » que les classes sociales auxquelles ils se substituent, et n'interviennent qu'à l'échelle nationale, ou aux dimensions de la société globale. J'estime pour ma part (toujours à la suite de Bierschenk, 1988) que c'est surtout au niveau de la société locale que le concept est opératoire, lorsqu'il est lié à l'observation des formes d'interaction entre acteurs.

Il reste à savoir si les groupes stratégiques sont des groupes « réels », plus ou moins « en corps », dotés de normes communes, de formes d'action collective ou de procédures de concertation, ou si ce sont plutôt des agrégats artificiels construits par l'analyste. Notre position est sur ce point pragmatique : nous considérons au départ le groupe stratégique comme une hypothèse de travail du chercheur, comme une sorte de « groupe virtuel » qui nous aide à penser la convergence des stratégies entre certains individus dont on peut supposer qu'ils partagent une même position face à un même « problème ». Autrement dit, face à un « problème » donné dans un contexte social donné, il n'y a pas une infinité d'attitudes et de comportements : on constate un nombre fini d'attitudes et comportements. C'est un des objets mêmes de la recherche que de déterminer *in fine* si ces groupes stratégiques posés comme hypothèse de départ ont ou non une existence « réelle », autrement dit si les acteurs ayant une position commune partagent ou non des formes particulières d'interaction ou de concertation (de façon informelle — réseau, affiliation, allégeance — ou formelle — institution, appartenance, organisation). Contrairement aux définitions sociologiques classiques des groupes sociaux, les « groupes stratégiques » (virtuels ou réels) ne sont pas pour nous constitués une fois pour toutes et pertinents quels que soient les problèmes : ils varient selon les problèmes considérés, c'est-à-dire selon les enjeux locaux. Parfois ils renverront à des caractéristiques statutaires ou socioprofessionnelles (sexe, caste, métier, etc.), parfois à des affiliations lignagères ou à des réseaux de solidarité ou de clientèle, parfois à des parcours biographiques et des stratégies individuelles.

La notion de groupe stratégique reste essentiellement d'ordre empirique et méthodologique. Elle suppose simplement que dans une collectivité donnée tous les acteurs n'ont ni les mêmes intérêts, ni les mêmes représentations, et que, selon les « problèmes », leurs intérêts et leurs représentations s'agrègent différemment, mais pas n'importe comment. On peut donc faire des hypothèses sur ce que sont les groupes stratégiques face à un « problème » donné : l'enquête montrera évidemment si ces hypothèses sont justes ou non, s'il faut recomposer autrement les groupes stratégiques, et quelle est leur existence sociale véritable.

Je citerai ci-dessous à titre d'exemple d'un usage méthodologique de ces trois concepts un canevas mis au point par Thomas Bierschenk et moi-même pour servir de cadre à des enquêtes collectives, en termes de recherche comme en termes de formation (initiation à l'enquête socio-anthropologique). Cette méthode de travail nous a en effet semblé particulièrement adaptée à l'analyse de projets de développement [1].

Le canevas ECRIS (Enquête collective rapide d'identification des conflits et des groupes stratégiques)

ECRIS se déroule en 6 phases. On notera que la démarche est elle-même un continuel **va-et-vient entre phases individuelles et phases collectives,** à la différence de l'enquête ethnographique classique qui privilégie la recherche individuelle de longue durée, et à la différence aussi des méthodes d'enquêtes accélérées (type RRA-MARPP) qui privilégient l'enquête collective de courte durée.

Il n'y a d'autre part ni durée préprogrammée (la phase individuelle pouvant être de quinze jours comme de quatre mois, selon les thèmes et les compétences déjà acquises), ni surtout d' « outils clés en main » ou de « méthodes standards » : le but de ce canevas est justement de construire par l'enquête collective des indicateurs adaptés à un terrain et à un thème, indicateurs qui serviront par la suite de références pour l'enquête individuelle, qui reste dans tous les cas irremplaçable.

---

1. Nous avons élaboré et testé ce canevas en deux occasions (je préfère utiliser ici le terme de « canevas » plutôt que celui de « méthode »). Une première expérience a été menée à Dakar, en décembre 1991, au cours d'un stage de formation du ministère français de la Coopération à destination de coopérants français et de cadres africains (en collaboration avec Elisabeth Paquot du GRET et avec l'aide de chercheurs de l'ENEA et d'ENDA-GRAF). Une seconde expérience a été menée au Bénin, en mars 1993, dans le cadre d'un programme de recherche sur le pouvoir local, en collaboration avec Marc Lévy du GRET, et avec l'aide de chercheurs de la FSA et de la FLASH. La présentation ci-dessous de ECRIS reprend les grandes lignes d'un texte de T. Bierschenk et moi-même, proposé sous des formes diverses en français, en allemand et en anglais.

Une enquête individuelle de repérage

Il s'agit de préparer rapidement le travail d'équipe à venir en *identifiant sommairement les principaux enjeux locaux* (en fonction du thème de la recherche bien sûr), afin de pouvoir prédéterminer des groupes stratégiques (c'est-à-dire *proposer des groupes stratégiques provisoires* pour l'enquête collective à venir), regroupant des catégories d'acteurs dont on peut présumer qu'ils partagent un même rapport global à ces enjeux

> Si le thème de la recherche est l'évaluation d'un projet de développement local, l'enquête préliminaire relèvera par exemple l'existence d'enjeux fonciers liés au projet, de conflits agriculteurs/éleveurs, de rivalités entre deux grandes familles aristocratiques, ainsi que l'exclusion des femmes des bénéfices du projet. On pourra alors proposer comme groupes stratégiques provisoires : (1) les simples agriculteurs, (2) les simples éleveurs, (3) les deux familles aristocratiques, (4) les intervenants extérieurs (ONG, services techniques), (5) les femmes.

Un séminaire de préparation

Ce séminaire doit familiariser les participants avec la problématique et la méthode, faire le point de la documentation sur les sites de recherche, et proposer une série d'*indicateurs qualitatifs provisoires* susceptibles de guider les recherches individuelles ultérieures (on ne peut évidemment proposer des indicateurs standards, chaque thème d'enquête nécessitant le « bricolage » d'indicateurs spécifiques). Chaque indicateur correspond au recueil d'un corpus systématique, autour de données de nature diverses (entretiens, descriptions, recensions), sur un domaine très circonscrit, considéré comme potentiellement révélateur pour le sujet étudié.

> On pourrait proposer, pour poursuivre avec l'exemple précédent, comme indicateurs provisoires : l'histoire et la typologie des projets s'étant succédés dans le village, l'analyse d'un processus de décision local lié au projet actuel, la biographie de quelques acteurs centraux du projet, la description d'une assemblée générale de la coopérative, l'inventaire des lieux de débats et de discussion publique dans le village…

L'enquête collective

Le principe de base de ECRIS est le suivant : l'ensemble de l'équipe d'enquêteurs tourne successivement sur chaque site et reste quelques jours sur chaque site. Sur un site donné les enquêteurs se divisent en plusieurs groupes d'enquêteurs (2 à 3 personnes maximum par groupe). Chaque groupe d'enquêteurs se focalise pendant le séjour sur un groupe stratégique local et un seul. Il n'enquête que sur des personnes relevant du groupe stratégique qui lui a été affecté. La composition des groupes d'enquêteurs change d'un site à l'autre.

Cette enquête collective est le noyau central de ECRIS. Elle permet à chacun de se confronter à l'approche d'un problème *via* la notion de groupe stratégique, ainsi que de se confronter à la variété et à la relativité des groupes stratégiques. On ne considère pas le groupe stratégique comme un « vrai » groupe, un « collectif » ou un groupe « en corps » (*corporate group*). On ne suppose pas que le groupe stratégique ait une position commune établie. Il n'est pas question de *focus group* : si certains entretiens peuvent être collectifs (en général parce que les circonstances l'imposent et qu'un entretien individuel se transforme vite en entretien collectif informel dès lors qu'il n'est pas secret...), on privilégie plutôt les entretiens individuels, avec des personnes aussi variées que possible à l'intérieur du groupe stratégique affecté à un groupe d'enquêteurs.

> Si, sur le site retenu, il y a dix enquêteurs, on constituera cinq groupes d'enquêteurs de deux personnes. Un de ces groupes enquêtera par exemple uniquement auprès des femmes. Mais il ne réunira pas les femmes du village ou ne convoquera pas leurs responsables. Il ira voir successivement femmes de chef et simples paysannes, vieilles femmes et jeunes femmes, responsables associatives et femmes marginalisées, etc.

La consigne principale est simple :

1. Il s'agit d'identifier au fil de l'enquête le maximum possible de conflits et de contradictions, y compris ceux où les interlocuteurs ne sont pas impliqués directement.

> Par exemple, les entretiens avec des femmes permettront de préciser non seulement les conflits entre femmes et hommes à propos de la commercialisation, mais aussi d'évoquer leurs points de vue sur les conflits entre éleveurs et agriculteurs, ou entre les deux lignage aristocratiques, ainsi que de repérer de nouveaux conflits (autour des appartenances religieuses ou politiques, ou à propos du renouvellement du bureau de la coopérative, ou en raison de soupçons de détournement...).

On peut y ajouter deux consignes complémentaires.

2. Tenter de comprendre le plus possible « de l'intérieur » la relation que les membres de ce groupe stratégique entretiennent avec ce qui constitue le thème de la recherche, ainsi que leurs perceptions des autres groupes, et essayer de décomposer le groupe stratégique en diverses composantes ayant des comportements ou des discours particuliers, et se différenciant des autres composantes.

> Quelles visions et quels usages les femmes d'agriculteurs ont-elles du projet de développement ? Que pensent-elles des intervenants extérieurs

et du rôle du sous-préfet ? Les discours tenus parmi les femmes d'éleveurs sont-ils différents ? Jeunes femmes et vieilles femmes semblent-elles avoir les mêmes positions, les mêmes appréciations ?

3. Approfondir les indicateurs qualitatifs provisoires (mis au point lors du séminaire de préparation) et chercher des domaines où ils pourraient être mis en œuvre.

> La » décision » locale dont il serait intéressant de faire l'histoire pourrait être le renouvellement du bureau... ; tels et tels acteurs pourraient faire l'objet d'une biographie... ; le baobab au centre du village et le domicile du chef le samedi matin lorsqu'il rend justice sont les principaux lieux de débats à observer, etc.
>
> Mais il serait aussi intéressant de rajouter parmi les indicateurs un recensement des diverses associations, des membres de leurs bureaux et des liens de parenté entre ceux-ci...

Chaque soir une séance collective de bilan permet de recouper les différents conflits vus selon différentes perspectives, d'émettre de nouvelles hypothèses ou de nouvelles interprétations, de concrétiser les indicateurs provisoires. Ces séances collectives constituent une base de travail pour celui des chercheurs de l'équipe qui travaillera ensuite sur le site. C'est en particulier grâce à ces séances que le travail ultérieur individuel est considérablement défriché et préparé.

La discussion collective sur le site en fin de journée, à partir de données empiriques toutes fraîches, recueillies selon des perspectives variées (les groupes stratégiques...), grâce à une « entrée par les conflits », est en effet un outil de construction de l'objet et de la méthode particulièrement puissant. La verbalisation qu'impose le débat à plusieurs et le *brain storming* collectif manquent au chercheur individuel, qui aura tendance à découper en deux phases trop distinctes sa recherche : d'un côté le recueil de données, de l'autre et ultérieurement l'analyse et la mise en forme de ces données. A l'inverse, les séances collectives de bilan chaque soir permettent d'effectuer une analyse interprétative « à chaud », d'organiser sur le champ les données, de tracer des pistes de travail pour le lendemain, d'échafauder des modèles très provisoires, fluides, non durcis par l'écriture, non coupés de l'investigation... C'est un lieu d'émergence privilégié d'interprétations au plus près des matériaux empiriques, c'est-à-dire de « théories issues du terrain » (*grounded theory,* cf. Glaser et Strauss, 1973). De plus les formations, les itinéraires, les compétences, les sujets d'intérêt des participants sont nécessairement différents : cette variété vaut complémentarité, dès lors qu'il y a un minimum de problématique commune autour d'un même terrain. Le débat autour des données et de leur interprétation « à chaud » est, de ce fait, beaucoup plus productif en début d'enquête que la réflexion plus ou moins intuitive d'un chercheur solitaire. Il faut convaincre les autres, étayer ses hypothèses, prendre en compte les objections ou les contre-exemples, assumer les critiques.

Un séminaire de bilan d'enquête collective

Celui-ci a trois objectifs :

— d'une part, l'élaboration finale des indicateurs qualitatifs communs, testés au cours de l'enquête collective, qui serviront à chaque chercheur de points d'appui pour son enquête personnelle ;

— d'autre part la détermination des pistes de travail propres à chaque site ;

— enfin un premier essai comparatif, pour dégager, à partir des différents sites, les points communs comme les spécificités de chacun, les lignes de force, les principales hypothèses

Les recherches individuelles sur chaque site

Désormais la phase de travail de terrain individuel complémentaire est considérablement déblayée et sérieusement mise sur les rails. Il n'y a plus de procédure unique qui puisse être proposée : ECRIS lègue à chacun une série d'indicateurs communs et une série de pistes particulières. Ce travail individuel ne peut avoir de durée standard. Tout dépend en effet des sujets explorés. Certains peuvent demander des enquêtes complémentaires individuelles fort courtes de l'ordre de deux semaines (l'expertise d'une pharmacie coopérative villageoise ou l'évaluation d'un petit projet local), d'autres des enquêtes complémentaires individuelles nettement plus longues de l'ordre de plusieurs mois (l'évaluation de projets intégrés ou l'étude des formes de pouvoir local).

Le séminaire final

Préparé par des rapports rédigés par chaque chercheur à l'issue de l'enquête individuelle sur chaque site, il est entièrement consacré à l'analyse comparative, à travers l'interprétation des données locales, les résultats obtenus à travers les indicateurs qualitatifs et le débat autour des hypothèses proposées.

Conclusion

ECRIS a sans doute une pertinence particulière en termes de socio-anthropologie du développement, et peut avoir également une fonction d'aide à l'étude et à l'évaluation, pour deux raisons fondamentales :

— En tant que canevas d'analyse comparative sur plusieurs sites, ECRIS correspond bien aux besoins d'études liées à la préparation, au suivi ou au bilan d'opérations de développement. En particulier, l'élaboration au coup par coup d'indicateurs qualitatifs, qui font souvent défaut dans un monde du développement dominé par des indicateurs chiffrés et standards le plus souvent non fiables, est un atout important.

— Les concepts de conflit, d'arène et de groupe stratégique sont particulièrement adaptés à l'interaction entre un projet de développement et des sociétés locales.

CONCLUSION

Le dialogue chercheurs-développeurs

Chercheurs isolés dans leur tour d'ivoire, études sans portée pratique, savoir coupé des vrais problèmes sociaux, disent les uns... Sociologues aux ordres des décideurs, enquêtes hâtives sans valeur scientifique, compromissions de la recherche dans une douteuse légitimation du développement, disent les autres... Les dialogues de sourds entre « recherche fondamentale » et « recherche appliquée », entre sciences sociales et opérateurs de développement, entre institutions de recherche et bureaux d'étude, entre ethnologues et agro-économistes, parmi diverses variantes, semblent constituer autant de figures d'un même malentendu fondamental. Celui-ci ne date pas d'aujourd'hui, seul le vocabulaire qui l'exprime change selon la nature des partenaires ou au fil des modes intellectuelles.

Périodiquement des appels au dialogue s'efforcent de surmonter la difficulté, ou plutôt de l'abolir par incantation. Le temps d'un colloque, d'un stage, d'une conversation. La tentation est grande, en effet, de jouer sur un registre moral ou d'en appeler à la bonne volonté des partenaires, autrement dit d'interpréter en termes psychologiques cette manifestation particulière de la contradiction entre connaissance et action.

Logiques de la connaissance et logiques de l'action

Le point de vue développé ici est autre. Les chercheurs d'un côté, les développeurs de l'autre se situent dans des logiques professionnelles profondément différentes. On ne peut en conséquence concevoir d'interaction volontariste (c'est-à-dire créer un dialogue) entre ces logiques qu'à partir d'une mise en évidence de ce qu'elles ont chacune de spécifique. Ceci implique une rupture préalable avec les présupposés moraux qui tendent à masquer ou à biaiser la réalité de ces logiques [1].

1. Boiral (BOIRAL, 1985) a insisté sur ce point, en s'appuyant sur des données issues du terrain « social » européen plus que sur des données relatives au « développement » en Afrique : le problème considéré est en effet relativement indépendant des champs d'application.

Ceci implique en second lieu une mise en perspective historique, qui situe ces logiques respectives en tant que produits sociaux, et produits sociaux évolutifs.

J'ai déjà évoqué ci-dessus le fait que, au-delà du paradigme altruiste qui formait une des bases de sa méta-idéologie, la configuration développementiste pouvait avec profit être considérée comme un marché ou une arène. Les opérateurs du développement, quels que soient leurs statuts et leurs stratégies, sont des professionnels de ce marché, tant les militants tiers-mondistes ou les volontaires d'organisations caritatives que les personnels de la Coopération ou les encadreurs nationaux. En dépouillant les acteurs sociaux impliqués dans le développement de leurs habits moraux, on produit un effet de décalage propice à l'investigation sociologique. Mais il en est de même pour les chercheurs. Pas plus que les pratiques de développement ne peuvent se réduire aux discours qui les légitiment, les pratiques scientifiques ne peuvent être crues sur parole lorsqu'elles invoquent le désintéressement scientifique. Que les sciences sociales soient elles aussi un « marché » est un fait connu depuis que Bourdieu est lui-même devenu un pôle structurant de ce marché après en avoir souligné diverses propriétés... Le chercheur en sciences sociales qui se donne pour tâche d'élucider les logiques paysannes ou de les opposer aux logiques des professionnels du développement n'en est pas pour autant « au-dessus de la mêlée » : lui aussi s'insère dans les logiques qui influent sur sa pratique scientifique (logiques de reconnaissance professionnelles, de pouvoir, de captation de crédits, etc.). Ses logiques de chercheurs ne sont simplement ni celles des développés ni celles des développeurs.

Aussi les malentendus entre socio-anthropologie du développement et configuration développementiste sont-ils en partie inévitables parce que liés aux positions différentes des chercheurs et des « développeurs ».

Une fois levée l'hypothèque morale, une approche « désenchantée » des rapports entre développeurs et chercheurs permet de tenir compte des différences entre leurs systèmes de normes, de reconnaissances, de légitimités et de contraintes.

1. La connaissance et l'action mobilisent évidemment des registres de légitimation quasi incommensurables. La connaissance scientifique se construit en particulier, selon l'expression célèbre mais toujours valable de Bachelard, par une lutte sans cesse renouvelée contre l'erreur, par la critique méticuleuse, la polémique intellectuelle, la vigilance théorique et méthodologique, la remise en cause permanente des acquis. L'action au contraire est faite d'arbitrages, d'ambiguïtés, de compromis, de paris, de volontés, d'urgences. L'une se garde de croire, l'autre en a besoin. L'une se veut désintéressée, l'autre revendique d'avoir les mains dans le cambouis. L'une exige du temps, l'autre n'en a pas. L'une veut observer les processus sociaux, l'autre veut les orienter ou les contrôler.

2. Les sciences sociales sont confrontées à une telle complexité des phénomènes sociaux (multitude des variables) qu'elles doivent — ou devraient — recourir à des rationalités multidimensionnelles, non linéaires et non déterministes. Par contre les développeurs se situent pour l'essentiel dans une rationalité technique (ou technico-économique) où il convient d'aboutir à des décisions. Il faut donc chercher « la bonne solu-

tion » *(the one best way :* cf. la critique de Crozier et Friedberg, 1977 : 22). C'est dans cette perspective que les opérateurs demandent aux chercheurs, lorsqu'ils les consultent, de proposer des « recommandations », c'est-à-dire de sortir en fait de leur domaine de compétence.

3. Là où les opérateurs de développement postulent et recherchent une convergence d'intérêts au sein des populations, et entre les populations et eux-mêmes (car les prises de décisions comme leurs mises en œuvre ont besoin de consensus), les sociologues scrutent au contraire les divergences et les contradictions (car la valeur heuristique du postulat de différences est bien supérieure à celle du postulat de ressemblances : cf. chapitre 10). Les professionnels du développement font appel à la « bonne volonté » des populations « bénéficiaires » au nom de la leur propre, les chercheurs en sciences sociales ne prennent pour argent comptant ni celle des uns ni celle des autres.

4. Malentendus aussi au niveau des attentes de rôle : alors que les professionnels du développement considèrent *a priori* l'expert « ès dimensions humaines » comme un allié ou comme un prestataire de services, celui-ci développe souvent un point de vue critique et distancié par rapport aux projets auxquels les développeurs s'identifient. De plus, les professionnels du développement sont pour lui un objet d'étude. Il insiste en effet sur la nécessité d'adopter un angle de vue qui englobe dans le champ d'observation aussi bien les développeurs que les développés.

5. Enfin, les sciences de la société d'un côté, les métiers du développement de l'autre, sont régis par des systèmes de normes et de valeurs professionnelles de nature différente. Les procédures de reconnaissance sociale des chercheurs sont liées à leurs publications, à leurs relations avec leurs pairs ; ils bénéficient d'une autonomie très importante et travaillent dans un rythme de longue durée. Par contre, du côté des développeurs, l'identité professionnelle est plus problématique (le statut d'expatrié renforce cette incertitude), les critères qui règlent les carrières ne sont guère dépendants de la qualité du « produit » [1] et échappent à toute transparence, le temps alloué est faible, et la discrimination entre ce qui relève des systèmes de contrainte et ce qui renvoie à une réelle marge de manœuvre semble particulièrement difficile à opérer.

La collaboration entre des acteurs sociaux relevant de deux mondes aussi différents n'est donc pas évidente, aussi indispensable apparaisse-t-elle. Face à ce problème récurrent différentes solutions sont possibles. On peut décrire ces solutions sous formes de quatre « modèles » (je reprend ici l'analyse de Boiral, 1985). Deux d'entre eux sont facilement récusables, même s'ils s'avèrent les plus fréquents.

Le premier c'est celui du cloisonnement. Chercheurs en sciences sociales et opérateurs de développement ne rentrent pas en interaction. Les contacts ne sont que rhétoriques (incantations à la collaboration non

---

1. J.-P. Jacob me suggère ici la formule lapidaire suivante : « Le développement, c'est l'entreprenariat sans le risque ». On pourrait préciser, dans la même veine, que les développeurs sont des entrepreneurs qui font assumer les risques par les développés. Quant aux chercheurs, ils n'ont en général d'expérience personnelle ni de l'entreprenariat ni du risque.

suivies d'effets) ou financiers (commandes d'études par la suite inutilisées, voire inutilisables). Les chercheurs restent dans leurs coquilles institutionnelles et leurs logiques académiques. Les opérateurs les ignorent ou ignorent leurs travaux. C'est la situation la plus fréquente, même si ce n'est pas la plus souhaitable.

Le second c'est celui de la sujétion. Le chercheur est embauché au service de l'opérateur, qui lui impose ses termes de référence et entend l'instrumentaliser à sa convenance. Bureaux d'études et consultants deviennent alors des dispositifs internes à la configuration développementiste. La logique de la recherche tend à disparaître au profit d'une logique de l'évaluation. Nombre de chercheurs africains en sciences sociales, pour des raisons tenant en particulier à la désintégration de l'État et de la recherche publique, sont ainsi happés par une expertise de commande, pourvoyeuse en revenus.

La recherche-action ?

Un troisième modèle est aujourd'hui en phase d'expansion, au moins dans les mots. Il entend en quelque sorte fusionner les deux rôles, comme le disent bien les noms qu'ici ou là il se donne : recherche-action, recherche-développement, recherche-participative. S'agit-il vraiment, comme ses apôtres le proclament volontiers, d'une rupture épistémologique qui permettrait enfin de réconcilier connaissance et action sur les décombres du positivisme, d'un pilotage de la recherche par et avec les paysans qui mettrait enfin le chercheur au service du peuple ? Notre appréciation sera quelque peu différente.

Divers courants contemporains issus de la recherche agronomique entendent, non sans raison, rompre avec les modèles verticaux et volontiers autoritaires qui caractérisaient la relation entre la recherche tropicaliste classique de station et les projets de développement rural, et veulent rétablir un dialogue avec les paysanneries locales. Mais les difficultés que soulève la collaboration entre recherche et développement ne disparaissent pas comme par enchantement du simple fait que l'on proclame l'abolition de la frontière qui les sépare. Les rhétoriques incantatoires, plus ou moins assorties de schémas, diagrammes méthodologiques ou déclarations programmatiques, ne suffisent pas pour une raison fondamentale que j'ai soulignée ci-dessus : les logiques de la connaissance et celles de l'action sont loin d'être identiques. Cela ne signifie évidemment pas que chacun doive rester chez soi ni que les chercheurs ne puissent être également engagés dans la pratique du développement. Mais toute tentative de combiner les deux rôles, que ce soit à travers un même individu (devenant à la fois chercheur et décideur) ou au sein d'une même institution ou organisation (associant dans un même projet des chercheurs et des décideurs), exige de respecter les contraintes propres à chacun de ces rôles. On peut le dire autrement : *toute recherche-action doit se soumettre simultanément aux règles de la recherche et à celles de l'action, sous peine de n'être qu'une mauvaise recherche et une mauvaise action.*

La recherche-action côté recherche

En tant que processus de connaissance, la recherche-action est soumise aux mêmes exigences méthodologiques et épistémologiques que toute recherche. Prenons l'exemple du rapport entre « participation » (collaborer avec les paysans) et « analyse » (étudier les paysans) : la nécessité et la difficulté de conjoindre ces deux dimensions ne sont pas une spécificité de la recherche-action, ni même d'abord un problème de rapport entre recherche et action. C'est un problème classique de recherche tout court, ou plus précisément une contrainte de toute recherche *in situ* prolongée. L'ethnologie, depuis Malinowski, prône « l'observation participante ». L'observateur, qu'il soit anthropologue ou agronome, se voit affecter, *volens nolens*, une place dans le système de rôles de la société locale. Il n'y a pas d'observation extérieure et muette. L'observateur est inclus dans ce qu'il observe. Et, inversement, les personnes enquêtées co-produisent l'enquête et tentent de l'orienter à leur manière. Toute recherche de terrain de nature sociologique ou anthropologique est une interaction entre le chercheur (ou les chercheurs) et les populations.

Cela fait longtemps que l'épistémologie positiviste classique est discréditée en socio-anthropologie, où l'on a renoncé à l'expérimentabilité, et où l'on sait l'impossibilité d'une observation indépendante des conditions d'observation. A cet égard la recherche-action ne peut prétendre constituer une rupture épistémologique, sauf à tirer sur une ambulance. Le fait de reconnaître que le chercheur est d'une façon ou d'une autre impliqué dans la société qu'il étudie (ne serait-ce qu'à titre d' « étranger sympathisant ») est loin de constituer une découverte. Mais ceci ne dispense en aucun cas de tout contrôle méthodologique. De même que les enquêtes quantitatives ont leurs biais, de même les enquêtes « qualitatives », à base d'interactions prolongées avec les paysans, ont les leurs. **La « participation » du chercheur induit évidemment des biais personnels et subjectifs, que les savoir-faire socio-anthropologiques ont justement pour but de minimiser, de contrôler ou d'utiliser**.

Une collaboration rapprochée avec les décideurs, ou avec les acteurs paysans, ne permet pas d'échapper à cette nécessaire vigilance. Tout au contraire, la perspective d'avoir à finaliser une recherche ou de la mener pour répondre à un cahier des charges défini par d'autres, ou avec eux, ne fait que rajouter de nouvelles contraintes, et non en enlever : contraintes sur la délimitation du sujet (plus circonscrit que la recherche n'en a l'habitude), contraintes sur le temps (plus court que la recherche n'en a l'habitude), contraintes sur l'écriture (plus accessible que la recherche n'en a l'habitude).

Ces nouvelles contraintes peuvent effrayer certains chercheurs. Je pense qu'ils ont tort. Mais ceux qu'elles n'effrayent pas n'ont pas à renoncer pour autant à leur savoir-faire, ou à baisser leur garde méthodologique. Le problème des méthodes d'enquêtes dites participatives n'est pas qu'elles entendent se soumettre à certaines contraintes supplémentaires de temps et de délimitation du sujet. C'est une règle du jeu en l'occurrence légitime. Le problème est de savoir si l'invocation de la participation ne sert pas à oublier en chemin d'autres contraintes, tout aussi indispensables, celles qui donnent de la rigueur et de la validité à une recherche de terrain « qualitative », quelle que soit sa durée et son sujet. Les résultats que produisent ces enquêtes standardisées, du fait des « outils » qu'elles se donnent, sont-ils acceptables, fiables, plausibles (cf. *infra* sur RRA et MARPP) ?

La recherche-action en tant qu'action

Symétriquement la recherche-action, si elle est une intervention, se trouve soumise aux mêmes effets que les autres interventions des autres opérateurs de développement. Toute action de développement rural est, on le sait, nécessairement « détournée », accaparée, désarticulée, réinterprétée par les différents segments de la société paysanne auxquels elle s'adresse. Aussi « participatif » qu'un projet de développement se veuille, il est soumis aux deux « principes » qui règlent les interactions avec les populations de toute intervention volontariste externe : le principe de « sélection » et le principe de « détournement » (cf. chapitre 7).

Or ceci est tout aussi vrai de la recherche participative : les paysans usent des opportunités et ressources fournies par les chercheurs en « sélectionnant » ce qui les arrange, et pour des fins différentes de celles qu'attendent les chercheurs. La disparition des frontières entre rôles de chercheurs, rôles de paysans et rôles de technocrates est une illusion dont les paysans, en tout cas, sont, eux, préservés.

Il reste un quatrième modèle, celui que, à la suite de Boiral, je préfère. C'est le modèle contractuel, où chercheurs et opérateurs s'accordent pour définir une zone nettement circonscrite d'interaction et de collaboration, sans renoncer à leurs identités spécifiques. C'est celui où les deux parties négocient ensemble les termes de référence de la recherche par une confrontation, sur un domaine précis, de leurs logiques respectives. Ceci n'a donc rien de très extraordinaire ou révolutionnaire : c'est très exactement ce qui s'est fait dans le passé chaque fois qu'une collaboration ponctuelle, sans tambours ni trompettes, a pu se nouer entre opérateurs et chercheurs au nom du bon sens.

Peut-on cependant aller plus loin et suggérer quelques zones d'interactions préférentielles ? Je me limiterai à trois exemples : la formation, les dérives et l'enquête.

La formation d'agents de développement

Il faut souligner la fonction de formation que les socio-anthropologues peuvent jouer vis-à-vis des opérateurs de développement et des agents de développement de terrain.

En effet, l'enquête ethnologique essaye d'appréhender les problèmes du point de vue des intéressés, pris non comme un tout homogène, mais comme un ensemble différencié. C'est cela qu'un agent de développement ne sait pas spontanément (un technicien, un agronome ou un économiste ne le savent pas plus). Il y faut un certain travail, une certaine méthode, un certain apprentissage. C'est une partie de ce travail, de cette compétence, de cet apprentissage, qu'il convient de faire sortir des cénacles de l'ethnologie professionnelle, pour en armer les agents de développement. Une telle adaptation/opérationnalisation/simplification de l'enquête ethnologique à fins de formation (et non à fins de recherche) implique donc une certaine rupture avec l'ethnologie académique, qui ne conçoit l'enquête ethnologique que comme un outil de recherche manié par des chercheurs déjà formés dans les universités, détachés des contingences de l'action et de la pression du temps. De plus l'ethnologie académique tend à ignorer les problématiques du changement et en méprise volontiers les agents.

Ceci implique aussi une rupture symétrique avec la pratique de certains opérateurs du développement qui baptisent « sociologie » leurs stéréotypes sur les sociétés locales : les outils de connaissance du monde rural africain impliquent du travail et de la compétence, et n'ont rien de commun avec les notions molles (l'écoute, les besoins, la participation), l'idéologie « paysanniste » et les idées passe-partout dont se servent beaucoup de développeurs pour faire croire qu'ils tiennent compte des sociétés locales, sans avoir à se donner la peine de les connaître vraiment.

L'un des avantages de cette compétence anthropologique minimum dont il s'agit d'armer les agents de développement est de les prémunir contre les clichés et stéréotypes sur les sociétés paysannes qui saturent le monde du développement (cf. chapitre 3). Les agents de développement de terrain, malgré leur « autochtonie », n'y échappent en général pas. Procurer aux agents de développement une véritable compétence en matière d'enquête ethnologique, compétence certes « artisanale » mais réelle, est un moyen de les aider à sortir du verbiage idéologique ou moral qui en général est censé à lui tout seul mettre l'agent de développement « au service du peuple » ou « à l'écoute des paysans »...

Un autre avantage d'une formation des agents de développement à l'enquête socio-anthropologique est de « renverser la vapeur » dans leur rapports avec les paysans. En effet la formation que les agents de développement ont reçue ignore ou renforce les handicaps dont souffre leur communication avec les populations locales :

— L'héritage des méthodes coloniales, comme l'exemple donné par l'administration postcoloniale, a produit une tradition de mépris chez les fonctionnaires et de méfiance chez les paysans, qui se renforcent l'une l'autre.

— Même s'il est d'origine rurale, un agent de développement, nécessairement passé par l'école, et donc absent des champs ou du village à l'âge même où commence l'apprentissage familial, ne maîtrise guère les savoirs populaires et s'en est plutôt détourné.

— Les méthodes classiques de formation professionnelles des agents de développement ne les ont pas préparés à travailler avec les paysans en tant que médiateurs entre deux systèmes de savoirs, mais leur ont inculqué au contraire plutôt une « anti-pédagogie » basée sur le fait qu'ils s'adresseraient à des ignorants.

— Les « nouvelles » formations, qui entendent s'opposer aux systèmes hiérarchiques et pédagogiques traditionnels, mettent en place des technologies de communication (à fins de « sensibilisation », d'« animation » ou de « conscientisation » des populations) qui dérivent souvent, sous couvert de non-directivisme, de démarche participative ou d'autoformation, vers des formes de manipulation qui masquent une méconnaissance profonde des populations, quand bien même celles-ci seraient réhabilitées dans les rhétoriques idéologiques propres à ces formations.

D'où l'intérêt particulier d'apprendre aux agents de développement à se transformer pour un temps, concrètement, sur le terrain, en élèves auprès de maîtres paysans : car tel est bien le principe de l'enquête ethnologique. Ceci ne peut que les aider à assurer mieux cette fonction de médiation « incorporée » à leur mission (cf. chapitre 9).

Des dérives

L'adaptation aux « dérives » peut faire partie de cette formation des agents de développement. Mais plus généralement le « suivi » des « dérives » apparaît comme un espace privilégié de collaboration entre la socio-anthropologie et les institutions de développement.

Reprenons cette question des « dérives » (cf. chapitre 7). Tout projet de développement est nécessairement une sorte de pari sur le comportement des acteurs sociaux concernés. Or, si les études sociologiques préalables à la mise en œuvre d'un projet peuvent (à supposer qu'elles soient sérieuses et qu'il en soit tenu compte, deux conditions qui ne sont pas nécessairement remplies...) éviter certains paris particulièrement stupides (dont l'histoire du développement fourmille), elles ne peuvent en aucun cas lire dans du marc de café, c'est-à-dire éliminer le pari [1]. Une profusion telle de variables se dégage que les stratégies effectives ne peuvent être prédites, du fait de la diversité des logiques propres aux multiples catégories d'acteurs qui se confrontent autour d'une opération de développement, de la diversités des enjeux, et de la diversité des systèmes de contrainte locaux (produits de l'environnement comme de l'histoire).

Mais pourtant, du point de vue des opérateurs de développement, le pari doit être néanmoins minimisé. Ceux-ci demandent donc très

1. L'idée qu'une connaissance ethnologique préalable des sociétés locales préviendrait les échecs des projets est à cet égard une illusion (cf. DOZON, 1991 : 14).

naturellement aux sciences sociales le plus possible de prédictivité. Que les sciences sociales ne sachent répondre que « les choses sont beaucoup plus complexes que vous croyez » n'est guère satisfaisant pour un chef de projet qui, par définition, veut limiter les « dérives » de son opération. L'usage de la socio-anthropologie doit permettre, du point de vue des institutions de développement en tant qu'« organisations », d'améliorer les capacités de régulation du système d'action mis en place et d'en réduire les incertitudes (cf. Friedberg, 1993).

Tout le problème tourne donc autour de la place que l'on accorde alors aux « dérives ». S'agit-il d'effets normaux d'interactions largement imprévisibles ? Ou d'effets pervers et nuisibles dont il faut se garder ?

Au sein de la configuration développementiste, ces « dérives » sont le plus souvent imputées soit aux développés soit aux développeurs.

1. Dans le premier cas (« c'est la faute des développés) », l'écart entre l'« intérêt » bien compris (par les auteurs du projet) des paysans et l'« incompréhension » dont ceux-ci font preuve doit être comblé. Il n'y a que deux moyens pour ce faire, soit la contrainte, soit l'information. Aujourd'hui la contrainte est devenue illégitime (bien qu'en divers domaines, tel que l'environnement — cf. les amendes des services des Eaux et Forêts — elle soit encore employée), et elle a toujours été inefficace face à une multiplicité de niveaux de décisions éparpillés (on ne peut mettre un gendarme derrière chaque paysan). Il reste donc l'information. On ne s'étonnera donc pas que ce soit une branche qui prospère dans la configuration développementiste contemporaine (cf. le recours croissant à des spécialistes en IEC, Information, Education, Communication, dotés de technologies pédagogiques standards plus ou moins diverses, mais qui ont en commun une méconnaissance assez générale des systèmes de pensée et d'action populaires et locaux). La voie largement suivie est donc celle qui entend promouvoir une vulgarisation améliorée, une pédagogie maîtrisée, une meilleure communication.

2. Dans le second cas (« c'est la faute des développeurs »), on proposera pour explication aux « dérives » une absence d'études préalables, une non-prise en considération des réalités locales, une mauvaise définition des objectifs, un encadrement défectueux, la lourdeur des procédures imposées par les bailleurs de fond, l'incompétence ou la vénalité des cadres nationaux, l'ethnocentrisme des experts étrangers, etc.

Tous ces éléments ne sont certes ni absents, ni négligeables. Mais la recherche d'un bouc émissaire (et son corollaire, la quête d'une solution-miracle) ne résoudra jamais la question des « dérives ». Celles-ci sont perçues de façon générale, et à mon avis à tort, comme des échecs. Or elles sont inéluctables, et, en un sens, indispensables. Il est aussi erroné qu'inefficace d'imputer en bloc les dérives aux développeurs ou aux développés. **La « dérive » est un phénomène normal, qu'il serait illusoire de vouloir éliminer. C'est le produit nécessaire et inintentionnel de l'entrecroisement de la complexité des variables en jeu dans les réactions d'un milieu social face à une intervention volontariste extérieure.**

On peut donc penser que la meilleure utilisation du socio-anthropologue dans le cadre d'une action de développement est de lui demander d'évaluer l'ampleur, la nature et les raisons possibles de ces « dérives », autrement dit d'assurer le **suivi** des interventions [1]. Ne s'agit-il pas du lieu stratégique d'intervention de la socio-anthropologie rurale en tant qu'aide à l'action ? En effet la description, la compréhension et l'interprétation des différentes dérives que subissent les interventions en développement peuvent permettre à ces interventions de se réajuster et de s'adapter à leur tour aux sélections et détournements que les populations leur font subir, appuyant ainsi les dynamiques locales, qui sont en l'occurrence autant réactives qu'endogènes. Ceci suppose deux conditions, du coté des institutions de développement :

(a) que les projets souhaitent être informés sur les dérives qu'ils subissent et mettent en place des dispositifs de *feed-back* ;

(b) qu'ils estiment nécessaire pour ce faire de recourir à une expertise en socio-anthropologie indépendante et professionnellement compétente.

Ces deux conditions sont, il est vrai, rarement réunies. Le principal problème réside sans doute dans la capacité des structures d'intervention à tenir compte des dérives pour s'y adapter et se transformer elles-mêmes. Les pesanteurs institutionnelles, politiques, idéologiques, financières, comptables, bureaucratiques semblent se liguer pour cantonner trop souvent dans le domaine du rêve l'hypothèse de structures d'intervention intégrant le réajustement comme principe de fonctionnement. Les lourdeurs de l'aide au développement et les exigences des bailleurs de fond sont telles que peu de projets sont dotés de ce minimum de souplesse (en ce domaine comme en d'autres, les ONG ne font guère mieux : cf. les trois exemples analysés par Mathieu, 1994).

Il y a cependant des exemples de *success story* en la matière : on pense à tel programme de promotion de bœufs tracteurs qui, à partir de l'analyse des « détournements » que sa mise en œuvre a générés, les crédits étant utilisés en fait par les paysans pour de la production de viande, s'est réorienté en programme de soutien à l'embouche (cf. Yung, 1985). N'existe-t-il pas ici ou là des projets de développement relativement « ouverts », auto-adaptables, évolutifs, souples, capables de réagir à un *feed-back* et de prendre en considération les réactions du « milieu », et donc mieux armés pour *tirer parti* des inéluctables dérives ?

On peut en tout cas espérer que ce rôle de *suivi-évaluation à fin de proposer une adaptation des projets de développement aux dérives qu'ils subissent de la part de leurs clients* pourra rencontrer un intérêt croissant chez les institutions de développement. C'est une ambition qui peut sembler modeste pour la socio-anthropologie du développement. Mais, après tout, contribuer à ce que les projets de développement prêtent attention aux effets induits que provoquent leurs interactions avec les populations locales, et qu'ils se transforment en conséquence, ne serait déjà pas si mal.

---

1. Ceci avait été déjà évoqué par Gentil et Dufumier, parallèlement à une critique des méthodologies agro-économiques classiques : « Les méthodologies de la plupart des systèmes de suivi-évaluation reposent sur un ensemble de simplifications implicites qui rendent pratiquement impossible la compréhension du milieu rural et des mécanismes réels de décisons relatifs aux projets » (GENTIL et DUFUMIER, 1984 : 31).

Mais tout ceci est une question d'enquête.

De l'enquête

Plaider pour plus d'enquêtes socio-anthropologiques est une rhétorique nécessaire de notre profession, à laquelle je suis le premier à me plier. Il s'agit soit de convaincre les développeurs que des études en socio-anthropologie du développement leur sont nécessaires, soit de se plaindre qu'ils n'en aient pas encore compris la nécessité.

Les réactions de nombre d'opérateurs de développement illustrent bien en effet les malentendus qui prolifèrent autour de la notion d'enquête. D'un côté on constatera que « les « études » s'empilent sur les étagères, les « évaluations » se multiplient, et les « enquêtes de milieu » fleurissent, d'« analyse des problèmes » en « identification des besoins », d'« enquête-action » en « recherche-participation »... Et l'on voudrait un surcroît d'études ! D'autres pensent au contraire que l'enquête de terrain, c'est ce qu'ils font déjà sans le secours des socio-anthropologues et sans les avoir attendus, et que la connaissance du milieu n'a pas besoin de tels spécialistes : « Nous sommes à l'écoute depuis belle lurette, et la méthode que nous avons mise au point fait la plus grande place à la découverte de la culture locale... »

Le problème est qu'il y a enquête et enquête. On en distinguera ici trois types.

1. Pour beaucoup, « enquête » signifie questionnaires et chiffres. Disons-le d'emblée : ce type d'enquête-là pose d'énormes problèmes dans les pays du Sud et dans le monde du développement. Les questions y induisent en général les réponses, les questions sont souvent mal posées, mal traduites, mal interprétées, les réponses sont souvent biaisées, trafiquées, ambiguës. Certes il existe en Afrique des enquêtes quantitatives fiables (elles sont rares). Les enquêtes démographiques ou socio-économiques (suivis de ménages, suivis d'exploitations agricoles, relevés de flux commerciaux) sont souvent dans ce cas. Mais leur coût reste lourd (car les appareils statistiques nationaux sont fort peu fiables et il faut donc produire toutes les données à partir de zéro) et leur rapport qualité/prix n'est pas toujours satisfaisant.

Les enquêtes CAP (Connaissances, Attitudes, Pratiques) se veulent plus rapides tout en recueillant des données discursives. Dans ce domaine des représentations, la vigilance méthodologique devrait particulièrement s'imposer compte tenu des innombrables biais qui peuvent hypothéquer la validité des réponses. Or, au contraire, le type de questions posées, les modes d'administration des questionnaires et la fiabilité des réponses obtenues sont largement contestables, en particulier en raison d'une méconnaissance des contextes culturels et d'une sous-estimation des problèmes de traduction. Et pourtant, tant en épidémiologie qu'en sociologie de projet, ce type d'enquêtes quantitatives rapides prolifèrent (cf. pour une présentation légèrement critique Caraël, 1993 et, pour une critique plus radicale, Pigg, 1994).

2. Cependant il y a un autre sens du terme « enquête » : celui qui fait référence à l'enquête socio-anthropologique au sens strict, parfois appelée enquête « qualitative », à base d'entretiens approfondis, d'observation dite participante, de conversations plus ou moins informelles, d'interviews « libres » ou « semi-directifs », de descriptions, de recensions, etc. (cf. Olivier de Sardan, 1995). C'est là l'enquête ethnographique « fondamentale », complexe, longue, totalisante, qui constitue sans aucun doute la meilleure approche pour connaître de façon fine les savoirs et les logiques sociales, thèmes sur lesquels la sociologie quantitative n'est guère compétente… Mais l'enquête ethnologique est difficilement utilisable « en l'état » pour des projets de développement. Quant au temps et la à compétence professionnelle qu'elle implique, ils sont souvent inadaptés aux demandes des institutions de développement.

3. Il y a enfin un dernier type d'enquête : c'est l'enquête d'expert. C'est la « tournée sur le terrain ». Elle permet à des cadres, des experts, des consultants, des chercheurs, des décideurs, de se familiariser avec des problèmes et une situation, de se « faire une idée », de mettre des sensations, des paroles, des visages, derrière des dossiers ou des chiffres. C'est la façon de travailler favorite des bureaux d'études, des ONG, des institutions internationales, des organismes de coopération et des cadres nationaux (à de rares exceptions près). Ces enquêtes répondent à certains besoins d'évaluation, mais n'apprennent que fort peu de choses sur tout ce qui concerne les logiques qui règlent les réactions des populations aux actions menées en leur direction. Elles ne sont pas faites pour cela. Si certaines se risquent à produire des appréciations en ce domaine, ce sera alors souvent pour confirmer des idées toutes faites, en particulier grâce aux capacités de mise en scène des acteurs locaux « consultés », cadres nationaux, « personnes ressources », ou représentants sélectionnés des bénéficiaires [1]. L'enquête d'expert s'oppose à beaucoup d'égards à l'enquête socio-anthropologique.

L'enquête anthropologique est faite de temps apparemment perdu (comme apprendre une langue), de silences et de bavardages qui sont le contrepoint nécessaire d'interviews approfondis ; les entretiens sont souvent individuels, répétés : on y obtient des réponses complexes à des questions simples… L'enquête d'expert se fait au pas de course, souvent par « entretiens collectifs », en convoquant des « réunions villageoises », avec beaucoup de problèmes traités simultanément et nécessairement superficiellement : on y obtient des réponses simples à des questions complexes… L'enquête anthropologique recherchera les différences fines entre savoirs, modes d'interprétation, logiques, et insistera sur la difficulté pour tout intervenant extérieur d'appréhender de telles réalités. L'enquête d'expert cherchera souvent à confirmer des opinions ou des soupçons, et permettra de se convaincre qu'il est possible à peu de frais de « comprendre » les problèmes locaux.

---

1. On trouvera de bons exemples d'observations anthropologiques sur des enquêtes d'experts (évaluations au pas de course) dans Maman Sani (MAMAN SANI, 1994) et Koné (KONÉ, 1994), qui montrent comment les agents de terrain font « répéter » à des « interlocuteurs paysans » sélectionnés les « bons » propos à tenir devant les experts, ou comment en cas de « mauvais » propos les « traducteurs » traduisent fort étrangement…

Il y a eu, il est vrai, des tentatives de synthèses, autrement dit des essais d'adaptation de l'enquête socio-anthropologique aux conditions de l'expertise ou de l'évaluation (temps bref). La plus connue, et la plus pratiquée, est la RRA (*Rapid Rural Appraisal*), transformée en PRA (*Participatory Rural Appraisal)* elle-même maintenant développée dans le monde francophone sous le nom de MARPP (Méthode accélérée de recherche et planification participative). RRA et MARPP s'appuient en particulier sur la « technique » dite des *focus group*, qui n'est rien d'autre que le recours quasi systématique à des entretiens collectifs menés avec des groupes constitués sur le tas à partir d'un critère social simple (jeunes, femmes, élèves, etc.), sur lesquels les enquêteurs greffent quelques outils tout aussi simples (nomenclatures, classifications, cartes, élaborées avec les membres du groupe). Une évaluation complète de ces méthodologies hybrides reste à faire. Dans l'attente, nombre de chercheurs restent sceptiques (cf. Fall et Lericollais, 1992 ; pour une présentation historique de la technique des *focus group* et une critique de terrain, cf. Kratz, 1994). Pourtant les institutions de développement considèrent de plus en plus qu'en multipliant ce type d'enquêtes elles recourent « enfin » aux sciences sociales, à peu de frais il est vrai, et se donnent « enfin » les moyens de « comprendre le milieu ». Mais quelques enquêteurs peuvent-ils en quelques jours à l'aide de quelques outils méthodologiques simplifiés, sans compétence socio-anthropologique approfondie, trouver l'information pertinente sur le contexte social, politique, économique, culturel dans lequel s'insère un projet ? Les malentendus sont donc loin d'être dissipés, entre d'un côté une méthode RRA-MARPP inspirée lointainement de la socio-anthropologie mais développée sous forme de kit, proposant des études collectives et standardisées en des laps de temps fort réduits, peu estimée par les chercheurs professionnels, et d'un autre côté la « vraie » enquête socio-anthropologique, avec ses problématiques abstraites, ses scrupules ou états d'âme méthodologiques et sa longue, trop longue durée...[1].

On peut donc imaginer ou expérimenter d'autres solutions. Trois d'entre elles ont notre préférence :

(a) Le recours comme « experts » (pour des évaluations relativement brèves) à des socio-anthropologues spécialistes au long cours d'une région et/ou d'un thème : c'est le moyen de combiner une connaissance profonde acquise préalablement dans un cadre « recherche » aux contraintes de temps et de définition du sujet propres au cadre « action » des institutions de développement.

(b) La définition conjointe de thèmes de doctorats entre opérateurs de développement, d'un côté, doctorants et directeurs de thèses, de l'autre, débouchant sur la mise à disposition, par des institutions de développement, de moyens de recherche de terrain à des doctorants travaillant sur des thèmes de socio-anthropologie du développement.

(c) Une combinaison d'enquêtes individuelles et collectives, d'enquêtes à moyen terme et à court terme, telle que celle décrite ci-dessus dans le chapitre 10 (canevas ECRIS).

1. Cf. les textes des *Bulletins de l'APAD* 7 et 8 (1994), rendant compte des journées de Bamako (janvier 1994) consacrées au rapport sciences sociales/expertise.

Notre orientation est claire : des études bâclées menées par des socio-anthropologues mal formés avec des méthodologies clés en main ne seront jamais une bonne aide à l'action. Seule une formation « fondamentaliste » de haut niveau soutenue par une véritable expérience de l'enquête de terrain au long cours permettra de s'adapter aux exigences spécifiques (et légitimes) de l'expertise (limitation du sujet et du temps) sans céder sur le sérieux scientifique.

La socio-anthropologie ne peut être « appliquée » ou applicable que si elle est de qualité.

Ces quelques réflexions fragmentaires n'épuisent évidemment pas, loin de là, le champ des rapports entre socio-anthropologie et acteurs du développement. Par exemple, les problèmes de type « politique », éthique, ou déontologique, n'ont pas été évoqués dans cet ouvrage. Or ils sont évidemment au cœur de tout débat sur les rapports connaissance/action.

J'ai fait volontairement l'impasse sur ces questions, non par désinvolture, mais au contraire parce que leur complexité, comme leurs charges symboliques et émotives, rendaient impossible un simple survol.

Plutôt que de prétendre apporter des réponses à des questions qui n'en ont souvent pas, plutôt que de proposer des solutions miracles dans un domaine où l'expérience a abondamment prouvé qu'il n'y en a pas, il m'a semblé préférable de n'envisager que quelques niveaux simples, voire élémentaires, de collaborations possibles entre socio-anthropologie et opérateurs de développement, fondées sur les compétences spécifiques de notre discipline, et compatibles avec l'objectif « opérationnel » modeste et minimal qui a été défini au début de cet ouvrage : contribuer à améliorer la qualité des services que les institutions de développement proposent aux populations.

Mais on peut évidemment voir le problème d'une autre façon, plus ambitieuse : les socio-anthropologues sont-ils en mesure, par la diffusion de leurs résultats auprès des populations (on peut imaginer diverses procédures de « restitution »), d'aider celles-ci à mieux négocier avec les institutions de développement ? Une telle inversion de la perspective est évidemment séduisante. Mais pour appréhender à quel point le problème est complexe il suffit de se poser quelques questions du genre : de quels segments de ces populations s'agit-il en fait ? qui se positionne en « représentant » de ces populations ? avec quels « intérêts » locaux le socio-anthropologue fait-il alliance ?

D'autres que moi, dotés en ce domaine d'une expérience que je n'ai pas, et qui auraient mené des enquêtes sur les effets de telles approches là où elles auraient été tentées, pourront peut-être produire des données qui nous éclaireront.

Ce n'est qu'un des multiples chantiers qui attendent la socio-anthropologie du développement.

Bibliographie

1979, *Maîtrise de l'espace agraire et développement en Afrique tropicale. Logique paysanne et rationalité technique,* Paris : ORSTOM.

1986, *L'exercice du développement. Dynamisme des systèmes agraires*, Paris : ORSTOM.

ACCARDO, A. & CORCUFF, P., 1986, *La sociologie de Bourdieu. Textes choisis et commentés*, Bordeaux : Le Mascaret.

AÏACH, P. & FASSIN, D. (éds), 1992, *Sociologie des professions de santé,* Paris : Éditions de l'Espace européen.

ALMOND, G. & POWELL, B., 1966, *Comparative politics : a developmental approach,* Boston : Brown.

AMIN, S., 1972, *L'accumulation à l'échelle mondiale,* Paris : Éditions de Minuit.

AMSELLE, J.L., 1977, *Les négociants de la savane,* Paris : Anthropos.

AMSELLE, J-L. & M'BOKOLO, E. (éds), 1985, *Au cœur de l'ethnie. Ethnies, tribalisme et État en Afrique,* Paris : La Découverte.

ANCEY, G., 1975, Niveaux de décisions et fonction objectif en milieu rural, Paris : AMIRA, note 3 (mult).

ANCEY, G., 1984, Enquêtes rurales en Afrique sur des échantillons restreints. Problèmes de méthode à travers trois analyses de cas, Paris : AMIRA (mult.)

APPADURAI, A., 1986, « Introduction : commodities and the politics of value », in Appadurai (ed.) : 3-63.

APPADURAI, A. (ed.), 1986, *The social life of things : commodities in cultural perspective,* Cambridge : Cambridge University Press.

APTER, D., 1963, *Politics of modernisation,* Chicago : Chicago University Press.

ARCE, A., 1993, *Negotiating agricultural development. Entanglements of bureaucrats and rural producers in Western Mexico,* Wageningen : Agricultural University.

ARNOULD, E., 1989, « Anthropology and west african development : a political economic critique and autocritique », *Human Organization,* 48 (2) : 135-148.

AUGÉ, M., 1972, « Sous-développement et développement : terrain d'étude et objets d'action en Afrique francophone », *Africa*, 42 (2) : 205-216.

AUGÉ, M., 1973, « L'illusion villageoise », *Archives internationales de sociologie de la coopération et du développement*, 34.

AUGÉ, M., 1986, « L'anthropologie de la maladie », *L'Homme*, 26 (1-2) : 81-90.

BAILEY, F., 1969, *Stratagems and spoil. A social anthropology of politics,* Londres : Basil Blackwell (trad. fr. 1971 : *Les règles du jeu politique*).

BAILEY, F. (ed.), 1973, *Debate and compromise : the politics of innovation,* Oxford : Blackwell.

BAILEY, F., 1973, « Promethean fire : right and wrong », in Bailey (ed.).

BAILEY, F., 1973, « Debate, compromise and change », in Bailey (ed.).

BALANDIER, G., 1963, *Sociologie actuelle de l'Afrique noire. Dynamique sociale en Afrique centrale,* Paris : Presses Universitaires de France.

BALANDIER, G., 1969, *Anthropologie politique,* Paris : Presses Universitaires de France.

BALANDIER, G., 1971, *Sens et puissance,* Paris : Presses Universitaires de France.

BARLETT, P., 1980, « Adaptative strategies in peasant agricultural production », *Annual Review of Anthropology*, 9 : 545-573.

BARLETT, P. (ed.), 1980, *Agricultural decision making : anthropological contributions to rural development,* New-York : Academic Press.

BARNETT, H., 1953, *Innovation : the basis of social change,* New-York : Mac Graw-Hill.

BARRÈS, J.F., BILLAZ, R., DUFUMIER, M. & GENTIL, D., 1981, Méthode d'évaluation de projets, Paris : AMIRA-AFIRD (mult.).

BARTH, F., 1981, *Process and form in social life* (Selected essays of Frederic Barth : volume I), Londres, Boston et Henley : Routledge and Kegan Paul.

BASTIDE, R., 1971, *Anthropologie appliquée,* Paris : Payot.

BATES, R., 1986, « Some contemporary orthodoxies in the study of agrarian change », in Kohli (ed.) : 67-86.

BATES, R., 1987, *Essays on the political economy of rural Africa,* Berkeley : University of California Press (1ère éd. 1983).

BATESON, G., 1980, *Vers une écologie de l'esprit* (tome 2), Paris : Seuil.

BAYART, J.F., 1989, *L'État en Afrique. La politique du ventre,* Paris : Fayart.

BAZIN, J. & TERRAY, E. (éds), 1982, *Guerres de lignages et guerres d'État en Afrique,* Paris : Éditions des Archives contemporaines.

BEEK (van), W., 1993, « Processes and limitations of Dogon agricultural knowledge », in Hobart (ed.) : 43-60.

BELLONCLE, G., 1982, *La question paysanne en Afrique noire,* Paris : Karthala.

BELLONCLE, G., 1985, *Participation paysanne et aménagements hydro-agricoles,* Paris : Karthala.

BENNETT, J., 1966, « Further remarks on Foster's image of limited good », *American Anthropologist,* 68 (1) : 206-209.

BERCHE, T., 1994, Un projet de santé en pays dogon. Enjeux de pouvoirs et stratégies (1987-1992), Marseille : EHESS (thèse de doctorat d'anthropologie sociale).

BERGER, P., 1978, *Les mystificateurs du progrès,* Paris : Presses Universitaires de France (éd. angl. : *Pyramids of sacrifice,* 1974).

BERRY, S., 1994, *No condition is permanent. The social dynamics of agrarian change in Sub-Saharian Africa,* Madison : University of Wisconsin Press.

BIERSCHENK, T., 1988, « Development projects as an arena of negotiation for strategic groups. A case study from Benin », *Sociologia Ruralis,* 28 (2-3) : 146-160.

BIERSCHENK, T., 1991, « Les projets et les politiques de développement sont-ils des préoccupations légitimes de l'anthropologie ? », *Bulletin de l'APAD,* 1 : 12-14.

BIERSCHENK, T. & FOSTER, R., 1991, « Rational herdsmen : economic strategies of the agro-pastoral Fulani of Northern Benin », *Applied Geography and Development,* 38 : 110-125.

BINSBERGEN (van), W. & GESCHIERE, P., 1985, « Marxism theory and anthropological practice : the application of french marxism anthropology in field-work », in Binsbergen & Gerschiere (eds) : 235-289.

BINSBERGEN (van), W. & GESCHIERE, P. (eds), 1985, *Old modes of production and capitalist encroachment. Anthropological explorations in Africa,* Londres, Kegan Paul.

BLOCH, M., 1948, Les transformations des techniques comme problèmes de psychologie collective, *Journal de Psychologie normale et pathologique,* 12 : 104-120.

BLOCH, M. (ed.), 1975, *Marxist analysis and social anthropology,* Londres : Malaby Press.

BLUNDO, G., 1991, « La brique, la terre et le puits : administration locale, « factionnalisme » et autopromotion au Sénégal », in Kwan Kaï Hong (éd.).

BLUNDO, G., 1994, « Le conflit dans « l'entente ». Coopération et compétition dans les associations paysannes de Koungheul (Sénégal) », in Jacob & Lavigne Delville (éds).

BOIRAL, P., 1985, « Logiques de recherche et logiques d'action », in Boiral, Lantéri & Olivier de Sardan (éds).

BOIRAL, P, LANTERI, J.F, OLIVIER DE SARDAN, J.P (éds), 1985, *Paysans, experts et chercheurs en Afrique noire. Sciences sociales et développement rural,* Paris : Karthala.

BOISSEVAIN, J., 1974, *Friends of friends. Networks, manipulators and coalition,* Oxford : Basil Blackwell.

BOISSEVAIN, J. & MITCHELL, J.C. (éds), 1973, *Network analysis. Studies in social interaction,* La Haye : Mouton.

BONNASSIEUX, A., 1991, « Petits projets villageois au Niger : rentabilité économique et rationalité sociale », in Olivier de Sardan & Paquot (éds).

BONNET, D., 1988, *Corps biologique, corps social. Procréation et maladies de l'enfant en pays mossi (Burkina Faso)*, Paris : Éditions de l'ORSTOM.

BOLTANSKI, L. & THÉVENOT, L., 1991, *De la justification : les économies de la grandeur*, Paris : Gallimard.

BOSC, DOLLÉ, GARIN & YUNG, 1992, *Le développement agricole au Sahel* (tome III : Terrains et innovations), Montpellier : CIRAD.

BOSC, P-M., YUNG, J-M., TOURTE, R., 1991, *Défis, recherches et innovations au Sahel,* Montpellier : CIRAD.

BOUDON, R., 1984, *La place du désordre. Critique des théories du changement social,* Paris : Presses Universitaires de France.

BOUDON, R., 1988, « Individualisme ou holisme : un débat méthodologique fondamental », in Mendras & Verret (éds).

BOUJU, J., 1991, « Pouvoirs et légitimités sur le contrôle de l'espace rural », in Olivier de Sardan & Paquot (éds).

BOUKHARINE, N., 1971, *La théorie du matérialisme historique. Manuel populaire de sociologie marxiste,* Paris : Anthropos.

BOURDIEU, P., 1966, « Champ intellectuel et projet créateur », *Les Temps Modernes*, 246 : 865-906.

BOURDIEU, P. (avec WACQUANT, L.), 1992, *Réponses,* Paris : Seuil.

BOYER, P., 1989, « Pourquoi les Pygmées n'ont pas de culture ? », *Gradhiva*, 7 : 3-17.

BROKENSHA, D., WARREN, D.M. & WERNER, O. (eds), 1980, *Indigenous knowledge systems and development,* Lanham-New-York-Londres : University Press of America.

BROWN, D., 1989, « Bureaucracy as an issue in Third World management : an African case study », *Public Administration and Development,* 9 : 369-380.

BROWN, D., 1994, Strategies of social development : Non-Governmental Organizations and the limitations of the Freirean approach, Reading : The New Bulmershe Papers (mult.).

BYRES, T., 1979, « Of neo-populist pipe-dreams : Deadalus in the Third World and myth of urban bias », *Journal of Peasant Studies*, 6 (2) : 210-244.

CALLON, M. (éd.), 1988, *La science et ses réseaux,* Paris : La Découverte.

CARAËL, M., 1993, « Bilan des enquêtes CAP menées en Afrique : forces et faiblesses », in Dozon & Vidal (éds).

CERNEA, Michaël (ed.), 1991, *Putting people first. Sociological variations in rural development* (1ère éd. 1986), Oxford University Press.

CHAMBERS, E., 1987, « Applied anthropology in the post-Vietnam era : anticipations and irony », *Annual Review of Anthropology*, 16 : 309-337.

CHAMBERS, R., 1990, *Développement rural. La pauvreté cachée*, Paris : Karthala (1ère éd. angl. 1983).

CHAUVEAU, J.P., 1992, « Du populisme bureaucratique dans l'histoire institutionnelle du développement rural en Afrique de l'Ouest », *Bulletin de l'APAD*, 4 : 23-32.

CHAUVEAU, J.P., 1994, « Participation paysanne et populisme bureaucratique. Essai d'histoire et de sociologie de la culture du développement », in Jacob & Lavigne Delville (éds).

CHAUVEAU, J.P. & DOZON, J.P., 1985, « Colonisation, économie de plantation et société civile en Côte d'Ivoire », *Cahiers ORSTOM*, 21 (1) : 63-80.

CHAYANOV, A.V., 1966, *The theory of peasant economy*, Homewood : Irwin (1ère éd. 1924).

CHOQUET, C., DOLLFUS, O., LE ROY, E., & VERNIÈRES, M., 1993, *Etat des savoirs sur le développement. Trois décennies de sciences sociales en langue française,* Paris : Karthala.

CHRÉTIEN, J.P. & PRUNIER, G., 1989, *Les ethnies ont une histoire,* Paris : Karthala.

CLAMMER, J., 1975, « Economic anthropology and the sociology of development : « liberal » anthropology and its French critics », in Oxaal, Barnett & Booth (eds).

CLARENCE-SMITH, G., 1985, « Thou shall not articulates modes of production », *Canadian Journal of African Studies*, 19 (1) : 19-22.

COCHRANE, G., 1971, *Development anthropology,* New-York : Oxford University Press.

COLONNA, F., 1987, *Savants paysans. Éléments d'histoire sociale sur l'Algérie rurale,* Alger : Office des publications universitaires.

COPANS, J., 1980, *Les marabouts de l'arachide,* Paris : Le Sycomore.

COPANS, J., 1986, « Mode de production : formation sociale ou ethnie ? Les leçons d'un long silence de l'anthropologie marxiste française », *Revue canadienne des études africaines*, 20 (1) : 74-90.

COPANS, J., 1988, « Les modèles marxistes dans l'anthropologie économique française. Prêt-à-porter ou haute couture ? », *Cahiers internationaux de sociologie*, 34 : 161-176.

COQUERY-VIDROVITCH, C., 1985, *Afrique noire : Permanences et ruptures*, Paris : Payot.

CORDELL, D. & GREGORY, J. (eds), 1987, *African population and capitalism. Historical perspectives*, Boulder : Westview Press.

COT, J.P. & MOUNIER, J.P., 1974, *Pour une sociologie politique,* Paris : Seuil (2 vol.),

CREHAN, K & VAN OPPEN, A., 1988, « Understandings of « development » : an arena of struggle. The story of a development project in Zambia », *Sociologia Ruralis,* 28 (2-3) : 113-145.

CROZIER, M., 1963, *Le phénomène bureaucratique,* Paris : Seuil.

CROZIER, M. & FRIEDBERG, E., 1977, *L'acteur et le système,* Paris : Seuil.

DAANE, J. & MONGBO, R., 1991, « Peasant influence on development projects in Benin : a critical analysis », *Genève-Afrique*, 29 (2) : 49-76.

DAHL, G. & HJORT, A., 1985, « Development as message and meaning », *Ethnos*, 49 : 165-185.

DALTON, G., 1971, *Economic anthropology and development. Essays on tribal and peasant economies,* New-York & Londres : Basic Book.

DALTON, G., 1972, « Peasantries in antropology and history », *Current Antropology*, 13 : 385-416 (repris in Dalton 1971).

DARRÉ, J.P., 1985, *La parole et la technique. L'univers de pensée des éleveurs du Ternois,* Paris : L'Harmattan.

DARRÉ, J.P., 1986, « La production de connaissances dans les groupes locaux d'agriculteurs », *Agriscope*, 7 : 24-36.

DESJEUX, M., 1987, *Stratégies paysannes en Afrique noire. Le Congo. Essai sur la gestion de l'incertitude,* Paris : L'Harmattan.

DIAWARA, M., 1991, *La graine de la parole. Dimension sociale et politique des traditions orales du royaume de Jaara (Mali) du XVe au milieu du XIXe siècle,* Stuttgart : Franz Steiner Verlag.

DOZON, J.P., 1978, « Logiques des développeurs/réalité des développés : bilan d'une expérience rizicole en Côte d'Ivoire », *Mondes en développement*, 24.

DOZON, J.P., 1985, « Bilan d'une expérience rizicole en Côte d'Ivoire », in Boiral, Lantéri & Olivier de Sardan (éds).

DOZON, J.P., 1987, « Ce que valoriser la médecine traditionnelle veut dire », *Politique africaine*, 28 : 9-20.

DOZON, J.P., 1991, « Le dilemme connaissance/action : le développement comme champ politique », *Bulletin de l'APAD*, 1 : 14-17.

DOZON, J.P. & VIDAL, L. (éds), 1993, Les sciences sociales face au sida — Cas africains autour de l'exemple ivoirien, Abidjan : Centre ORSTOM de Petit-Bassam.

DUPRÉ, G., 1982, *Un ordre et sa destruction,* Paris : ORSTOM.

DUPRÉ, G. (éd.), 1991, *Savoirs paysans et développement,* Paris : Karthala-ORSTOM.

EASTON, D., 1974, *A system analysis of political life,* Paris : Armand Colin.

EISENSTADT, S. & RONIGER, L., 1980, « Patron-client relations as a model of structuring social exchange », *Comparative Studies in Sociology and History*, 22 : 42-77.

EISENSTADT, S. & RONIGER, L., 1984, *Patrons, clients and friends. Interpersonal relations and the structure of trust in society,* Cambridge : Cambridge University Press.

ELDIN, M. & MILLEVILLE, P. (éds), 1989, *Le risque en agriculture,* Paris : ORSTOM.

ELSTER, J., 1983, *Explaining technical change,* Cambridge : Cambridge University Press.

ELWERT, G., 1984, « Conflicts inside and outside the household. A West African case study », in Smith, Wallerstein, and Evers (eds).

ELWERT, G. & BIERSCHENK, T., 1988, « Development aid as an intervention in dynamics systems. An introduction », *Sociologia Ruralis*, 28 (2-3) : 99-112.

EMMANUEL, 1972, *L'échange inégal,* Paris : Maspero.
EPSTEIN, (ed.), 1978, *The craft of anthropology,* Londres : Tavistock (1ère éd. 1967).
ESMAN, M. & UPHOFF, N., 1984, *Local organizations : intermediaries in rural development,* Ithaca : Cornell University Press.
EVERS, H. & SCHIEL, T., 1988, *Strategische gruppen*, Berlin : Reimer.

FALL, A. & LERICOLLAIS, A., 1992, « Light. Rapid rural appraisal. Des méthodologies brillantes et légères ? », *Bulletin de l'APAD*, 3.
FASSIN, D., 1986, « La vente illicite de médicaments au Sénégal. Economies « parallèles », Etat et société », *Politique africaine*, 23 : 123-130.
FASSIN, D., 1989, Les écarts de langage des guérisseurs. Systèmes de classification et modes de communication, Colloque INSERM, 192 : 65-74.
FASSIN, D., 1992, *Pouvoir et maladie en Afrique. Anthropologie sociale dans la banlieue de Dakar,* Paris : Presses Universitaires de France.
FASSIN, D., 1992, « Quand les traditions changent. Transformations et enjeux actuels des médecines du Tiers monde », in Aïach & Fassin (éds).
FASSIN, D. & JAFFRÉ, Y. (éds), 1990, *Sociétés, développement et santé,* Paris : Ellipses.
FOSTER, G., 1962, *Traditional cultures : the impact of technological change,* New-York : Harper & Brothers.
FOSTER, G., 1965, « Peasant society and the image of limited good », *American Anthropologist*, 67 : 293-315.
FOSTER, G., 1966, « Reply », *American Anthropologist*, 68 (1) : 210-214.
FOSTER, G., 1972, « A second look at limited good », *Anthropological Quaterly*, 45 (2) : 57-64.
FRANK, A.G., 1972, *Le développement du sous-développement,* Paris : Maspero.
FREIRE, P., 1980, *Pédagogie des opprimés,* Paris : Maspero (1ère éd. angl. 1970).
FREUD, C., 1985, « Projets de coopération », in Boiral, Lantéri & Olivier de Sardan (éds).
FREUD, C., 1986, « La mission d'évaluation du ministère des Relations extérieures (Service de la Coopération et du Développement) », in *L'exercice du développement* : 207-226.
FREUD, C., 1988, *Quelle coopération ? Un bilan de l'aide au développement,* Paris : Karthala.
FREYSSINET, J., 1966, *Le concept de sous-développement,* Paris : Mouton.
FRIEDBERG, E., 1993, *Le pouvoir et la règle. Dynamique de l'action organisée,* Paris : Seuil.

GEERTZ, C., 1986, *Savoir local, savoir global. Les lieux du savoir,* Paris : Presses Universitaires de France.

GELLNER, E. & WATERBURY, J. 1977, *Patrons and clients*, Londres : Duckworth.

GENTIL, D., 1984, *Les pratiques coopératives en milieu rural africain*, Paris : L'Harmattan.

GENTIL, D. & DUFUMIER, M., 1984, Le suivi évaluation dans les projets de développement rural. Orientations méthodologiques, AMIRA, 44 (mult.).

GESCHIERE, P., 1984, « La paysannerie africaine est-elle captive ? Sur la thèse de Goran Hyden et pour une réponse plus nuancée », *Politique africaine*, 14 : 13-33.

GESCHIERE, P. & SCHLEMMER, B. (éds), 1987, *Terrains et perspectives*, Leyde : ORSTOM.

GIDDENS, A., 1979, *Central problems in the social theory : action, structure and contradiction in social analysis*, Londres : MacMillan.

GIDDENS, A., 1984, *The constitution of society*, Cambridge : Polity Press.

GIDDENS, A., 1987, *Social theory and modern sociology*, Stanford : Stanford University Press.

GLASER, & STRAUSS, A., 1973, *The discovery of grounded theory. Strategies for qualitative research*, Chicago : Eldin.

GLUCKMAN, M., 1956, *Custom and conflict in Africa*, Londres : Blackwell.

GRANOVETTER, M., 1973, « The strength of the weak ties », *American Journal of Sociology*, 78 (6) : 1360-1380.

GRANOVETTER, M., 1985, « Economic action and social structure : the problem of embeddedness », *American Journal of Sociology*, 91 (3) : 481-510.

GREEN, E. (ed.), 1986, *Practicing development anthropology*, Boulder : Westview Press.

GRÉGOIRE, E. & LABAZÉE, P. (éds), 1993, *Grands commerçants d'Afrique de l'Ouest. Logiques et pratiques d'un groupe d'hommes d'affaires contemporains*, Paris : Karthala-ORSTOM.

GREGORY, J., 1975, « Image of limited good or expectation of reciprocity ? », *Current Anthropology*, 16 (1) : 73-92.

GRIGNON, C. & PASSERON, J-C., 1989, *Le savant et le populaire. Misérabilisme et populisme en sociologie et en littérature*, Paris : Seuil.

GRILLO, R., 1985, « Applied anthropology in the 1980s : retrospect and prospect », in Grillo, R. & Rew, A. (eds) : 1-36.

GRILLO, R. & REW, A. (eds), 1985, *Social anthropology and development policy*, Londres et New York : Tavistock.

GUICHAOUA, A. & GOUSSOT, Y., 1993, *Sciences sociales et développement*, Paris : Cursus.

HILL, P., 1986, *Development economics on trial : the anthropological case for a prosecution*, Cambridge : Cambridge University Press.

HOBART, M. (ed.), 1993, *An anthropological critique of development : the growth of ignorance*, Londres : Routledge.

HOBEN, A., 1982, Anthropologists and development, *Annual Review of Anthropology*, 11 : 349-375.
HOROWITZ, M. & PAINTER, T. (éds), 1986, *Anthropology and rural development in West Africa,* Boulder : Westview Press.
HOSELITZ, B., 1962, *Sociological aspects of economic growth,* Glencoe : Free Press.
HUNT, D., 1988, « From the millenium to the everyday : James Scott's search for the essence of peasant politics », *Radical History Review*, 42 : 155-72.
HUTTON, C. & ROBIN, C., 1975, « African peasants and resistance to change : a reconsideration of sociological approaches », in Oxaal, Barnett & Booth (eds).
HYDEN, G., 1980, *Beyond Ujamaa in Tanzania, underdevelopment and an uncaptured peasantry,* Londres : Heinemann.
HYDEN, G., 1983, *No shortcuts to progress. African development management in perspective,* Berkeley : University of California Press.
HYDEN, G., 1985, « La crise africaine et la paysannerie non capturée », *Politique africaine*, 18 : 93-113.
HYDEN, G., 1986, « The anomaly of the african peasantry », *Development and Change*, 17 : 677-705.
HYDEN, G., 1987, « Final rejoinder », *Development and Change*, 18 : 661-667.

IONESCU, G. & GELLNER, E. (eds), 1969, *Populism. Its meaning and national characteristics. Introduction,* Londres : Weidenfeld and Nicolson.

JACOB, J.P., 1989, *Bibliographie sélective et commentée d'anthropologie du développement,* Genève : IUED.
JACOB, J.P. & LAVIGNE DELVILLE, P. (éds), 1994, *Les associations paysannes en Afrique. Organisation et dynamiques,* Paris : APAD-Karthala-IUED.
JACQUEMOT, P. (éd.), 1981, *Economie et sociologie du Tiers monde. Un guide bibliographique et documentaire,* Paris : L'Harmattan.
JAFFRÉ, Y., 1991, « Anthropologie de la santé et éducation pour la santé », *Cahiers Santé*, 1 : 406-14.
JAFFRÉ, Y., 1993, Anthropologie et santé publique. Naître, voir et manger en pays songhay-zarma, Tours : thèse de doctorat.
JAFFRÉ, Y. & OLIVIER DE SARDAN J.-P., 1996, « Tijiri : la naissance sociale d'une maladie », *Cahiers des Sciences humaines* (sous-presse).
JEWSIEWICKI, B., 1986, « Anthropologie marxiste et recherche empirique », *Cahiers d'études africaines*, 101-102 : 266-269.
JEWSIEWICKI, B. & LÉTOURNEAU, J. (eds), 1985, *Mode of production : the challenge of Africa,* Sainte-Foy : Éditions Safi.
JOLLIVET, M. & MENDRAS, H., 1971, *Les collectivités rurales françaises,* Paris : Armand Colin.

KAPLAN, D. & SALER, B., 1966, « Foster's image of the limited good : an example of anthropological explanation », *American Anthropologist,* 68 (1) : 202-05.

KASFIR, N., 1976, *The shrinking political arena,* Berkeley : University of California Press.

KASFIR, N., 1986, « Are african peasants self-sufficient ? A review of Goran Hyden « Beyond Ujamaa in Tanzania » and « No shortcuts to Progress » », *Development and change*, 17 (2) : 335-357.

KATZ, E. & LAZARSFELD, F., 1955, *Personal influence. The part played by people in the flow of communications,* New York : The Free Press.

KATZ, E., LEVIN, M. & HAMILTON, H., 1971, « Tradition of research on the diffusion of innovation », *American Sociological Review* : 237-252.

KAY, C., 1989, *Latin-American theories of development and underdevelopment,* Londres : Routledge.

KELLERMANN, L., 1992, *La dimension culturelle du développement. Bibliographie sélective et annotée 1985-1990,* Paris : L'Harmattan.

KILANI, M., 1994, « Anthropologie du développement ou développement de l'anthropologie ? Quelques réflexions critiques », in Rist (éd.).

KINTZ, D., 1987, « De l'art peul de l'adultère », *Bulletin de l'AFA*, 29-30 : 119-143.

KINTZ, D., 1991, « L'environnement comme écosystèmes : thème peul de pointe », in Olivier de Sardan & Paquot (éds).

KITCHING, G., 1982, *Development and underdevelopement in historical perspective. Populism, nationalism and industrialisation,* Londres et New York : Methuen.

KOHLI, A. (ed.), 1986, *The state and development in the third world,* Princeton : Princeton University Press.

KONÉ, M., 1994, Être encadreur agricole en Côte d'Ivoire : principes et pratiques (le cas de Sakassou), Marseille : EHESS (thèse de doctorat d'anthropologie sociale et ethnologie).

KRATZ, C. 1994, Imagining the rural mother : communication and educationnel images in primary health care (mult.).

KROEBER, A.L. & KLUCKHOHN, C.K., 1952, *Culture : a critical review of concepts and definitions,* Cambridge : Harvard University Press.

KUHN, T., 1970, *La structure des révolutions scientifiques,* Paris : Flammarion.

KWAN-KAI-HONG (éd.), 1991, *Jeux et enjeux de l'auto-promotion. Vers d'autres formes de coopération au développement,* Paris-Genève : Presses Universitaires de France-Cahiers de l'IUED.

LABAZÉE, P., 1994, « Producteurs, consommateurs et marchands du Nord ivoirien », *Cahiers des Sciences humaines*, 30 (1-2) : 211-227.

LABOV, W., 1976, *Sociolinguistique,* Paris : Éditions de Minuit.

LAST, M., 1981, « The importance of knowing about non knowing », *Social Science and Medicine*, 15 B : 387-392.

LATOUCHE, S., 1986, *Faut-il refuser le développement ?,* Paris : Presses Universitaires de France.

LATOUR, B., 1989, *La science en action,* Paris : La Découverte.

LAVIGNE DELVILLE, P., 1994, Migrations internationales, restructurations agraires et dynamiques associatives en pays soninké et haalpulaar (1975-1990). Essai d'anthropologie du changement social et du développement, Marseille : EHESS (thèse de doctorat en anthropologie sociale).

LEMARCHAND, R., 1989, « African peasantries, reciprocity and the market », *Cahiers d'études africaines*, 113 : 33-67.

LÉNINE, V.I., 1968, *Que faire ?,* in Œuvres Choisies, Moscou : Éditions du Progrès.

LEROI-GOURHAN, A., 1964, *Le geste et la parole. Technique et langage,* Paris : Albin Michel.

LÉVY-BRUHL, L., 1931, *Le surnaturel et la nature dans la mentalité primitive,* Paris : Alcan.

LEWIS, O., 1969, *La vida. Une famille porto-ricaine dans une culture de pauvreté,* Paris : Gallimard (1ère éd. angl. 1965).

LIPTON, M., 1977, *Why poor people stay poor : a study of urban bias in world development,* Londres : Temple Smith.

LLOYD, G., 1993, *Pour en finir avec les mentalités*, Paris, La Découverte.

LONG, N., 1968, *Social change and the individual : a study of social and religious responses to innovation in a Zambian rural community,* Manchester : Manchester University Press.

LONG, N., 1977, *An introduction to the sociology of rural development,* Londres & New-York : Tavistock.

LONG, N., 1984, « Creating space for change. A perspective on the sociology of development », *Sociologia Ruralis*, 24 : 168-183.

LONG, N., 1992, « Introduction », in Long & Long (eds).

LONG, N., 1992, « From paradigm lost to paradigm regained ? The case for an actor-oriented sociology of development », in Long & Long (eds).

LONG, N., 1992, « Conclusion », in Long & Long (eds).

LONG, N. 1994, « Du paradigme perdu au paradigme retrouvé ? Pour une sociologie du développement orientée vers les acteurs », *Bulletin de l'APAD,* 7 : 11-34.

LONG, N. (ed.), 1989, *Encounters at the interface. A perspective on social discontinuities in rural development,* Wageningen : Agricultural University.

LONG, N. & LONG, A. (eds), 1992, *Battlefields of knowledge. The interlocking of theory and practice in social research and development,* Londres : Routledge.

LUND, C., 1995, Competition over juridictions and political manoeuvering in Niger, *Bulletin de l'APAD*, 9.

MAÏZI, P., 1991, « Le groupement féminin 6S à Gourga (Burkina Faso) : pratiques et discours », in Olivier de Sardan & Paquot (eds).

MAÏZI, P., 1993, Techniques féminines moose dans le Yatenga (Burkina Faso), Marseille : EHESS (thèse de doctorat d'anthropologie sociale).
MALINOWSKI, B., 1970, *Les dynamiques de l'évolution culturelle* (éd. angl. 1945 : *The dynamic of culture change, an inquiry into race relations in Africa*), Paris : Payot.
MAMAN SANI, S., 1994, Socio-anthropologie d'une expertise : cas d'une évaluation externe d'un projet au Niger, Niamey : Mission de Coopération (mult.).
MARTINELLI, B., 1987, « La fin et les moyens. L'ethnologie et l'intervention technologique », *L'Uomo*, 11 (2) : 319-341.
MARTY, A., 1986, Une approche de la classifiation sociale en milieu rural sahélien, Paris : AMIRA (n° 50, mult.).
MARTY, A., 1990, « Les organisations coopératives en milieu pastoral : héritages et enjeux », *Cahiers des Sciences humaines*, 26 : 121-136.
MATHIEU, M. L., 1994, Interaction entre population tamacheq de Tin Aouker, Tlemsi, en 7e Région du Mali et trois interventions d'ONG. Les stratégies personnalisées et invisibles qui se développent dans le cadre des projets de développement, Marseille : Mémoire de l'EHESS (mult.).
MATHIEU, P., 1990, Culture, rapports sociaux et efficacité de l'irrigation en Afrique sub-saharienne, Bruxelles : Institut d'étude des pays en voie de développement (Études & documents).
MÉDART, J.F., 1981, « L'État clientéliste transcendé », *Politique africaine*, 1 : 120-124.
MÉDART, J.F., 1992, « Le « big man » en Afrique. Esquisse d'une analyse du politicien entrepreneur », *L'Année sociologique*, 42 : 167-192.
MÉDART, J.F. (éd.), 1991, *États d'Afrique noire : formation, mécanismes et crise,* Paris : Karthala.
MEILLASSOUX, C., 1964, *Anthropologie économique des Gouro de Côte d'Ivoire,* Paris : Mouton.
MEILLASSOUX, C., 1975, *Femmes, greniers et capitaux,* Paris : Maspero.
MEILLASSOUX, C., 1977, *Terrains et théories,* Paris : Maspero.
MEILLASSOUX, C., 1986, *Anthropologie de l'esclavage. Le ventre de fer et d'argent,* Paris : Presses Universitaires de France.
MEILLASSOUX, C. (éd.), 1971, *The development of indigenous trade and markets in West Africa,* Londres : Oxford University Press.
MEILLASSOUX, C. (éd.), 1975, *L'esclavage en Afrique pré-coloniale,* Paris : Maspero.
MENDRAS, H., 1976, *Sociétés paysannes,* Paris : Armand Colin (coll. U).
MENDRAS, H., 1984, *La fin des paysans, suivi d'une réflexion sur la fin des paysans vingt ans après,* Arles : Actes-Sud.
MENDRAS, H. & FORSÉ, M., 1983, *Le changement social,* Paris : Armand Colin.
MENDRAS, H. & VERRET, M. (éds), 1988, *Les champs de la sociologie française,* Paris : A. Colin.
MITCHELL, J.C., 1983, « Case and situation analysis », *Sociological Review*, 31(2) : 187-211.

MITCHELL, J.C. (ed.), 1969, *Social networks in urban situations : analysis of personal relationships in Central African towns,* Manchester : Manchester University Press.

MONGBO, R., 1994, « La dynamique des associations paysannes et la négociation quotidienne : du développement rural à la base, une étude de cas au Bénin », in Jacob & Lavigne Delville (éds).

MONGBO, R. & FLOQUET, A., 1994, Systèmes de connaissances agricoles et organisations paysannes, Montpellier : CIRAD (mult.).

OLIVIER, J.P., 1975, « Qui exploite qui ? (à propos de Samir Amin et des nouvelles bourgeoisies africaines) », *Les Temps Modernes*, 346 : 1507-1551 ; 347 : 1744-1775.

OLIVIER DE SARDAN, J.P., 1969, *Système des relations économiques et sociales chez les Wogo (Niger),* Paris : Institut d'Ethnologie.

OLIVIER DE SARDAN, J.P., 1984, *Les sociétés songhay-zarma. Chefs, esclaves, guerriers, paysans...,* Paris : Karthala.

OLIVIER DE SARDAN, J.P., 1993, « L'espace wébérien des sciences sociales », *Genèses*, 10 : 146-160.

OLIVIER DE SARDAN, J.P., 1994, « La logique de la nomination. Les représentations fluides et prosaïques de deux maladies au Niger », *Sciences Sociales et Santé*, 12 (3) : 15-45.

OLIVIER DE SARDAN, J.P., 1995, « La rigueur du qualitatif. La production des données en anthropologie », *Enquêtes*, 1.

OLIVIER DE SARDAN, J.P. & PAQUOT, E. (éds), 1991, *D'un savoir à l'autre. Les agents de développement comme médiateurs,* Paris : GRET-Ministère de la Coopération.

OUEDRAOGO, A., 1988, Enseignement agricole et formation des ruraux, Paris : EHESS (thèse de 3e cycle).

OXAAL, I, BARNETT, T. & BOOTH, D. (eds), 1975, *Beyond the sociology of development : economy and society in Latin America and Africa,* Londres : Routledge and Kegan Paul.

PAINTER, T., 1986, « In search of peasant connection : spontaneous cooperation, introduced cooperatives and agricultural development in Niger », in Horowitz & Painter (eds).

PAINTER, T., 1987, « Making migrants. Zarma peasants in Niger, 1900-1920 », in Cordell & Gregory (éds).

PARSONS, T., 1976, *Elément pour une sociologie de l'action,* Paris : Plon.

PARTRIDGE, W., 1984, *Training manual in development anthropology,* Washington DC : Americ. anthrop. assoc. for applied anthropology.

PASSERON, J.C., 1991, *Le raisonnement sociologique. L'espace non-poppérien du raisonnement naturel,* Paris : Nathan.

PEEL, J.D., 1968, *Aladura : a religious movement among the Yoruba,* Londres : Oxford University Press.

PEEL, J.D., 1978, « Olaju : a Yoruba concept of development », *Journal of Development Studies*, 14 : 135-65.

PÉLISSIER, P., 1979, « Le paysan et le technicien : quelques aspects d'un difficile face à face », in *Maîtrise de l'espace agraire et développement en Afrique*.

PELTO, P. & PELTO, G., 1975, « Intra-cultural diversity : some theoretical issues », *American Ethnologist*, 2 : 1-18.

PIGG, S., 1994, « Acronyms and effacement : traditional medical practitioners (TMP) in international health development », *Social science and medicine* (sous-presse).

PIKER, S., 1966, « The image of limited good : comments on an exercise in description and interpretation », *American Anthropologist*, 68 (5) : 1202-11.

PITT, D., 1976, « Introduction to Development from below », in Pitt (ed.) : 1-5.

POLANYI, K., 1983, *La grande transformation. Aux origines politiques et économiques de notre temps,* Paris : Gallimard (1ère éd. angl. 1944).

POLLET, E. & WINTER, G., 1971, *La société soninké*, Bruxelles : Institut de Sociologie, Université libre de Bruxelles.

PONTIÉ, G. & RUFF, T., 1985, « L'opération de rénovation de la caféière et de la cacaoyère togolaises », in Boiral, Lantéri & Olivier de Sardan (éds).

POPKIN, S., 1979, *The rational peasant. The political economy of rural society in Vietnam,* Berkeley : University of California Press.

POUTIGNAT, P. & STREIFF-FENART, J., 1995, *Théories de l'ethnicité*, Paris : Presses Universitaires de France.

PYE, L., 1966, *Aspects of political development,* Boston : Brown.

QUIMINAL, C., 1991, *Gens d'ici, gens d'ailleurs. Migrations Soninké et transformations villageoises*, Paris : Christian Bourgois.

RANC, E., 1990, « L'anthropologie du développement aux USA : force et promesses d'une nouvelle profession », *Cahiers des Sciences humaines*, 24(4) : 453-469.

RADCLIFFE-BROWN, A.R., 1972, *Structure et fonction dans la société primitive,* Paris : Seuil.

RANCIÈRE, J., 1983, *Le philosophe et ses pauvres*, Paris : Fayard.

RAYNAUT, C., 1986, « Compte-rendu de *Seeds of famine* (Franke & Chasin, ed.) », *Africa*, 56 (1) : 105-111.

RAYNAUT, C., 1989, « L'opération de développement et les logiques du changement : la nécessité d'une approche holistique. L'exemple d'un cas nigérien. », *Genève Afrique*, 27 (2) : 8-38.

REDFIELD, R., 1956, *Peasant society and culture : an anthropological approach to civilization,* Chicago : University of Chicago Press.

REY, P.P., 1971, *Colonialisme, néo-colonialisme et transition au capitalisme,* Paris : Maspero.

RICE, R. & ROGERS, E., 1980, « Re-invention in the innovation process », *Knowledge*, 1 : 499-514.

RICHARDS, P., 1985, *Indigenous agricultural revolution*, Londres : Hutchinson.

RICHARDS, P., 1986, *Coping with hunger : hazard and experiment in an african rice farming system*, Londres : Allen & Unwin.
RIST, G. (éd.), 1994, *La culture otage du développement ?*, Paris : L'Harmattan.
ROBERTSON, A.F., 1984, *People and the state : an anthropology of planned development*, Cambridge : Cambridge University Press.
ROGERS, E. & KINCAID, L., 1981, *Communications networks : toward a new paradigm for research*, New York : Free Press.
ROGERS, E.M., 1983, *Diffusion of innovations*, New-York : Free Press (3e édition ; 1ère éd. 1962).
RÖLING, N., 1987, *Extension science : information systems for agricultural development*, Cambridge : Cambridge University Press.
RÖLING, N., 1991, « Institutional knowledge systems and farmers' knowledge systems. Lessons for technology development », in Dupré (ed.), 489-516.
ROUCH, J., 1956, « Migrations au Ghana », *Journal de la Société des Africanistes*, 26(1-2) : 33-196.

SAHLINS, M., 1989, *Des îles dans l'histoire*, Paris : Gallimard-Le Seuil.
SAUTTER, G., 1978, « Dirigisme opérationnel et stratégie paysanne, ou l'aménageur aménagé », *L'Espace géographique*, 4 : 223-243.
SCHELLING, T., 1973, *The strategy of conflicts*, Oxford : Oxford University Press (1ère éd. angl. 1960).
SCHELLING, T., 1980, *La tyrannie des petites décisions*, Paris : Presses Universitaires de France (éd. angl. 1978 : *Micro-motives and macro-behavior*).
SCHMIDT, SCOTT, LANDE & GUASTI (eds), 1977, *Friends, followers and factions : a reader on political clientelism*, Berkeley : University of California Press.
SCHNEIDER, H., 1975, « Economic development and anthropology », *Annual Review of Anthropology*, 4 : 271-292.
SCHNEIDER, H., 1987, « Anthropology's contribution to understanding development », *L'Uomo*, 11 (2) : 252-263.
SCHUMACHER, E., 1978, *Small is beautiful. Une société à la mesure de l'homme*, Paris : Seuil (1ère éd. angl. 1973).
SCHUMPETER, J., 1934, *The theory of economic development*, Cambridge : Harvard University Press.
SCHUTZ, A., 1987, *Le chercheur et le quotidien. Phénoménologie des sciences sociales*, Paris : Méridiens-Klincksieck.
SCOTT, J., 1976, *The moral economy of the peasant. Rebellion and subsistence in Southeast Asia*, New Haven & Londres : Yale University Press.
SCOTT, J., 1977, « Patronage or exploitation », in Gellner & Waterbury (eds) : 21-39.
SCOTT, J., 1985, *Weapons of the weak*, Yale : Yale University Press.
SCOTT, J., 1986, « Everyday forms of peasant resistance », *The Journal of Peasant Studies*, 13 (2) : 5-35.

SCOTT, J., 1990, *Domination and the arts of resistance. Hidden transcripts,* Londres : Yale University Press.

SILVERMAN, S. 1974, « Bailey's politics », *Journal of Peasant Studies*, 2 : 11-120.

SMITH, J., WALLERSTEIN, I. & EVERS, H.D. (eds), 1984, *Households and the world-economy.* 3 vol., Londres : Sage Publications.

SPITTLER, G., 1979, « Peasants and the state in Niger », *Peasant Studies*, 8 (1) : 30-47.

SPITTLER, G., 1984, « Peasants, the administration and rural development », *Sociologia Ruralis*, 24 : 7-9.

STRAUSS, A., 1987, *Qualitative analysis for social scientists,* New York : Cambridge University Press.

STRAUSS, A., 1993, *La trame de la négociation. Sociologie qualitative et interactionnisme,* L'Harmattan : Logiques sociales.

TERRAY, E., 1972, *Le marxisme devant les sociétés primitives,* Paris : Maspero.

THOMPSON, E.P., 1971, « The moral economy of the english crowd during the eighteenth century », *Past and Present*, 50 : 76-117.

TIDJANI ALOU, M., 1994, « Les projets de développement sanitaire face à l'administration publique au Niger », *Santé Publique*, 4.

TOURAINE, A., 1984, *Le retour de l'acteur,* Paris : Fayart.

TURNER, V., 1957, *Schism and continuity in an african society,* Manchester : Manchester University Press.

VELSEN VAN, J., 1978, « Situational analysis and the extended case method », in Epstein (ed.).

WATTS, M., 1994, « Development II : the privatization of everything ? », *Progress in Human Geography*, 18 (3) : 371-384.

WILLIAMS, G., 1987, « Primitive accumulation : the way to progress ? », *Development and Change*, 18 : 637-659.

WOLF, E., 1988, « Afterword : indigenous responses to economic development », *Urban Anthropology and Studies of Cultural Systems and World Economies*, 17 : 103-106.

YUNG, J.M., 1985, « Évaluation de la filière arachide au Sénégal », in Boiral, Lantéri & Olivier de Sardan (éds).

YUNG, J.M. & ZASLAVSKY, J., 1992, *Pour une prise en compte des stratégies des producteurs,* Montpellier : CIRAD.

TABLE DES MATIÈRES

DEUXIÈME PARTIE

PERSPECTIVES DE RECHERCHE

CONCLUSION

ÉDITIONS KARTHALA

(extrait du catalogue)

Collection ***Méridiens***

Philippe L'HOIRY, *Le Malawi.*
Alain et Denis RUELLAN, *Le Brésil.*
André LAUDOUZE, *Djibouti.*
Antonio RALUY, *La Nouvelle-Calédonie.*
P. MOUREN-LASCAUX, *La Guyane.*
Christian RUDEL, *Le Paraguay.*
Catherine BELVAUDE, *L'Algérie.*
J.-P. LOZATO-GIOTARD, *Le Maroc.*
Michel POUYLLAU, *Le Venezuela.*
Christian RUDEL, *L'Équateur.*
Catherine FOUGÈRE, *La Colombie.*
Yvonne FRANÇOIS, *Le Togo.*
Marc MANGIN, *Les Philippines.*
Robert AARSSE, *L'Indonésie.*
Patrick PUY-DENIS, *Le Ghana.*
Marc-Antoine DE MONTCLOS, *Le Nigeria.*
Mihaï E. SERBAN, *La Roumanie.*
Pierre VÉRIN, *Les Comores.*
Marie LORY, *Le Botswana.*
Leonas TEIBÉRIS, *La Lituanie.*
Daniel JOUANNEAU, *Le Mozambique.*
Ezzedine MESTIRI, *La Tunisie.*
Attilio GAUDIO, *Les îles Canaries.*
Christian RUDEL, *La Bolivie.*
Marc LAVERGNE, *La Jordanie.*
Pierre PINTA, *Le Liban.*
Guy FONTAINE, *Mayotte.*
Jane HERVÉ, *La Turquie.*
Maryse ROUX, *Cuba.*
Kamala MARIUS-GNANOU, *L'Inde.*
Joël LUGUERN, *Le Vietnam.*
Christian RUDEL, *Le Mexique.*
Soizick CROCHET, *Le Cambodge.*
Muriel DEVEY, *La Guinée.*
S. CHAMPONNOIS et F. de LABRIOLLE, *L'Estonie.*
Jean CHAUDOUET, *La Syrie.*
Georges LORY, *L'Afrique du Sud.*
Christian RUDEL, *Le Portugal.*
Philippe DAVID, *Le Bénin.*
Frauke HEARD-BEY, *Les Émirats arabes unis.*
S. CHAMPONNOIS et F. de LABRIOLLE, *La Lettonie.*
Carine HANN, *Le Laos.*
Muriel DEVEY, *Le Sénégal.*

Achevé d'imprimer en août 2005
sur les presses de la Nouvelle Imprimerie Laballery
58500 Clamecy
Dépôt légal : août 2005
Numéro d'impression : 508025

Imprimé en France